U0934664

隧道及地下工程建设丛书

Qianmai Xiaojingju Huangtu Suidao Gongcheng

浅埋小净距黄土隧道工程

郜玉兰　赵队家　宿钟鸣　编著

人民交通出版社

内 容 提 要

本书收集、借鉴和参考了相关研究、设计、施工和管理成果，结合以往黄土隧道建设情况，提出黄土隧道围岩分级的方法；总结了黄土隧道支护措施及地表裂缝处治措施；重点分析了浅埋小净距黄土隧道围岩压力和荷载分布模式、围岩应力释放、埋深及净距对隧道初期支护的影响；探讨了浅埋偏压段小净距黄土隧道初期支护拱架选型问题以及系统锚杆的工作特性、拉拔荷载下的特性，及基于实测轴力反算围岩塑性区大小问题；在结合监控量测的基础上分析了支护结构的受力特性；同时对小净距黄土隧道的施工技术及质量控制问题进行了详细总结。

本书可供从事隧道工程科研、施工和管理相关人员参考和借鉴。

图书在版编目(CIP)数据

浅埋小净距黄土隧道工程/郜玉兰，赵队家，宿钟鸣编著. —北京：人民交通出版社，2012.12

ISBN 978-7-114-10210-3

Ⅰ. ①浅… Ⅱ. ①郜… ②赵… ③宿… Ⅲ. ①土质隧道-隧道工程 Ⅳ. ①U459.9

中国版本图书馆 CIP 数据核字(2012)第 277039 号

隧道及地下工程建设丛书

书　　名：**浅埋小净距黄土隧道工程**
著 作 者：郜玉兰　赵队家　宿钟鸣
责任编辑：周　宇　贾秀珍
出版发行：人民交通出版社
地　　址：(100011)北京市朝阳区安定门外外馆斜街 3 号
网　　址：http://www.ccpress.com.cn
销售电话：(010)59757973
总 经 销：人民交通出版社发行部
经　　销：各地新华书店
印　　刷：北京市密东印刷有限公司
开　　本：787×1092　1/16
印　　张：12.25
字　　数：278 千
版　　次：2012 年 12 月　第 1 版
印　　次：2012 年 12 月　第 1 次印刷
书　　号：ISBN 978-7-114-10210-3
定　　价：28.00 元
(有印刷、装订质量问题的图书由本社负责调换)

Preface 前言

随着国民经济的发展，我国将在黄土地区修建大量的高等级公路，受地形及地质条件的限制，小净距黄土隧道的工程实例越来越多。

黄土是第四系形成的陆相沉积物，具有不同方向的原生与构造节理，垂直节理发育。由于黄土形成年代、成因、含水率及区域不同，其力学和工程性质差异较大，存在地质条件的多样性和复杂性。施工中应重视监控量测，结合监控量测的结果，及时反馈信息，修改支护参数，真正实现小净距黄土隧道动态监控、动态设计和动态施工的目的。隧道开挖形成临空面后，土体破坏区域大，埋深较浅时，较难形成承载拱，极易产生施工地表裂缝。黄土隧道初期支护变形大，尤其是净距较小时，后行洞的施工对先行洞产生的影响复杂，处理不当时容易发生局部坍塌失稳，影响施工安全。

新奥法提出了隧道围岩稳定的基本理念，即充分发挥围岩的自承能力。隧道围岩与支护结构共同作用，形成稳定的平衡体系，避免围岩出现有害的过大变形，实现“基本维持围岩原始状态”，达到“充分发挥围岩的自承能力”和确保隧道长期运营安全的目的。

本书收集、借鉴和参考了相关研究、设计、施工和管理成果，结合以往黄土隧道建设情况，提出黄土隧道围岩分级的方法；总结了黄土隧道支护措施及地表裂缝处治措施；重点分析了浅埋小净距黄土隧道围岩压力和荷载分布模式、围岩应力释放、埋深及净距对隧道初期支护的影响；探讨了浅埋偏压段小净距黄土隧道初期支护拱架选型问题以及系统锚杆的工作特性、拉拔荷载下的特性，及基于实测轴力反算围岩塑性区大小问题；在结合监控量测的基础上分析了支护结构的受力特性；同时对小净距黄土隧道的施工技术及质量控制问题进行了详细总结。

本书第一章、第二章由郜玉兰编写，第三章、第五章和第六章由赵队家编写，第四章由申俊敏编写，第七章由孙志杰编写，第八章和第十章由宿钟鸣编写，第九章由薛晓辉编写。

本书在编写过程中得到了山西省交通运输厅交通建设科技项目基金支持，由于时间仓促及编者水平有限，错误和不足之处在所难免，恳请同行专家和读者批评指正。

编　者

2012 年 10 月

Contents 目录

1 黄土及黄土隧道

1.1 我国黄土的分布及特征

1.1.1 黄土的定义

黄土是第四系干旱、半干旱气候条件下，陆相沉积的一种特殊土，颜色由黄至红黄，疏松多孔，粉沙质，质地均一，层理不明显，富含碳酸钙。一般认为，不具层理的风成黄土为原生黄土，原生黄土经过流水冲刷、搬运和重新沉积而形成的黄土为次生黄土，它常具有层理和砾石夹层。颗粒组成以粉粒为主，同时含有砂粒和黏粒。表层多具有湿陷性，易产生前蚀形成陷穴。黄土还含有大量的易溶盐类，主要组成矿物为石英、长石、云母、碳酸盐类胶结物及黏土矿物，往往具有肉眼可见的大孔隙，孔隙比变化大多在1.0~1.1之间。

黄土按照形成时代分为早更新世的午城黄土、中更新世的离石黄土、晚更新世的马兰黄土和全新世的新近堆积黄土等。按是否具有湿陷性，黄土又可分为非湿陷性黄土和湿陷性黄土。在一定压力下受水浸湿，土体结构迅速破坏，并发生显著附加下沉的黄土称之为湿陷性黄土，主要为 Q_3 黄土和 Q_4 黄土，这类土形成年代较晚，土质较均匀，结构疏松，大孔隙发育，具有强烈的湿陷性。在一定压力下受水浸湿，土体结构不破坏，并无显著附加下沉的黄土称之为非湿陷性黄土，主要为 Q_1 黄土和 Q_2 黄土，这类土形成年代久远，土质密实，颗粒均匀，无大孔隙或略具大孔隙结构，一般不具有湿陷性。

湿陷性黄土又分为自重湿陷性黄土和非自重湿陷性黄土。在上覆土的自重应力下受水浸湿发生湿陷的黄土，称之为自重湿陷性黄土；在大于上覆土的自重应力下(包括附加应力和土的自重应力)受水浸湿发生湿陷的黄土，称之为非自重湿陷性黄土。

1.1.2 黄土的分布

黄土在全世界分布面积高达1 300万 km^2，主要分布在北纬30°~55°之间和南纬30°~40°之间的温带和沙漠前缘的半干旱地带，约占陆地总面积的9.3%。

我国黄土以分布广、厚度大、地层层序完整、古土壤清楚而著称于世。分布在北纬30°~48°之间，以34°~39°之间最为发育。以西北地区和黄河中游地区最为发育，自西向东主要分布在新疆、青海、甘肃、宁夏、陕西、山西、河南、河北、山东、辽宁、黑龙江等，分布面积约64

万 m^2，约占国土面积的6.6%。尤其在西起乌鞘岭，东到太行山，北起长城，南抵秦岭的黄河中游地区，地表几乎完全为黄土所覆盖，连续面积高达44万 km^2，形成了地层连续、厚度大、面积广、蔚为壮观的黄土高原地貌景观，为世界所罕见。我国西北的黄土高原是世界上规模最大的黄土高原，华北的黄土平原是世界上规模最大的黄土平原。

各地区黄土总厚度不一，一般来说，高原地区较厚，而以陕甘高原最厚，可达100～200m，甘肃兰州九洲台黄土堆积厚度达到336m。

1.1.3 黄土的特征

(1)黄土的成分组成

黄土的颗粒成分以粉粒为主，其含量(粒径0.005～0.05mm)一般在60%以上。黄土中普遍含有砂粒，但以极细砂(粒径0.05～0.1mm)居多，细砂含量很少，一般颗粒均小于0.25mm。黏土含量一般在20%左右。黄土中的矿物成分包括碎屑矿物和黏土矿物，其中，碎屑矿物主要是石英、长石和云母，含量约占80%，还有少量的角闪石和磁铁矿等；黏土矿物主要是伊利石、蒙脱石、高岭石和含水赤铁矿等。

(2)黄土的特性

在长期的工程实践和研究中，工程技术人员和科学工作者把黄土的主要特性归纳为五个方面。

①多孔性

由于黄土主要是由极小的粉状颗粒组成，在干旱和半干旱的气候条件下，它们相互之间结合得很不紧密，一般肉眼可看到颗粒间具有各种大小和形状不同的孔隙和孔洞，所以黄土也称大孔土。通常认为黄土的多孔性和成岩作用、植物根系腐烂和水对黄土的作用有关，更重要的是和特殊的气候条件有关。

②垂直节理发育

目前，较多的观点认为，垂直节理的形成主要是由于黄土在堆积加厚的过程中受重力的影响，土颗粒之间的上下间距越来越小，而左右间距不变。这样水和空气就沿着抵抗力最小的上下方向移动，沿着黄土的垂直管状孔隙不断地升降运动，就造成了黄土垂直节理发育的倾向。

③层理不明显

黄土的组成物质主要是尘土质物质，在渐次堆积的过程中，形成了非常薄的层理，肉眼观察困难。

④透水性较强

黄土的多孔性及垂直节理发育程度越高，黄土层在垂直方向的透水性越强，而在水平方面的透水性越弱。

⑤湿陷性

粉末性是黄土颗粒组成的最大特征之一，表明黄土粉末颗粒间的相互结合不够紧密，在土层浸湿或重力作用影响下，黄土层本身就失去了固结的性能，因而就引起了湿陷和变形。

(3)黄土分类和地貌

黄土的堆积年代主要在距今约200万年的第四系,包括老黄土(Q_1与Q_2)和新黄土(Q_3与Q_4)。老黄土一般没有湿陷性,土的承载力较高;新黄土土质均匀,结构疏松,垂直节理发育,一般具有湿陷性,土的承载力较低。

黄土地貌可分为堆积地貌、侵蚀地貌、潜蚀地貌和重力地貌等几种类型。形成原因除与黄土本身的特点有关外,还受流水作用、重力作用、地下水作用和风作用的影响。分别形成黄土塬(图1-1)、黄土墚(图1-2)和黄土峁(图1-3)地貌。

图1-1 黄土塬

图1-2 黄土墚

图1-3 黄土峁

(4)黄土的结构性

土的结构即土粒的排列、形状和胶结情况,以及骨架抵抗外力的能力和强度,在力学性质上表现为保证原土粒结构不被破坏的能力。黄土结构发生破坏时,力学性质产生突变,这种特殊性质直接影响着黄土的力学性质和工程性质。

黄土的结构性来源于极为特殊的显微结构,黄土的变形与湿陷性质均与其显微结构有关。如图1-4所示,黄土由结构单元、胶结物和孔隙三部分组成。粗粉粒构成黄土的骨架,而细粉砂、黏土和腐殖质等胶结物聚集在大颗粒的接触点,与易溶盐溶液及碳酸盐一起形成胶结性联结,构成了黄土的微结构特征。图1-5为黄土大孔隙和发育的垂直节理。

常规岩土的强度主要来源于黏粒的黏结力和分子力，而黄土的结构性主要来源于胶结物的联结。从力学强度和稳定角度分析，骨架颗粒是黄土结构体系的支柱，其联结形式决定了结构体系的胶结强度，黏胶粒的赋存状态和碳酸钙的存在形式对黄土的结构性有很大的影响。

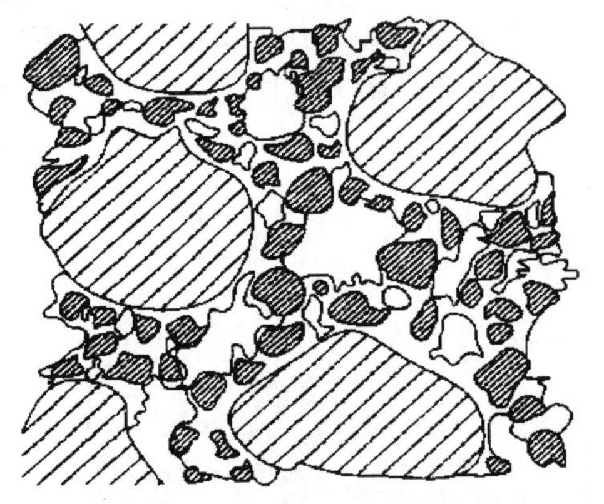

图 1-4　黄土微观结构示意图

图 1-5　黄土大孔隙和发育的垂直节理

1.2　公路黄土隧道的建设历史

据资料记载，在陕西北部黄土高原修建的第一座隧道是黑山寺隧道，位于咸阳—宋家川公路的子长县黑山寺沟，单车道、青砖衬砌，净空 0.35m + 3.5m + 0.35m，限界高 4m，全长 250m。该隧道于 1958 年开始试验性修建，1965 年正式建成。

由于黄土公路隧道大跨径、大断面和扁坦状等特点，早期的施工方法主要是单侧壁和双侧壁导坑法，进入 20 世纪 90 年代后普遍采用环形开挖预留核心土工法，对于三车道和加宽段一般采用三台阶七步环形开挖法。

随着我国改革开放的不断深入和国民经济的快速发展，高速公路的建设得到了前所未有的发展，修建了大量的黄土公路隧道，如表 1-1 和表 1-2 所示。目前，修建的黄土公路隧道最大跨度为 17.66m（西安绕城高速公路南段的马腾空隧道，最大开挖高度 12.8m，最小埋深仅 6m，最大埋深 30m）；最大开挖断面为 171m^2（陕西榆林—商洛线神木至府谷高速公路的墩梁隧道，开挖高度为 12.19m，最大开挖跨度达 17.32m，最小埋深 10m）；西北地区第一长黄土隧道是羊泉隧道（长 6 146m）；我国第一条黄土连拱隧道是离石隧道（青岛—银川国道山西省汾阳—离石高速公路，长 180m），其开挖宽度达 24.4m，开挖高度达 10.05m（含仰拱），总开挖面积为 224.4m^2。

部分公路黄土隧道数量　　表 1-1

编　号	线　别	隧道数量	长度(m)	修建年代(年)
1	陕西咸阳—宋家川公路	1	250	1958 ~ 1965
2	国道 312 线甘肃段	2	1 520	1993 ~ 1995
3	国道 312 线陕西段	1	1 238	1997 ~ 1998

续上表

编　号	线　别	隧 道 数 量	长度(m)	修建年代(年)
4	国道310线甘肃天水—巉口公路	1	820	1998～2000
5	甘肃馋口—柳沟河高速公路	8	9 856.8	1999～2001
6	陕西铜川—黄陵公路	2	1 445	1999～2000
7	山西祁县—临汾高速公路	1	556	2001～2002
8	甘肃兰州—海石湾高速公路	2	730	2001～2003
9	西安绕城高速公路(南段)	2	1 000	2001～2003
10	陕西205省道公路	1	590	2002～2003
11	陕西榆林靖边—安塞高速公路	4	2 116	2003～2005
12	陕西黄陵—延安高速公路	2	2 910	2002～2004
13	山西汾阳—离石高速公路	1	180	2004～2005
14	陕西吴堡—子洲高速公路	2	2 516	2005～2006
15	山西离石—军渡高速公路	1	212.5	2006～2007
16	宝鸡—天水高速公路	2	3 420	2006～2008
17	甘肃平凉罗汉洞—定西高速公路	8	13 227	2006～2008
18	甘肃天水—定西高速公路	2	2 505	2008～2009
19	青岛—兰州高速公路陕西段	8	25 859	2008～2010
20	甘肃临洮县康家崖—临夏高速公路	2	6 618	2007～2010
21	西宁西过境公路	2	5 081	2007～2010
22	太原—佳县高速公路	6	16 251	2009～2010
23	延志吴(延安安塞经志丹至吴起)高速公路	4	2 499	2009～2010
24	天水过境段高速公路	2	3 472	2009～2010
25	陕西神木—府谷高速公路	2	2 743	2009～2011

部分公路黄土隧道概况　　表1-2

隧道名称	长度(m)	线　别	贯 通 时 间	备　注
羊泉隧道	6 146	青岛至兰州高速公路陕西段	2010年8月7日	目前西北地区第一长黄土隧道
南阳山隧道	上行线长3 290，下行线长3 328	兰(州)磨(憨)西部大通道临洮县康家崖—临夏高速公路	2010年11月9日	

续上表

隧道名称	长度(m)	线　别	贯通时间	备　注
墩梁隧道	左线全长 1 328，右线长 1 415	陕西榆(林)商(洛)线神木—府谷高速公路	2010 年 12 月 28 日	隧道开挖高度为 12.19m，最大开挖跨度达 17.32m，开挖断面面积达 171m^2
土家湾隧道	上行线长 1 289.5，下行线长1 210	连云港至霍尔果斯国道主干线馋(口)柳(河沟)高速公路	2001 年 5 月 11 日	
赵家楞杆梁隧道	上行线长 973.3，下行线长 995	甘肃馋(口)柳(河沟)高速公路	2000 年 10 月	
新庄岭隧道	上行线长 1 455，下行线长 1 422	甘肃馋(口)柳(河沟)高速公路	2000 年 12 月 10 日	
白虎山隧道	上行线长 1 235，下行线长 1 277	甘肃馋(口)柳(河沟)高速公路	2000 年	
大有山隧道	上行线长 2 553，下行线长 2 528	西宁西过境公路	左线 2010 年 4 月 27 日，右线 2010 年 3 月 30 日	
离石隧道	全长 180	青岛—银川国道山西省汾阳—离石高速公路	2005 年	我国第一条黄土连拱隧道
临县 3 号隧道	左线 3 408，右线 3 413	太佳高速公路吕梁段	2010 年 4 月 28 日	
静宁隧道	上行线长 2 600，下行线长 2 679	甘肃平凉(罗汉洞)—定(西)高速公路	上行线 2008 年 8 月 15 日，下行线 2008 年 10 月 26 日	
卧龙隧道	上行线长 1 402，下行线长 1 336	甘肃平凉(罗汉洞)—定(西)高速公路	上行线 2009 年 9 月 5 日，下行线 2007 年 11 月 12 日	
老君隧道	上行线长 1 207，下行线长 1 180	甘肃平凉(罗汉洞)—定(西)高速公路	2008 年 6 月 26 日	
青岚隧道	上行线长 1 345，下行线长 1 415	甘肃平凉(罗汉洞)至定(西)高速公路	2008 年	
雷家碛 3 号隧道	右线全长 1 420，左线长 1 455	太(原)佳(县)高速公路	左线 2010 年 4 月 30 日，右线 2010 年 2 月 24 日	
西陵井隧道	右线全长 3 280，左线长 3 275	太(原)佳(县)高速公路东段	右线 2010 年 7 月 19 日，左线 2010 年 7 月 31 日	Ⅴ级黄土围岩长 1 713m
善化隧道	左线长 1 666，右线长 1 660	青兰高速公路陕西段	2009 年 10 月 20 日	
柯家庄隧道	左线长 2 528，右线长 2 598	青兰高速公路陕西段	2009 年 11 月 20 日	Ⅴ级黄土围岩长 1 550m

续上表

隧道名称	长度(m)	线　别	贯通时间	备　注
中梁隧道	左线长 400，右线长 396	延志吴高速公路	2010 年 11 月 10 日	
梁家山隧道	下行线长 1 744，上行线长 1 729	天水过境段高速公路	2010 年 12 月 31 日	
道南隧道	全长 2 910	黄陵—延安高速公路	2004 年 3 月 22 日	
吉家村隧道	左线长 2 575，右线长 2 540	青(岛)—兰(州)高速公路陕西段	左线 2010 年 7 月 30 日，右线 2010 年 5 月 1 日	
问沟隧道	左线长 1 308，右线长 1 208	青(岛)银(川)陕西境内吴堡—子洲高速公路	左线 2006 年 10 月 6 日，右线 2006 年 8 月 24 日	
王家会隧道	212.5	青(岛)—银(川)国道主干线山西离石—军渡高速公路	2007 年	黄土双连拱隧道
青土岘隧道	左线长 300，右线长 430	兰州—海石湾高速公路	2003 年	
天赐隧道	上下行线均长 465	陕西榆林靖(边)安(塞)高速公路	上行线 2004 年 9 月 21 日，下行线 2004 年 10 月 10 日	
马腾空隧道	1 000	西安绕城高速公路南段	2003 年	最小埋深仅 6m，最大埋深 30m，最大跨度为 17.66m，最大开挖高度为 12.8m
甘泉隧道	1 710	宝鸡—天水高速公路	2008 年 11 月 15 日	
定西隧道	2 505	定西市—天水市高速公路	2009 年 11 月 10 日	
太峪隧道	1 288	国道 312 线陕西段	1998 年	
楼子沟隧道	上行线长 725，下行线长 720	铜川—黄陵高速公路		
马路山隧道	上下行线全长1 186	陕西靖(边)安(塞)高速公路	2005 年	
鲍家河隧道	590	205 省道	2003 年 5 月 31 日	
祁家大山隧道	860	国道 312 线甘肃段	1995 年 10 月	

续上表

隧道名称	长度(m)	线别	贯通时间	备注
燕家岭隧道	556	山西省祁临高速公路	2002 年 11 月	
车道岭隧道	660	国道 312 线甘肃段	1995 年	
王甫梁隧道	820	G310 线天水—巉口公路	2000 年 4 月	
黑山寺隧道	2 510	咸阳—宋家川公路	1965 年	单车道,青砖衬砌,陕西北部黄土高原修建的第一座隧道

1.3 黄土隧道建设现状

进入 21 世纪以来,我国又开始了大规模的铁路建设,一批高标准、高速度的铁路项目建成投产,其中就有不少黄土隧道。比如郑西客运专线、石太客运专线、包头—西安铁路,大西客运专线、西安—平凉铁路、天水—平凉铁路、太原—兴县铁路等,均设计有不少黄土隧道。其中,郑西客运专线大断面黄土隧道(图 1-6)和石太客运专线黄土隧道(图 1-7)的建设成果,代表了现阶段黄土隧道技术的进步。

(1)郑西客运专线大断面黄土隧道概况

郑西客运专线 2009 年 6 月 28 日全线铺通,2010 年 2 月 6 日正式投入商业运营,全线新建隧道 38 座,总延长 76 879m,其中,黄土隧道 28 座,总长 53 061m,占全线隧道总长的 69%。全线最长的黄土隧道为函谷关隧道,长 7 851m;其次为秦东隧道,长度为 7 684m,是目前中国最长的两座黄土隧道。郑西客运专线黄土隧道的施工方法汇总如表 1-3 所示,其概况见表 1-4。

图 1-6　郑西客运专线秦东黄土隧道

图 1-7　石太客运专线南庄黄土隧道

郑西客运专线黄土段隧道施工方法　　表 1-3

施工方法	台阶法	双侧壁导坑法	CRD 法	CD 法	明挖法	合计
长度(m)	35 955	472	10 037	330	984	47 778
比例	75.3%	1%	21%	0.7%	2%	100%

表 1-4

郑西客运专线黄土隧道概况表

编号	隧道名称	长度(m)	埋深(m)	黄土性状及分布	施工方法	开挖断面面积(m^2)	初期支护	超前支护	二次衬砌厚度(cm)	预留变形量(cm)	与周边环境关系
1	吴沟隧道	178	10~26	表层 Q_3 砂质黄土,洞身 Q_2 黏质黄土	CRD 法	164	I_{25a} 钢架+锚喷网	大管棚小导管	60	15	
2	杨里隧道	557	20~36	表层 Q_3 砂质黄土,洞身 Q_2 黏质黄土	CD 法,CRD 法,台阶法	162~164	I_{22a} 钢架、I_{25a} 钢架+锚喷网	大管棚小导管	55,60	10~15	
3	山神庙隧道	158	15	Q_3 砂质黄土	明挖法,CRD 法	164	I_{25a} 钢架+锚喷网	大管棚小导管	60	15	
4	巩义隧道	3 368	35~45	Q_3 砂质黄土 Q_2 黏质黄土	双侧壁导坑法,CD 法	157~164	I_{22a} 钢架、I_{25a} 钢架+锚喷网	大管棚小导管	55,60	12~15	下穿 310 国道及城区
5	张茅隧道	8 483	100	Q_2 黏质黄土	三台阶七步开挖法	160~170	喷 35cm+I_{25a} 钢架间距 0.8m	ϕ50mm 小导管,L=5m	55~60	12~15	地下水位线下
6	坳渠 1 号隧道	276	30	Q_2 黏质黄土	三台阶七步开挖法	170	喷 30cm+I_{20a} 钢架间距 0.8m	ϕ50mm 小导管,L=5m	55~60	12~15	
7	坳渠 2 号隧道	278	50	Q_2 黏质黄土	三台阶七步开挖法	160~170	喷 30cm+I_{20a} 钢架间距 0.8m	ϕ50mm 小导管,L=5m	55~60	12~15	
8	交口隧道	4 012	135	Q_2 黏质黄土	三台阶七步开挖法	160~170	喷 35cm+I_{25a} 钢架间距 0.8m	ϕ50mm 小导管,L=5m	55~60	12~15	地下水位线下
9	南交口 1 号隧道	520	80	Q_2 黏质黄土	三台阶七步开挖法	160~170	喷 30cm+I_{20a} 钢架间距 0.8m	ϕ50mm 小导管,L=5m	55~60	12~15	地下水位线下
10	南交口 2 号隧道	505	70	Q_2 黏质黄土	三台阶七步开挖法	160~170	喷 30cm+I_{20a} 钢架间距 0.8m	ϕ50mm 小导管,L=5m	55~60	12~15	
11	南交口 3 号隧道	238	35	Q_2 黏质黄土	三台阶七步开挖法	160~170	喷 30cm+I_{20a} 钢架间距 0.8m	ϕ50mm 小导管,L=5m	55~60	12~15	
12	朱家沟 1 号隧道	171	20	Q_2 黏质黄土	三台阶七步开挖法	160~170	喷 30cm+I_{20a} 钢架间距 0.8m	ϕ50mm 小导管,L=5m	55~60	12~15	
13	朱家沟 2 号隧道	960	45	Q_2 黏质黄土	三台阶七步开挖法	160~170	喷 30cm+I_{20a} 钢架间距 0.8m	ϕ50mm 小导管,L=5m	55~60	12~15	
14	师家沟隧道	1 332	80	Q_2 黏质黄土	三台阶七步开挖法	160~170	喷 30cm+I_{20a} 钢架间距 0.8m	ϕ50mm 小导管,L=5m	55~60	12~15	有砂层

续上表

编号	隧道名称	长度(m)	埋深(m)	黄土性状及分布	施工方法	开挖断面面积(m^2)	初期支护	超前支护	二次衬砌厚度(cm)	预留变形量(cm)	与周边环境关系
15	富村1号隧道	672	75	Q_2黏质黄土	三台阶七步开挖法	160~170	喷30cm+I_{20a}钢架间距0.8m	ϕ50mm小导管，L=5m	55~60	12~15	
16	富村2号隧道	639	70	Q_2黏质黄土	三台阶七步开挖法	160~170	喷30cm+I_{20a}钢架间距0.8m	ϕ50mm小导管，L=5m	55~60	12~15	
17	贺家庄隧道	1 815	40	Q_2黏质黄土	三台阶七步开挖法	160~170	喷30cm+I_{20a}钢架间距0.8m	ϕ50mm小导管，L=5m	55~60	12~15	
18	黄龙村隧道	400	11	Q_2黏质黄土	三台阶七步开挖法	160~170	喷35cm+I_{25a}钢架间距0.8m	ϕ50mm小导管，L=5m	55~60	12~15	
19	吕家崖隧道	776	30	Q_2砂质黄土	CRD法	160~170	喷35cm+I_{25a}钢架间距0.8m	ϕ50mm小导管，L=5m	55~60	12~15	
20	函谷关隧道	7 851	210	Q_2及Q_3砂质黄土	CRD法 三台阶	160~170	喷35cm+I_{25a}钢架间距0.8m	ϕ50mm小导管，L=5m	55~60	12~15	
21	阌乡隧道	770	20	Q_2黏质黄土	CRD法 双侧壁法	175	下穿高速公路段双层初期支护	双层大管棚	55	12~15	长距离下穿高速公路
22	盘东隧道	3 240	95	Q_2黏质黄土	CRD法 三台阶	160~170	喷35cm+I_{25a}钢架间距0.8m	ϕ50mm小导管，L=5m	50~60	12~15	
23	盘西隧道	442	50	Q_2黏质黄土	CRD法	170	喷35cm+I_{25a}钢架间距0.8m	ϕ50mm小导管，L=5m	50~60	12~15	
24	台村隧道	1 622	30	Q_2黏质黄土	CRD法	170	喷35cm+I_{25a}钢架间距0.8m	ϕ50mm小导管，L=5m	50~60	12~15	
25	秦东隧道	7 684	210	Q_2黏质黄土	CRD法 双侧壁法	155~164	型钢钢架+锚网喷	ϕ108mm大管棚 ϕ42mm小导管	50~60	10	
26	潼洛川隧道	3 817	155	Q_2黏质黄土	CRD法 三台阶	155~164	型钢钢架+锚网喷	ϕ108mm大管棚 ϕ42mm小导管	50~60	10	
27	高桥隧道	1 458	110	Q_2黏质黄土	CRD法 三台阶	155~171	型钢钢架+锚网喷	ϕ108mm大管棚 ϕ42mm小导管	50~60	10	下穿南同蒲铁路
28	凤凰岭隧道	839	100	Q_2黏质黄土	CRD法 三台阶	155~164	型钢钢架+锚网喷	ϕ108mm大管棚 ϕ42mm小导管	50~60	10	

(2)石太客运专线黄土隧道概况

石太客运专线于2005年6月11日开工建设,2009年4月1日正式通车,全长190km,设计速度250km/h,全线隧道38座,其中黄土隧道14座,总长5 200m,有效净空面积$92m^2$,开挖面积达$150m^2$,为特大断面黄土隧道。石太客运专线黄土隧道概况如表1-5所示。

石太客运专线黄土隧道概况

表1-5

编　号	隧道名称	长度(m)	地质情况	施工方法
1	上安隧道	360	Q_3和Q_2黏质黄土	弧形导坑预留核心土
2	东进山隧道	493	洞口上部Q_3黏质黄土	三台阶七步开挖法
3	寺南隧道	540	Q_3砂质和Q_2黏质黄土	三台阶七步开挖法
4	南庄隧道	3 345	大段落Q_2黄土隧道(67%)	CD法+三台阶七步开挖法
5	花沟2号隧道	569	洞口黄土	三台阶七步开挖法
6	峪儿1号隧道	201	洞口黄土	三台阶七步开挖法
7	李虎坪隧道	245	洞口黄土	三台阶七步开挖法
8	牛家滩1号隧道	287	Q_2黏质黄土	明挖法
9	牛家滩2号隧道	500	Q_2黏质黄土	明挖法三台阶七步开挖法
10	红沟1号隧道	112	Q_2黏质黄土	明挖法
11	红沟2号隧道	250	Q_2黏质黄土	明挖法
12	红沟3号隧道	190	Q_2黏质黄土	明挖法三台阶七步开挖法
13	红沟4号隧道	195	Q_2黏质黄土	明挖法
14	岗底隧道	1 090	Q_2黏质黄土	明挖法CD法三台阶七步

1.4 黄土隧道围岩分级

1.4.1 分级思路及指标确定

基于对现有黄土的认识,从影响围岩力学性质的程度以及参数的变异性和获取的难易性等方面综合考虑,对黄土各项参数进行筛选和比较,确定黄土隧道围岩的分级思路以及分级指标(图1-8);以黄土的时代成因为基础,重点选择塑性指数和含水率两个指标,并对埋深影响进行修正,然后给出主要设计指标。

(1)时代成因

基于黄土的工程地质分类的主要指标,也是现行《铁路隧道设计规范》(TB 10003—2005)对黄土围岩分级的主要依据,是黄土围岩分级的第一指标。考虑老黄土中的砂质黄土力学强度较低,故根据其初始含水率酌情划分至Ⅴ级围岩。

(2)塑性指数

与黄土的含黏土量、变形强度有密切关系,同时变异性较小,是较容易获取的参数,在建筑地基基础设计规范中是黄土分类的主要指标,是黄土围岩分级的第二个指标,是砂、黏质黄土分类的依据。参考相关规范,黄土围岩按塑性指数分类为:砂质黄土$I_p \leqslant 10$,黏

质黄土 $I_p > 10$。

(3)含水率

含水率的大小以及饱和程度是隧道开挖后影响围岩稳定性的重要因素，是影响黄土物理力学性质最为活跃的参数，也是黄土所有物理参数中较容易获取的参数，是黄土围岩分级的第三级指标，具体考虑如下：

对老黄土，选择塑限含水率 ω_p 和饱和含水率 $\omega_{sr}=100$，作为分级的界限含水率，当 $\omega < \omega_p$ 为 a 级，$\omega_p \leqslant \omega < \omega_{sr}=100$ 则减为一个亚级为 b 级。

对新黄土，选择塑限含水率 ω_p 和由塑性进入流塑性（$I_l=1$）的含水率即液限含水率 ω_l 作为分级的界限含水率，当 $\omega < \omega_p$ 为 a 级，$\omega_p \leqslant \omega < \omega_l$ 则减为一个亚级为 b 级。

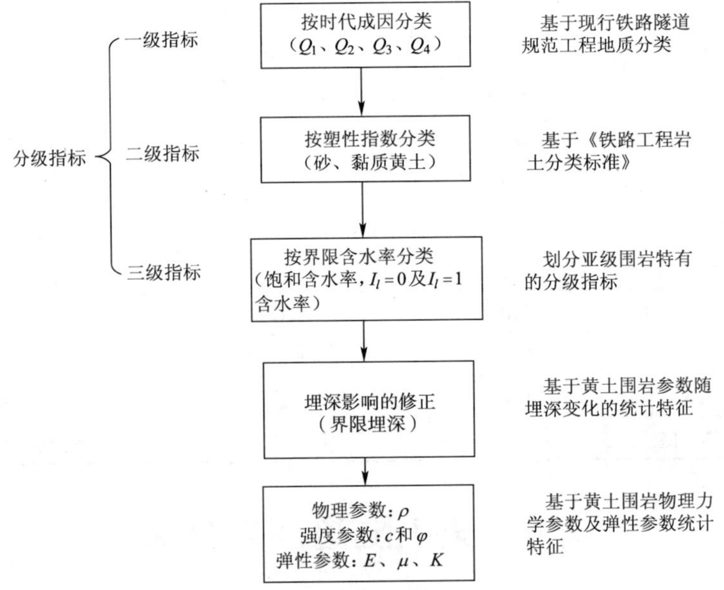

图 1-8　黄土隧道围岩分级思路及分级指标

黄土隧道围岩考虑界限含水率的亚级设置见表 1-6。

黄土隧道围岩考虑界限含水率的亚级设置　　表 1-6

<table>
<tr><td>围 岩 分 级</td><td colspan="2">Ⅳ</td><td colspan="2">Ⅴ</td></tr>
<tr><td>铁路隧道设计规范</td><td colspan="2">Q_1、Q_2老黄土</td><td colspan="2">Q_3、Q_4新黄土</td></tr>
<tr><td rowspan="3">黄土隧道围岩分级方案</td><td colspan="2">Q_1、Q_2黄土</td><td colspan="2">Q_1、Q_2、Q_3、Q_4</td></tr>
<tr><td>Ⅳa</td><td>Ⅳb</td><td>Ⅴa</td><td>Ⅴb</td></tr>
<tr><td>$\omega < \omega_p$</td><td>$\omega_p \leqslant \omega < \omega_{sr}=100$</td><td>$\omega < \omega_p$</td><td>$\omega_p \leqslant \omega < \omega_l$</td></tr>
</table>

(4)考虑埋深影响的修正

浅埋隧道能利用的围岩自承能力有限，其围岩稳定性不如深埋隧道，因此在围岩分级上按减弱一个亚级修正。一般而言，深浅埋隧道分界深度与地层条件、隧道开挖宽度以及施工方法有关。黄土围岩工程性质的改变，对其自承能力的影响具有内在的联系。对 Q_1、Q_2老黄土当埋深≤30m，对 Q_3、Q_4新黄土当埋深≤40m 时，可视情况将围岩分级减弱为一个亚级。

(5)给出设计指标

根据上述3项分级指标和黄土围岩物理力学参数统计值,即可给出工程适用的设计指标如天然密度ρ、强度指标c和φ、弹性指标E、μ和K等。

1.4.2　围岩分级

综上所述,黄土隧道围岩的分级如表1-7所示。

黄土隧道基本围岩分级表　　表1-7

围岩分级		黄土类型	围岩主要工程地质条件	开挖后的稳定状态(中跨)	弹性纵波速度 v_p(km/s)
Ⅳ	Ⅳa	老黄土(Q₁、Q₂)	土体坚硬为主,夹多层古土壤层,层位稳定;钙质含量高,钙质结核局部成层;节理不发育	拱部无支护时掉块、小坍塌	1.5~3.0
	Ⅳb		土体硬塑为主,夹多层古土壤层,层位不甚稳定;土层含钙质相对较少,钙质结核零星分布;节理较发育	拱部无支护时掉块、小坍塌;侧壁有时失稳	
Ⅴ	Ⅴa	新黄土(Q_3、Q_4)	土体坚硬—硬塑,相对疏松;节理不发育	拱部易坍塌,处理不当会出现大坍塌;侧壁易坍塌	1.0~2.0
		老黄土(Q_1、Q_2)	土体硬塑为主,夹多层古土壤层,层位不稳定;土层钙质含量少;节理发育		
	Ⅴb	新黄土(Q_3、Q_4)	土体硬塑—软塑,疏松,节理发育	拱部和侧壁易坍塌,处理不当会出现大坍塌;浅埋时易出现地表下沉或塌至地表	
		老黄土(Q_1、Q_2)	土体硬塑—软塑,夹多层古土壤层,层位很不稳定;土层钙质含量少;节理发育		
Ⅵ		软塑—流塑状新黄土(Q_3、Q_4)	土体软塑—流塑;多呈易蠕动的松软结构	极易坍塌、变形;易出现地表下沉或塌至地表	<1.0

注:黄土塑性状态的划分:坚硬$I_l \leq 0$;硬塑$0 < I_l \leq 0.5$;软塑$0.5 < I_l \leq 1$;流塑$I_l > 1$。

各级黄土围岩的物理力学指标标准值应按试验资料确定,无试验资料时可按表1-8选用。

黄土围岩物理力学指标　　表1-8

分级	黄土类型	含水率(%)	天然密度(g/cm³)	黏聚力(kPa)	内摩擦角(°)	弹性模量(MPa)	泊松比	弹性抗力系数(MPa/m)
Ⅳa	Q_1黏质黄土	—	1.98 1.90~2.05	60 50~70	28.5 27~30	280 240~320	0.30	黏质黄土 120
	Q_2黏质黄土	<18.4	1.85 1.75~1.95					

续上表

分级	黄土类型	含水率（%）	天然密度（g/cm^3）	黏聚力（kPa）	内摩擦角（°）	弹性模量（MPa）	泊松比	弹性抗力系数（MPa/m）
Ⅳb	Q_2黏质黄土	>18.4	1.98 1.90～2.05	40 29～49	24.5 23～26	200 160～240	0.32	黏质黄土 55
	Q_1砂质黄土	<17.5	1.85 1.75～1.95					
Ⅴa	Q_1砂质黄土	>17.5	1.98 1.90～2.05	25 22～28	20.5 19～22	120 80～160	0.35	
	Q_2砂质黄土	<18.1	1.85 1.75～1.95					
	Q_3黏质黄土	<18.1	1.56 1.45～1.60					
Ⅴb	Q_1砂质黄土	>18.1	1.98 1.90～2.05	18 15～21	16.5 15～18	65 50～80	0.38	—
	Q_3黏质黄土	>18.1	1.69 1.60～1.75					
	Q_3砂质黄土	<11.0	1.56 1.45～1.60					
Ⅵ	软塑—流塑状黄土		1.69 1.60～1.75	<15	<15	25 <50	0.42	—
			1.42 <1.55					

注：表中下画线数值为建议范围，可根据含水率大小酌情选取，一般含水率高时密度取较大值，力学参数取较小值。

2 浅埋小净距黄土隧道支护措施及地表裂缝处治

2.1 概　　述

现代地下工程支护理论——岩承理论认为,稳定围岩表明岩体有承载自稳能力。不稳定围岩丧失稳定也有一个过程,如果在这个过程中能及时提供必要的支撑或限制,围岩依然能够进入稳定状态。新奥法的核心思想就是充分发挥围岩的自承载能力,在隧道施工过程中采用锚喷支护,喷射混凝土能与围岩密贴、共同变形,是一种柔性支护。对于自承能力低的软弱围岩和黄土质围岩,仅仅采用锚喷支护一般情况下很难保证围岩稳定和结构安全,于是在初期支护体系中又增设了钢架,就形成了目前黄土隧道的初期支护结构模式——系统锚杆 + 喷射混凝土 + 钢筋网 + 钢架组合支护结构,属刚性支护体系。

黄土隧道洞口段多为浅埋偏压段,一般水文地质条件差,施工风险大,施工地表沉降显著,而过大的地表沉降会引起地表裂缝。过大、贯通形地表裂缝易造成地表水汇集,使深部黄土含水率显著增加,降低黄土物理力学性质,引起地表塌陷,地表裂缝扩展,增加隧道结构附加应力,降低隧道结构的安全性和可靠性。为保证隧道结构施工期间的稳定性和运营期间的安全性,就需要采取措施对地表进行妥善处理。

2.2 隧道围岩变形与支护机理

隧道开挖前是处于三维应力状态的,开挖后形成了新的临空面,围岩向洞内移动,应力重新调整,从而形成了二次应力。如果围岩的强度高于二次应力,则围岩是稳定的;如果低于二次应力,则必须进行支护,以保证围岩的稳定。围岩分区和支护特征示意见图 2-1。

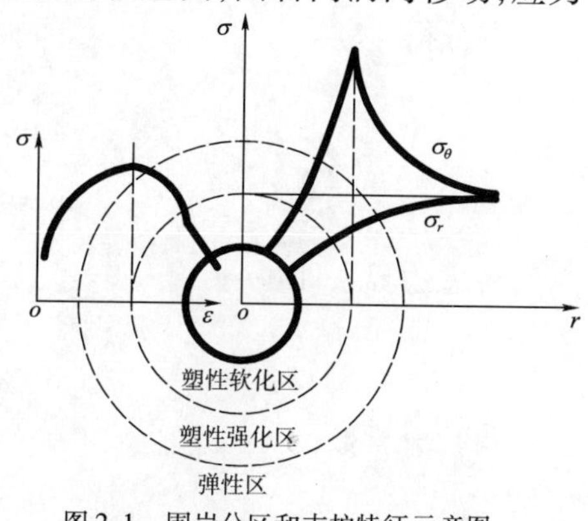

图 2-1　围岩分区和支护特征示意图

黄土围岩中开挖隧道,如果不对围岩进行适时支护,围岩就会发生破坏。其破坏一般是从围岩的表面开始,逐步向深部开展,依次形成塑性软化区、塑性强化区和弹性区。塑性强化区和弹性区是围岩承载的主体,塑性软化区是需要支护的对象。通过对软化区进行支护,一方面可以提高其强度,有利于其自身的稳定;另一方面,软化区围岩再对塑性强化区的围岩实施作用,增大了强化区的围压,使强化区围岩的承载能力得到提高,减少了围岩表面的应力差、变形及破坏。因此,通过支护或加强软化区围岩,可以提高强化区围岩的强度,使围岩的自承能力得以充分发挥,实现深部围岩的稳定,并使其成为主要承载区。

2.3 支护的力学模型

隧道开挖后的短时间内,掌子面前方的土体对围岩仍起着相当大的支撑作用,约束着后方土体变形的发展,而随着掌子面向前推进,又使其对隧道拱部的变形产生端面效应。如果二次衬砌施作后隧道结构已稳定,则在掌子面和二次衬砌之间会产生梁跨效应,其力学模型如图 2-2 所示。图中 A 端为掌子面, B 端为初期支护施工位置, C 端为二次衬砌施工位置, q 表示围岩压力, p 表示初期支护抗力。

①若隧道开挖后未及时进行初期支护,则可简化为悬臂梁效应,如图 2-3 所示。

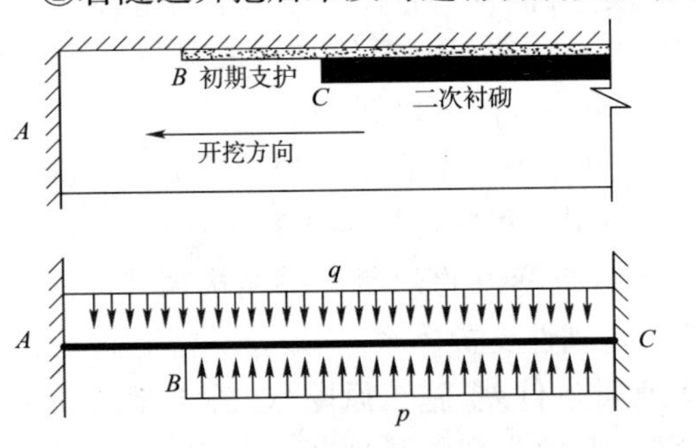

图 2-2 隧道开挖后的梁跨效应

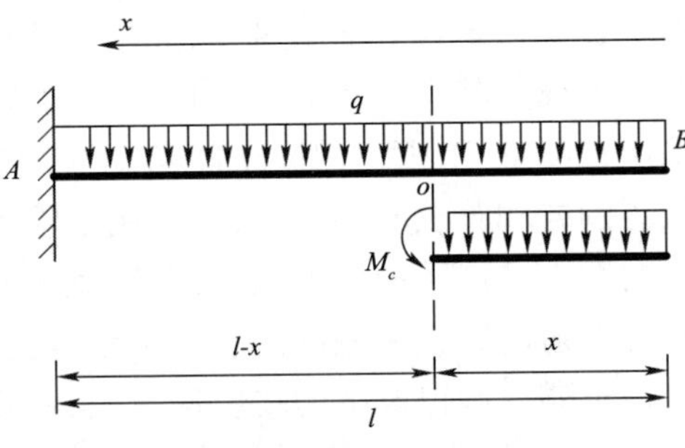

图 2-3 悬臂梁效应

对 o 点取矩可得:

$$M_c = \frac{1}{2}ql^2 \tag{2-1}$$

挠度曲线微分方程为:

$$\frac{d^2\omega}{dx^2} = -\frac{M_c}{EI} = -\frac{q}{2EI}x^2 \tag{2-2}$$

积分得:

$$\frac{d\omega}{dx} = -\frac{q}{6EI}x^3 + C_1 \tag{2-3}$$

$$\omega = -\frac{q}{24EI}x^4 + C_1x + D_1 \tag{2-4}$$

考虑边界条件:

$$x = l, \omega = 0 \tag{2-5}$$

$$x = l, \omega' = \theta = 0 \tag{2-6}$$

得积分常数:

$$C_1 = \frac{ql^3}{6EI}, D_1 = -\frac{ql^4}{8EI} \tag{2-7}$$

则挠度曲线方程可表示为：

$$\omega = -\frac{q}{24EI}(x^4 - 4l^3x + 3l^4) \tag{2-8}$$

梁的最大挠度位于悬臂梁的自由端处，即 $x = 0$ 时，$\omega_{max} = -ql^4/(8EI)$。

②若初期支护及时施作后有效地抑制了围岩的变形，则可简化为单跨超静定梁效应，如图 2-4 所示。

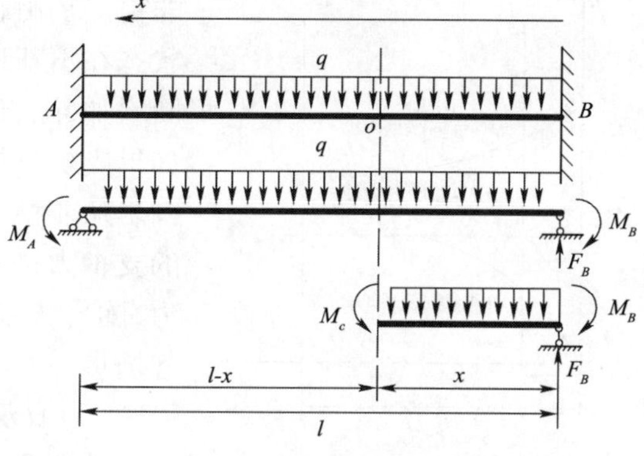

图 2-4 超静定梁效应

由结构力学知识，容易得出：

$$M_A = -\frac{ql^2}{12}; M_B = \frac{ql^2}{12}; F_A = F_B = \frac{ql}{2} \tag{2-9}$$

对 o 点取矩可得：

$$M_c = \frac{1}{2}ql^2 - \frac{1}{2}qlx + \frac{1}{2}qx^2 \tag{2-10}$$

挠度曲线微分方程为：

$$\frac{d^2\omega}{dx^2} = -\frac{M_c}{EI} = -\frac{1}{EI}\left(\frac{1}{12}ql^2 - \frac{1}{2}qlx + \frac{1}{2}qx^2\right) \tag{2-11}$$

$$\frac{d\omega}{dx} = -\frac{1}{EI}\left(\frac{1}{12}ql^2x - \frac{1}{4}qlx^2 + \frac{1}{6}qx^3\right) + C_2 \tag{2-12}$$

$$\omega = -\frac{1}{EI}\left(\frac{1}{24}ql^2x^2 - \frac{1}{12}qlx^3 + \frac{1}{24}qx^4\right) + C_2x + D_2 \tag{2-13}$$

考虑边界条件：

$$x = l, \omega = 0 \tag{2-14}$$

$$x = l, \omega' = 0 \tag{2-15}$$

可得积分常数：

$$C_2 = 0, D_2 = 0 \tag{2-16}$$

则挠度曲线方程可表示为：

$$\omega = -\frac{1}{EI}\left(\frac{1}{24}ql^2x^2 - \frac{1}{12}qlx^3 + \frac{1}{24}qx^4\right) \tag{2-17}$$

梁的最大挠度位于简支梁的中间处，即 $x = l/2$ 时，$\omega_{max} = -ql^4/(384EI)$。

由此可见，隧道开挖后及时施作初期支护后，隧道拱顶沉降量由 $\omega_{max} = -ql^4/(8EI)$ 减少到 $\omega_{max} = -ql^4/(384EI)$。所以，及时施作初期支护十分必要。

2.4 预支护应用分类

(1)自承能力好的完整围岩

这种完整围岩自承能力比较大，可以提供维持围岩稳定性所需要的承载力，如图 2-5 所示，即使不采取任何支护措施，围岩也能自稳。按照新奥法设计理念，这类围岩隧道开挖允许围岩有一定的变形，因为一定的变形有利于围岩自承力的发挥，从而支护结构只需要提供较小的支护力。

(2)有一定自承能力的围岩

有一定自承能力的围岩,其预支护原理的曲线如图2-6所示,围岩的自承能力初期大于原始内力 P_0。隧道开挖后,围岩不会立即松弛垮塌,围岩压力处于形变压力阶段,围岩处于非稳定平衡状态。随着变形不断增大,围岩内部结构和应力状态在不断地调整,围岩的自承能力呈下降趋势而承载力不断增加,围岩的自承能力得到发挥。从图2-6中可以看出,如果支护过早,则不能充分发挥围岩的自承能力,这时要使围岩从非稳定平衡状态向稳定平衡状态转变就需要比较大的支护力;如果支护过迟,围岩压力由形变压力转为松弛压力,围岩从非平衡状态转为失稳状态,围岩发生松弛,容易引起坍塌。

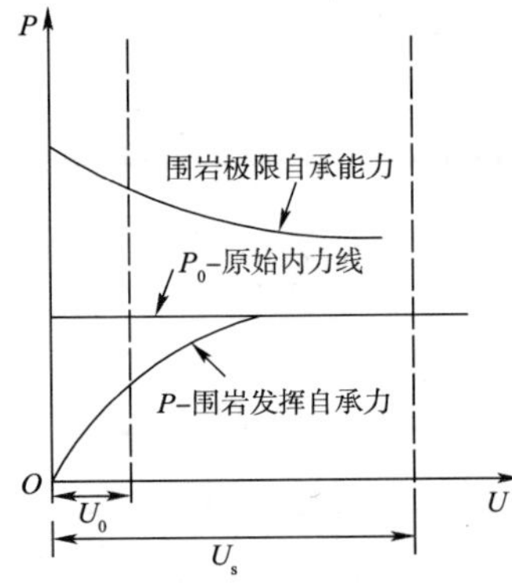

图2-5 完整围岩的预支护原理曲线图

(3)自承能力差的破碎或软弱围岩

从图2-7可以看出,这种破碎围岩的自承能力相对较小,而且在隧道开挖后会迅速下降,围岩形变压力迅速转为松弛压力,围岩很快进入松弛状态,即很快从非稳定平衡状态向失稳状态转化,所以要求在开挖前提供预支护,以改善围岩的原始状态,提高其自承能力。经过处理的围岩在开挖后仍处于非稳定平衡状态,但其自承能力有了较大的提高,不会瞬时垮塌,这就为支护赢得了时间。此类围岩必须采用刚性支护且支护必须及时。

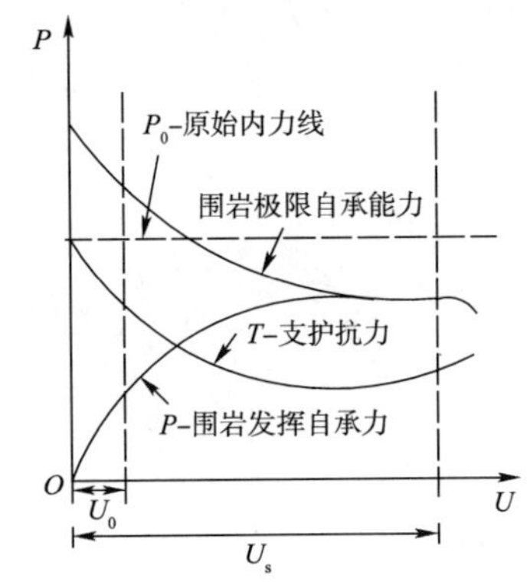

图2-6 有一定自承能力的围岩预支护原理曲线图

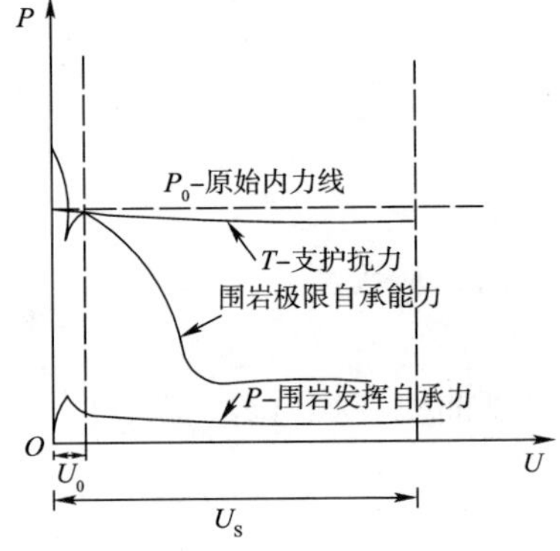

图2-7 自承能力差的围岩预支护原理曲线图

2.5 小净距黄土隧道支护设计原则

我国已在黄土地区建成了大量的隧道,从既有的施工经验可见,黄土隧道施工具有初期支护变形大、浅埋段施工引起的地表沉降量大且难以控制、容易发生塌方等特点。针对黄土隧道的变形特征,为确保施工与运营安全,总结形成以下支护设计原则。

(1)设置超前预支护,控制掌子面前方土体的变形。黄土隧道的地表沉降在开挖掌子面前方即表现明显,为控制地表沉降和掌子面挤出位移,需要采用掌子面前方的超前支护措施,包括超前管棚,必要时可以设置掌子面超前锚杆。

(2)加强初期支护,控制掌子面后方土体的变形。黄土隧道施工要制定严格的变形控制措施,采用刚度较大的喷射混凝土+钢架联合支护体系,控制黄土隧道初期支护的变形。

(3)采取辅助支护措施,控制初期支护的拱脚位移。可采用扩大拱脚、设置锁脚锚管等,提高拱脚附近围岩的承载力,控制拱脚下沉,从而控制初期支护体系的整体沉降,减少地表裂缝的发生。

(4)采用复合式衬砌,合理预留二次衬砌的安全储备。黄土隧道二次衬砌建成后,可能出现后荷现象,使作用于支护上的荷载增加,二次衬砌应具有相应的力学功能设计,原则上宜采用钢筋混凝土或纤维混凝土衬砌。

2.6 小净距黄土隧道支护措施

小净距黄土隧道开挖过程中,围岩的变形有显著的空间效应和时间效应,初期支护应采用以型钢拱架为主体的支护体系,即喷射混凝土+钢筋网+型钢拱架+锁脚锚杆(管)组合支护结构。

2.6.1 网喷混凝土

隧道开挖后立即喷射混凝土,及时封闭围岩暴露面,由于喷层与岩壁密贴,故能有效地隔绝水和空气,防止围岩因潮解风化产生剥落和膨胀,避免裂隙中充填杂物,防止围岩强度降低。此外,高压喷射混凝土时,可使一部分混凝土浆液渗入张开的裂隙或节理中,起胶结和加固作用,提高围岩强度。喷层中的钢筋网具有防止收缩裂缝,使喷层应力分布均匀,提高喷射混凝土的承载能力(主要表现在提高喷射混凝土的抗剪和抗拉力,增强锚喷支护的整体性,增强喷层的柔性)等作用。喷射混凝土的作用效果见表2-1。

喷射混凝土的作用效果 表2-1

喷射混凝土的作用效果	概 念 图
(1)与围岩的附着力、抗剪的支护效果 喷射混凝土和围岩的附着力,可分散作用在喷射混凝土上的外力,同时加强隧道周边裂隙的抗剪能力,并可在壁面形成承载拱	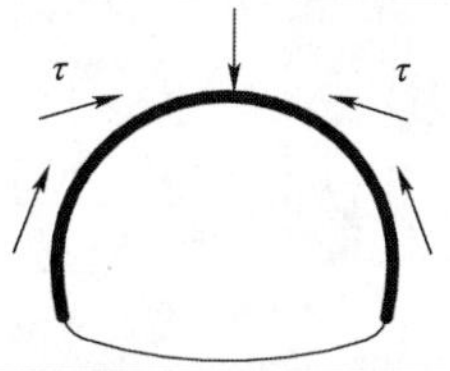 τ τ
(2)内压、闭合效果 因喷射混凝土作为一个连续的构件支撑围岩,可约束围岩的变形,给围岩以支护力(内压),使围岩保持三轴应力状态。此外,早期采用仰拱使断面临时闭合,也发挥了支护效果。此效果在软岩和土砂围岩中较好	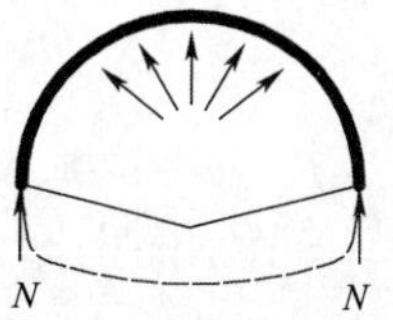 N N
(3)传递土压到钢支撑、锚杆等支护结构	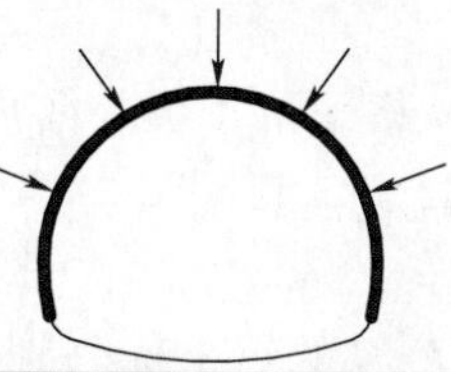

续上表

喷射混凝土的作用效果	概 念 图
(4)软弱层补强效果 填平凸凹不平处,跨越软弱层,防止应力集中,补强软弱层等	
(5)被覆效果 开挖后,及时覆盖壁面,可防止围岩风化、微粒子流失并止水等	

2.6.2 钢拱架

(1)钢拱架受力分析

在小净距黄土隧道的建设过程中,破碎土体围岩的分布位置往往是随机的,可能出现在洞顶,也可能出现在两侧壁上。对洞顶和两侧壁均有破碎土体的复杂情况进行简化,按荷载垂直作用在钢拱架边界上,可得到如图 2-8 所示的钢拱架受力简图。

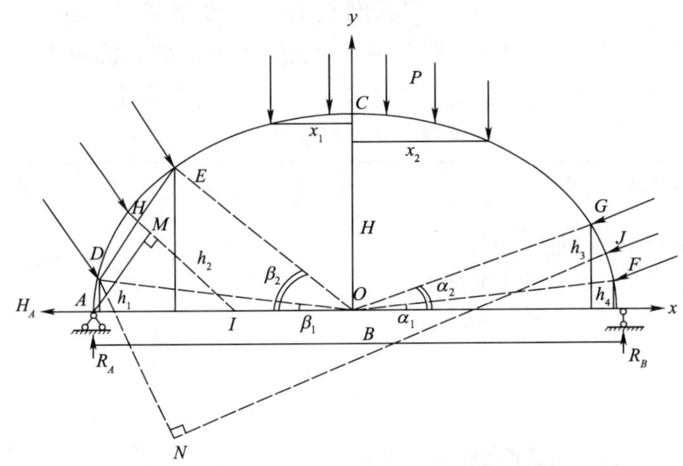

图 2-8 洞顶和两侧壁均有破碎岩土体时钢拱架的受力图

建立如图 2-8 所示的坐标系,则隧道轮廓的曲线方程可表示为:

$$\frac{x^2}{(B/2)^2} + \frac{y^2}{H^2} = 1 \tag{2-18}$$

从式(2-18)中可求得 x 值如下:

$$x = \pm \frac{B}{2H}\sqrt{H^2 - y^2} \tag{2-19}$$

将 D、E、F、G 的纵坐标分别代入式(2-19),可求得四点的坐标为:

$$D\left(-\frac{B}{2H}\sqrt{H^2-h_1^2},h_1\right)\qquad E\left(-\frac{B}{2H}\sqrt{H^2-h_2^2},h_2\right)$$

$$F\left(\frac{B}{2H}\sqrt{H^2-h_3^2},h_3\right)\qquad G\left(\frac{B}{2H}\sqrt{H^2-h_4^2},h_4\right)$$

依据两点间的距离公式得：

$$\begin{aligned}|DE| &= \sqrt{\left(-\frac{B}{2H}\sqrt{H^2-h_2^2}+\frac{B}{2H}\sqrt{H^2-h_1^2}\right)+(h_2-h_1)^2}\\ &= \sqrt{\frac{B^2}{4H^2}(\sqrt{H^2-h_1^2}-\sqrt{H^2-h_2^2})+(h_2-h_1)^2}\end{aligned}\tag{2-20}$$

同理：

$$|FG| = \sqrt{\frac{B^2}{4H^2}(\sqrt{H^2-h_4^2}-\sqrt{H^2-h_3^2})+(h_4-h_3)^2}\tag{2-21}$$

隧道曲线方程可转化为极坐标方程：

$$\begin{cases}x=\dfrac{B}{2}\cos\alpha\\ y=H\sin\alpha\end{cases}\tag{2-22}$$

将 F 点坐标代入式(2-22)可得：

$$\alpha_1 = \arcsin\frac{h_4}{H}\tag{2-23}$$

同理：

$$\alpha_2 = \arcsin\frac{h_3}{H};\beta_1=\arcsin\frac{h_1}{H};\beta_2=\arcsin\frac{h_2}{H}\tag{2-24}$$

弧长

$$FG=s_1=\int_{\alpha_1}^{\alpha_2}\sqrt{\left(\frac{B}{2}\sin\alpha\right)^2+(H\cos\alpha)^2\mathrm{d}\alpha}=\int_{\arcsin\frac{h_4}{H}}^{\arcsin\frac{h_3}{H}}\sqrt{\left(\frac{B}{2}\sin\alpha\right)^2+(H\cos\alpha)^2\mathrm{d}\alpha}\tag{2-25}$$

弧长

$$DE=s_2=\int_{\beta_1}^{\beta_2}\sqrt{\left(\frac{B}{2}\sin\alpha\right)^2+(H\cos\alpha)^2\mathrm{d}\alpha}=\int_{\arcsin\frac{h_1}{H}}^{\arcsin\frac{h_2}{H}}\sqrt{\left(\frac{B}{2}\sin\alpha\right)^2+(H\cos\alpha)^2\mathrm{d}\alpha}\tag{2-26}$$

根据水平方向受力平衡可得：

$$P\cdot s_1\cdot\frac{h_2-h_1}{|DE|}-H_A-P\cdot s_2\frac{h_2-h_1}{|FG|}=0\tag{2-27}$$

由式(2-27)可得：

$$H_A=P\left(\frac{s_1}{|DE|}-\frac{s_2}{|FG|}\right)(h_2-h_1)\tag{2-28}$$

将式(2-20)、式(2-21)、式(2-25)及式(2-26)代入式(2-28)，可得：

$$H_A=P(h_2-h_1)\cdot\left[\frac{\int_{\arcsin\frac{h_4}{H}}^{\arcsin\frac{h_3}{H}}\sqrt{\left(\frac{B}{2}\sin\alpha\right)^2+(H\cos\alpha)^2\mathrm{d}\alpha}}{\sqrt{\frac{B^2}{4H^2}(\sqrt{H^2-h_1^2}-\sqrt{H^2-h_2^2})+(h_2-h_1)^2}}-\right.$$

$$\left.\frac{\int_{\arcsin\frac{h_1}{H}}^{\arcsin\frac{h_2}{H}}\sqrt{\left(\frac{B}{2}\sin\alpha\right)^2+(H\cos\alpha)^2}\mathrm{d}\alpha}{\sqrt{\frac{B^2}{4H^2}(\sqrt{H^2-h_4^2}-\sqrt{H^2-h_3^2})+(h_4-h_3)^2}}\right] \tag{2-29}$$

根据竖向受力平衡得：

$$R_A+R_B-P(x_1+x_2)-P\cdot s_1\frac{\frac{B}{2H}(\sqrt{H^2-h_1^2}-\sqrt{H^2-h_2^2})}{|DE|}-\frac{\frac{B}{2H}(\sqrt{H^2-h_4^2}-\sqrt{H^2-h_3^2})}{|FG|}=0 \tag{2-30}$$

线段 DE 的中点 H 的坐标为：$H\left(\frac{x_D+x_E}{2},\frac{y_D+y_E}{2}\right)$

将 D、E 点的坐标代入式(2-30)可得 H 点坐标为：

$$H\left[-\frac{B}{4H}(\sqrt{H^2-h_1^2}+\sqrt{H^2-h_2^2}),\frac{h_1+h_2}{2}\right]$$

线段 DE 的斜率为：

$$k_{DE}=\frac{y_E-y_D}{x_E-x_D} \tag{2-31}$$

直线 HI 的方程为：

$$y-y_H=-\frac{1}{k_{DE}}(x-x_H) \tag{2-32}$$

所以 A 点到直线 HI 的距离为：

$$|AM|=\frac{\left|-\frac{B}{2}-y_Hk_{DE}-x_H\right|}{\sqrt{1+k_{DE}^2}}$$

化简得：

$$|AM|=\frac{\left|-\frac{B}{2}-\frac{H(h_2^2-h_1^2)}{B(\sqrt{H^2-h_2^2}-\sqrt{H^2-h_1^2})}+\frac{B}{4H}(\sqrt{H^2-h_2^2}-\sqrt{H^2-h_1^2})\right|}{\sqrt{1+\frac{4H^2(h_2-h_1)^2}{B^2(\sqrt{H^2-h_2^2}-\sqrt{H^2-h_1^2})^2}}} \tag{2-33}$$

线段 GF 的中点 J 坐标为：$J\left(\frac{x_G+x_F}{2},\frac{y_G+y_F}{2}\right)$

即是：

$$J\left[\frac{B}{4H}(\sqrt{H^2-h_3^2}+\sqrt{H^2-h_4^2}),\frac{h_3+h_4}{2}\right]$$

线段 GF 的斜率为：

$$k_{GF}=\frac{y_F-y_G}{x_F-x_G} \tag{2-34}$$

直线 NJ 的方程为：

$$y - y_J = -\frac{1}{k_{GF}}(x - x_J) \tag{2-35}$$

故 A 点到直线 NJ 的距离为：

$$|AN| = \frac{\left| -\frac{B}{2} - \frac{H(h_4^2 - h_3^2)}{B(\sqrt{H^2 - h_4^2} - \sqrt{H^2 - h_3^2})} + \frac{B}{4H}(\sqrt{H^2 - h_4^2} - \sqrt{H^2 - h_3^2}) \right|}{\sqrt{1 + \frac{4H^2(h_4 - h_3)^2}{B^2(\sqrt{H^2 - h_4^2} - \sqrt{H^2 - h_3^2})^2}}} \tag{2-36}$$

根据力矩平衡，$\Sigma M_A = 0$

$$R_B \cdot B - P(x_1 + x_2)\left(\frac{B}{2} - x_1 + \frac{x_1 + x_2}{2}\right) - P \cdot s_1 \cdot |AN| - P \cdot s_2 \cdot |AM| = 0 \tag{2-37}$$

可以求得：

$$R_B = \frac{P}{B}\left[(x_1 + x_2)\left(\frac{B}{2} - x_1 + \frac{x_1 + x_2}{2}\right) + s_1 \cdot |AN| + s_2 |AM|\right] \tag{2-38}$$

将式(2-25)、式(2-26)、式(2-33)及式(2-36)代入式(2-38)，可求得 R_B。

再根据受力平衡方程式可得：

$$R_A = P(x_1 + x_2) + P \cdot s_1 \frac{\frac{B}{2H}(\sqrt{H^2 - h_1^2} - \sqrt{H^2 - h_2^2})}{|DE|} + P \cdot s_2 \frac{\frac{B}{2H}(\sqrt{H^2 - h_4^2} - \sqrt{H^2 - h_3^2})}{|FG|} \tag{2-39}$$

将式(2-20)、式(2-21)、式(2-25)及式(2-26)代入式(2-39)，可求得 R_A。然后对钢拱架进行局部受力分析，如图 2-9 所示。

$$P \cdot s_1 \frac{h_2 - h_1}{|DE|} - H_A + N = 0 \tag{2-40}$$

可以求出轴力：

$$N = H_A - P \cdot s_1 \frac{h_2 - h_1}{|DE|} \tag{2-41}$$

根据竖向受力平衡可得：

$$R_A + Q - P \cdot x_1 - P \cdot s_1 \frac{\frac{B}{2H}(\sqrt{H^2 - h_1^2} - \sqrt{H^2 - h_2^2})}{|DE|} = 0 \tag{2-42}$$

则剪力

$$Q = P \cdot x_1 + P \cdot s_1 \frac{\frac{B}{2H}(\sqrt{H^2 - h_1^2} - \sqrt{H^2 - h_2^2})}{|DE|} - R_A \tag{2-43}$$

C 点到直线 HI 的距离为：

$$|CP| = \frac{|k_{DE} \cdot H - k_{DE} y_H - x_H|}{\sqrt{1 + k_{DE}^2}} \tag{2-44}$$

根据力矩平衡，$\Sigma M_c = 0$

$$P \cdot \frac{x_1^2}{2} + P \cdot s_2 \mid AN \mid - M - R_A \cdot \frac{B}{2} - H_A \cdot H = 0 \tag{2-45}$$

可求出洞顶截面上的弯矩为：

$$M = P \cdot \frac{x_1^2}{2} + P \cdot s_2 \mid AN \mid - R_A \cdot \frac{B}{2} - H_A \cdot H \tag{2-46}$$

(2)钢拱架型号确定

根据弯矩和轴力进行强度校核可以算出钢拱架的截面积，然后参考《公路隧道设计规范》(JTG D70—2004)，可以得到应采用的工字钢型号或 H 形钢的型号。

校核公式：

$$\frac{N}{A} + \frac{M}{\eta W_x} \leqslant f \tag{2-47}$$

对于主平面受弯的实腹构件抗剪强度的校核，规定为：

$$\tau = \frac{QS_x}{I_x t} \leqslant f_v \tag{2-48}$$

式中：Q ——截面上的剪力；

I_x ——计算截面对主轴 x 的毛截面惯性矩；

S_x ——计算剪应力处以上或以下毛截面对主轴 x 的面积矩和以左或以右毛截面对主轴 x 的面积矩，$S_x = \int_0^s yt\mathrm{d}s$；

t ——所计算剪应力处的截面厚度，如图 2-10 所示；

f_v ——钢材的抗剪强度设计值，如表 2-2 所示。

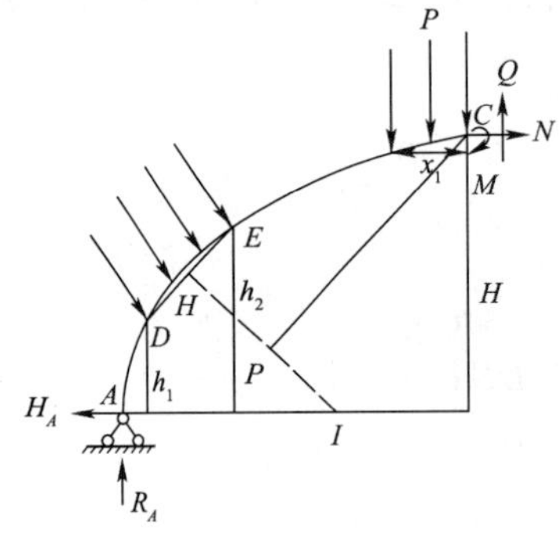

图 2-9 洞顶和两侧壁均有破碎岩土体时钢拱架的局部受力分析图

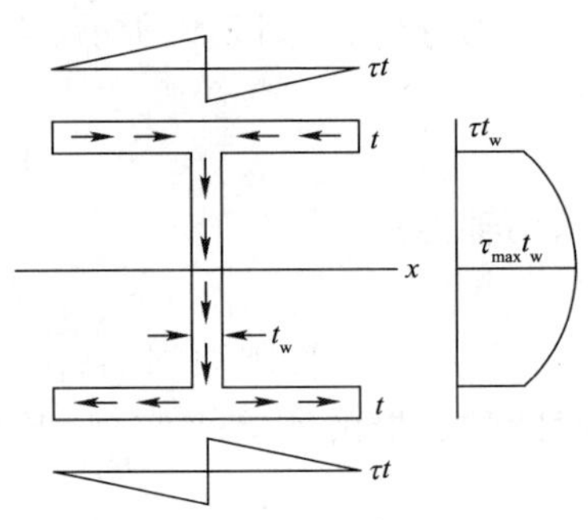

图 2-10 工字形截面上的剪力流

钢材的强度设计值 表 2-2

钢材		抗拉、抗压和抗弯强度 f (MPa)	抗剪强度 f_v (MPa)
牌号	厚度或直径(mm)		
Q235 钢	<16	215	125
	16 ~ 40	205	120
	40 ~ 60	200	115
	60 ~ 100	190	110

续上表

钢材		抗拉、抗压和抗弯强度 f(MPa)	抗剪强度 f_v(MPa)
牌号	厚度或直径(mm)		
Q345 钢	<16	310	180
	16~35	295	170
	35~50	265	155
	50~100	250	145
Q390 钢	<16	350	205
	16~35	335	190
	35~50	315	180
	50~100	295	170
Q420 钢	<16	380	220
	16~35	360	210
	35~50	340	195
	50~100	325	185

2.6.3 管棚

管棚工法最早是作为山岭隧道施工的一种辅助工法，因施工快、安全性高，现已广泛应用于城市地铁浅埋暗挖段、下穿既有建筑物及铁路、公路等情况。大多数黄土隧道的洞口段属于浅埋和风化层，成洞较困难，采用管棚工法可以有效地解决洞口段的施工难题。

管棚工法是隧道开挖施工中用以防止掌子面坍塌并限制围岩变形的一种预支护手段。其主要原理是沿隧道开挖断面的外轮廓，以一定间隔布设钢管，并通过钢管的注浆孔向围岩注浆，使钢管与围岩一体化，由管棚和围岩构成的棚架体系成为隧道后续开挖的防护棚，达到安全施工的目的。大管棚控制围岩土体变形主要是通过提高管棚和套拱的刚度来实现，其作用机理在于形成棚架体系和其荷载调节机制。

(1)工作原理

①棚架原理

在隧道拱部的管棚，要形成"棚"必须具备两个方面的条件：a. 钢管间的软弱土体能形成承载拱；b. 具有足够数量能扩散或传递围岩压力的杆件结构。大管棚结构示意如图 2-11 所示。

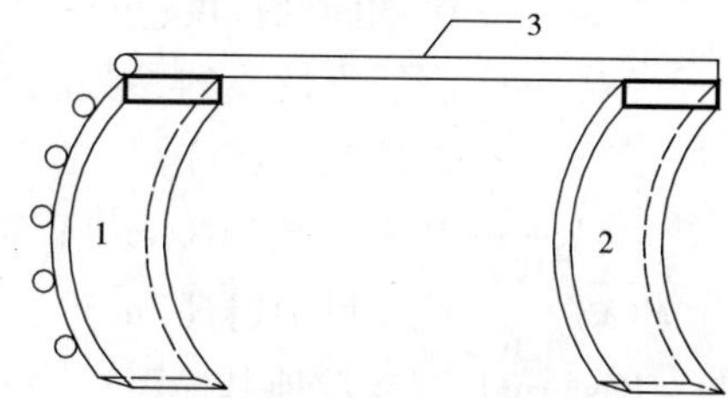

图 2-11 大管棚结构示意图

1、2-端头支撑梁；3-管棚

②荷载调节机制

管棚对开挖区土体坍塌的预防和地层沉降的控制主要是通过荷载传递及调节作用实现的。开挖释放的荷载直接作用在管棚上，并通过其向掌子面前后进行传递，支护结构完成后刚度比较大,可有效地控制开挖释放荷载引起的地层位移。

(2)管棚的布孔

管棚每循环间的搭接长度一般为 2m,前端 15cm 加工成锥形,以减少管棚打入时的阻力,布孔方式如图 2-12 所示。

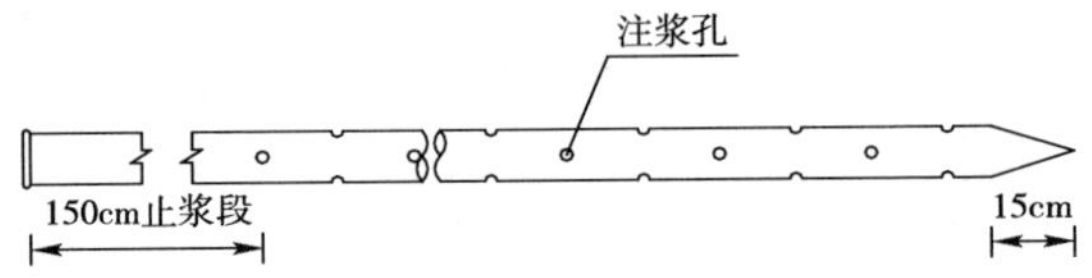

图 2-12 管棚布孔方式图

在小净距黄土隧道的施工中,为提高管棚的刚度,增加其抗弯性能,可在管棚内放入提前加工好的钢筋笼,钢筋笼可采用 3 根或 4 根直径为 16 ~ 22mm 的螺纹钢制作,中间每隔 2m 焊一个固定环(图 2-13)。

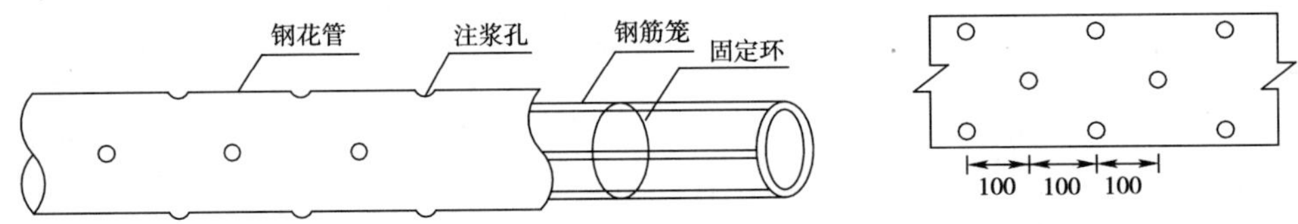

图 2-13 管棚钢管构造示意图(尺寸单位:mm)

(3)管棚的受力分析

①双参数地基梁的控制微分方程

根据梁微段平衡条件、Bernoulli – Euler 理论和 Pasternak 双参数地基模型,双参数地基梁的控制微分方程为:

$$E_b I \frac{\mathrm{d}^4\omega}{\mathrm{d}x^4} - G_p b \frac{\mathrm{d}^2\omega}{\mathrm{d}x^2} + bk\omega = bP(x) \tag{2-49}$$

式中:E_b ——材料的弹性模量(kPa);

I ——截面的惯性矩(m^4);

ω ——梁截面处挠度(m);

G_p ——表征土性质的参数($\mathrm{kN/m^3}$);

b ——梁的宽度(m);

k ——基床系数($\mathrm{kN/m^3}$);

$P(x)$ ——地基反力($\mathrm{kN/m^2}$)。

Pasternak 双参数地基模型中,由压力 $P(x)$ 引起的土介质表面挠度为:

$$P(x) = k\omega - G_p \frac{\mathrm{d}^2\omega}{\mathrm{d}x^2} \tag{2-50}$$

在式(2-49)中,通常 k 比 G_p 大得多,满足 $\frac{G_p\lambda^2}{k} < 1$,令 $P(x) = 0$,$\lambda^4 = \frac{kb}{4E_bI}$,则式(2-49)的齐次解为:

$$\omega(x) = (A_1e^{\mu\lambda x} + A_2e^{-\mu\lambda x})\cos\beta\lambda x + (A_3e^{\mu\lambda x} + A_4e^{-\mu\lambda x})\sin\beta\lambda x \tag{2-51}$$

式中：$\mu = \left(1 + \frac{G_p\lambda^2}{k}\right)^{\frac{1}{2}}$，$\beta = \left(1 - \frac{G_p\lambda^2}{k}\right)^{\frac{1}{2}}$，$A_1$、$A_2$、$A_3$、$A_4$ 为待定积分常数。

当 $G_p = 0$ 时，双参数地基模型简化为文克尔地基模型。取坐标原点与位于掌子面前方管棚自由端相重合，如图 2-14 所示。

引入克雷洛夫函数，由外荷载 $q(x)$ 引起的附加挠度为：

$$\omega_q = -\frac{b}{4\lambda^3 E_b I}\int_{x_a}^{x} q\left[\frac{1}{\mu}\varphi_1(x-\xi) - \frac{1}{\beta}\varphi_3(x-\xi)\right]\mathrm{d}\xi \tag{2-52}$$

故有限长梁在外荷载 $q(x)$ 作用下的总挠度为：

$$\omega(x) = \omega_0\left[\varphi_2 - \left(\frac{\mu^2-\beta^2}{2\mu\beta}\right)\varphi_4\right] + \frac{\theta_0}{2\lambda}\left(\frac{\varphi_1}{\mu} + \frac{\varphi_3}{\beta}\right) - \frac{M_0}{\lambda^2 E_b I}\left(\frac{\varphi_4}{2\mu\beta}\right) + \frac{N_0}{4\lambda^3 E_b I}\left(\frac{\varphi_1}{\mu} - \frac{\varphi_3}{\beta}\right) - \frac{b}{4\lambda^3 E_b I}\cdot\int_{x_a}^{x} q_0\left[\frac{1}{\mu}\varphi_1(x-\xi) - \frac{1}{\beta}\varphi_3(x-\xi)\right]\mathrm{d}\xi \tag{2-53}$$

其中：

$$\begin{cases}\varphi_1 = \cos(\beta\lambda x)\sinh(\mu\lambda x)\\ \varphi_2 = \cos(\beta\lambda x)\cosh(\mu\lambda x)\\ \varphi_3 = \sin(\beta\lambda x)\cosh(\mu\lambda x)\\ \varphi_4 = \sin(\beta\lambda x)\sinh(\mu\lambda x)\end{cases} \tag{2-54}$$

由 Bernoulli－Euler 理论，有限长梁的 $\theta(x)$、$N(x)$、$M(x)$ 的表达式为：

$$\theta(x) = \omega_0\lambda\left(\frac{\varphi_1}{\mu} - \frac{\varphi_3}{\beta}\right) + \theta_0\left[\varphi_2 + \left(\frac{\mu^2-\beta^2}{2\mu\beta}\right)\varphi_4\right] - \frac{M_0}{2\lambda^2 E_b I}\left(\frac{\varphi_1}{\mu} + \frac{\varphi_3}{\beta}\right) - \frac{N_0}{4\lambda^2 E_b I}\left(\frac{\varphi_4}{2\mu\beta}\right) + \frac{b}{\lambda^2 E_b I}\cdot\int_{x_a}^{x} q\left[\frac{\varphi_4}{2\mu\beta}(x-\xi)\right]\mathrm{d}\xi \tag{2-55}$$

$$M(x) = 4\omega_0\lambda^2 E_b I\left(\frac{\varphi_4}{2\mu\beta}\right) - \theta_0\frac{\lambda E_b I}{2}\left[\left(\frac{3\mu^2-\beta^2}{\mu}\right)\varphi_1 + \left(\frac{\mu^2-3\beta^2}{\beta}\right)\varphi_3\right] + M_0\left[\varphi_2 + \left(\frac{\mu^2-\beta^2}{2\mu\beta}\right)\varphi_4\right] + \frac{N_0}{2\lambda}\left(\frac{\varphi_1}{\mu} + \frac{\varphi_3}{\beta}\right) - \frac{b}{2\lambda}\int_{x_a}^{x} q\left[\frac{\varphi_1}{\mu}(x-\xi) - \frac{\varphi_3}{\beta}(x-\xi)\right]\mathrm{d}\xi \tag{2-56}$$

$$N(x) = 2\omega_0\lambda^3 E_b I\left[\left(\frac{1+r^2}{\mu}\right)\varphi_1 + \left(\frac{1-r^2}{\beta}\right)\varphi_3\right] + 2\theta_0 E_b I\lambda^2\left(\frac{\varphi_4}{\mu\beta}\right) + M_0\lambda\left(\frac{\varphi_1}{\mu} - \frac{\varphi_3}{\beta}\right) + N_0\left[\varphi_2 - \left(\frac{\mu^2-\beta^2}{2\mu\beta}\right)\varphi_4\right] - b\int_{x_a}^{x} q\left[\varphi_2(x-\xi) - \left(\frac{\mu^2-\beta^2}{2\mu\beta}\right)\varphi_4(x-\xi)\right]\mathrm{d}\xi \tag{2-57}$$

式中，ω_0、θ_0、N_0 及 M_0 分别为有限长梁在 o 端的挠度、转角、剪力和弯矩；$r^2 = 2G_p\lambda^2/k$，初始条件 θ_0、N_0 及 M_0 由边界条件求得，其中的 2 个非零值由掌子面上方管棚处的边界条件求得。

②基于双参数地基模型的管棚挠度计算方法

将管棚全长分为两段，如图 2-15 所示，掌子面前方地层的管棚末端到掌子面处为

AB 段,取掌子面前方管棚末端作为坐标原点,掌子面到最近一榀支护拱架间的距离为 BC ,则有:

$$\omega(x)_{AB}=\omega_0\left[\varphi_2-\left(\frac{\mu^2-\beta^2}{2\mu\beta}\right)\varphi_4\right]+\frac{\theta_0}{2\lambda}\left(\frac{\varphi_1}{\mu}+\frac{\varphi_3}{\beta}\right)-\frac{M_0}{\lambda^2E_bI}\left(\frac{\varphi_4}{2\mu\beta}\right)+\frac{N_0}{4\lambda^3E_bI}\left(\frac{\varphi_1}{\mu}-\frac{\varphi_3}{\beta}\right)-\frac{b}{4\lambda^3E_bI}\cdot\int_{x_a}^{x}q\left[\frac{1}{\mu}\varphi_1(x-\xi)-\frac{1}{\beta}\varphi_3(x-\xi)\right]\mathrm{d}\xi \tag{2-58}$$

$$\omega(x)_{BC}=\frac{qx^4}{24E_bI}+B_1x^3+B_2x^2+B_3x+B_4 \tag{2-59}$$

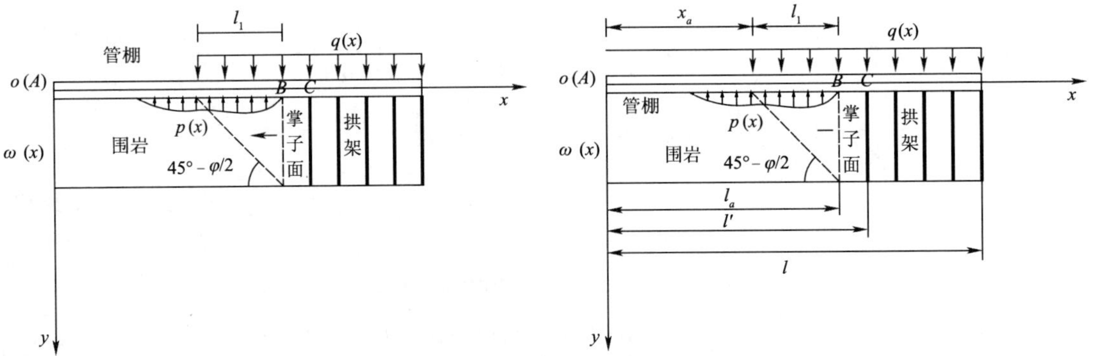

图 2-14　隧道开挖过程中管棚力学模型示意图

图 2-15　隧道开挖过程中管棚力学模型计算图

其中:A 端为自由端,边界条件为:

$$E_bI\omega''_{AB}\big|_{x=0}=M_0=0;N_0=G_pab\omega_0 \tag{2-60}$$

C 端为锁定或嵌入边界,不产生侧向位移,边界条件为:

$$\omega_{BC}\big|_{x=l'}=0;\omega_{BC'}\big|_{x=l'}=0 \tag{2-61}$$

B 端边界条件为:

$$\begin{cases}\omega_{AB}(l_a)=\omega_{BC}(l_a)\\ \theta_{AB}(l_a)=\theta_{BC}(l_a)\\ M_{AB}(l_a)=M_{BC}(l_a)\\ N_{AB}(l_a)=N_{BC}(l_a)\end{cases} \tag{2-62}$$

将式(2-60)~式(2-62)分别代入式(2-58)、式(2-59)得:

$$\begin{bmatrix} l'^3 & l'^2 & l' & 1 & 0 & 0 & 0\\ 3l'^2 & 2^{l'} & 1 & 0 & 0 & 0 & 0\\ 0 & 0 & 0 & 0 & G_pab & 0 & -1\\ l_a^3 & l_a^2 & l_a & 1 & a_{45} & a_{46} & 0\\ 3l_a^2 & 2l_a & 1 & 0 & a_{55} & a_{56} & 0\\ 6l_aE_bI & 2E_bI & 0 & 0 & a_{65} & a_{66} & a_{67}\\ 6E_bI & 0 & 0 & 0 & a_{75} & a_{76} & a_{77}\end{bmatrix}\begin{bmatrix}B_1\\B_2\\B_3\\B_4\\\theta_0\\\omega_0\\N_0\end{bmatrix}=\begin{bmatrix}-\frac{ql'^4}{24E_bI}\\-\frac{ql'^3}{6E_bI}\\0\\b_{41}\\b_{51}\\b_{61}\\b_{71}\end{bmatrix} \tag{2-63}$$

式中：$a_{45} = \left(\dfrac{\mu^2 - \beta^2}{2\mu\beta}\right)\varphi_4(l_a) - \varphi_2(l_a) + \dfrac{G_p ab}{4\lambda^3 E_b I}\left[\dfrac{\varphi_3(l_a)}{\beta} - \dfrac{\varphi_1(l_a)}{\mu}\right]$

$$a_{46} = -\left[\frac{\varphi_1(l_a)}{2\lambda\mu} + \frac{\varphi_3(l_a)}{2\lambda\beta}\right]$$

$$a_{55} = \frac{Gab}{4\lambda^2 E_b I}\left[\frac{\varphi_4(l_a)}{2\mu\beta}\right] + \lambda\left[\frac{\varphi_3(l_a)}{\beta} - \frac{\varphi_1(l_a)}{\mu}\right]$$

$$a_{56} = \frac{\beta^2 - \mu^2}{2\mu\beta}\varphi_4(l_a) - \varphi_2(l_a)$$

$$a_{65} = \frac{2\lambda^2 E_b I\varphi_4(l_a)}{\mu\beta}$$

$$a_{66} = \frac{\lambda E_b I}{2}\left[\left(\frac{\beta^2 - 3\mu^2}{\mu}\right)\varphi_1(l_a) + \left(\frac{3\beta^2 - \mu^2}{\beta}\right)\varphi_3(l_a)\right]$$

$$a_{67} = -\left[\frac{\varphi_1(l_a)}{2\lambda\mu} + \frac{\varphi_3(l_a)}{2\lambda\beta}\right]$$

$$a_{75} = 2\lambda^3 E_b I\left[\left(\frac{1 + r^2}{\mu}\right)\varphi_1(l_a) + \left(\frac{1 - r^2}{\beta}\right)\varphi_3(l_a)\right]$$

$$a_{76} = \frac{2\lambda^2 E_b I\varphi_4(l_a)}{\mu\beta}$$

$$a_{77} = \varphi_2(l_a) - \frac{\mu^2 - 3\beta^2}{2\mu\beta}\varphi_4(l_a)$$

$$b_{41} = -\frac{bql_a^4}{24E_b I} - \frac{b}{4\lambda_3 E_b I}\cdot\int_{x_a}^{l_a} q\left[\frac{\varphi_1(l_a - \xi)}{\mu} - \frac{\varphi_3(l_a - \xi)}{\beta}\right]\mathrm{d}\xi$$

$$b_{51} = -\frac{bql_a^3}{6E_b I} + \frac{b}{\lambda^2 E_b I}\int_{x_a}^{l_a}\frac{q\varphi_4(l_a - \xi)}{2\mu\beta}\mathrm{d}\xi$$

$$b_{61} = -\frac{bql_a^4}{2} + \frac{b}{2\lambda}\int_{x_a}^{l_a} q\left[\frac{\varphi_1(l_a - \xi)}{\mu} - \frac{\varphi_3(l_a - \xi)}{\beta}\right]\mathrm{d}\xi$$

$$b_{71} = -bql_a + b\int_{x_a}^{l_a} q\left[\varphi_2(l_a - \xi) - \frac{(\mu^2 - \beta^2)\varphi_4(l_a - \xi)}{2\mu\beta}\right]\mathrm{d}\xi$$

对式(2-63)进行计算，得出 B_1 、B_2 、B_3 、B_4 、θ_0 、ω_0 及 N_0 后，代入式(2-60)及式(2-61)，得出管棚的挠度方程，由式(2-55)～式(2-57)得出 $\theta(x)$ 、$M(x)$ 和 $N(x)$ 。据此，可有效确定管棚施工的主要参数。

2.6.4　锚杆支护

锚杆是黄土隧道施工中维护围岩稳定，保证施工安全的重要支护手段之一，其作用效果见表2-3。在施工中，如何保证和检查锚杆的施工质量是很重要的。目前施工中，锚杆长度不足、不配置垫板、布置不合理、砂浆充填不密实，甚至“长锚短打”的现象都有发生。造成这些问题的原因是多方面的，但主要还是对锚杆在黄土隧道施工中的作用认识不到位，没有按照设计要求施工，而且缺乏有效的检测手段。

锚杆的作用效果

表 2-3

作用效果	概念图
(1)悬吊效果 在裂隙发育的围岩中与喷射混凝土作用,效果增大	
(2)梁效果 对隧道周边的层状围岩,使分离的层理面叠合而形成叠合梁。因锚杆的叠合效果可使层理面传递剪力,作为组合梁而发挥效果	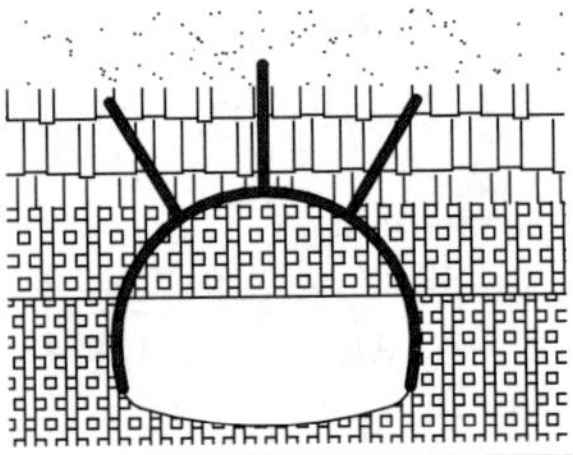
(3)内压效果 锚杆轴力通过喷混凝土作用在隧道壁面上,发挥了内压效果,抑制了隧道周边围岩的塑性化,同时也抑制了隧道净空位移的效果	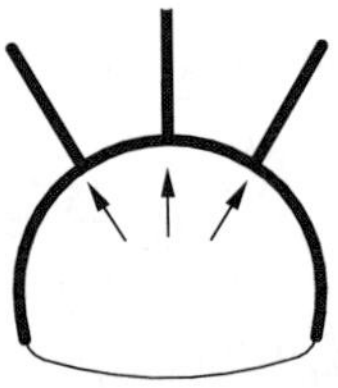
(4)拱效果 由于系统锚杆的内压效果,形成了承载拱,提高了隧道周边围岩的承载能力,也发挥了抑制隧道净空位移的效果	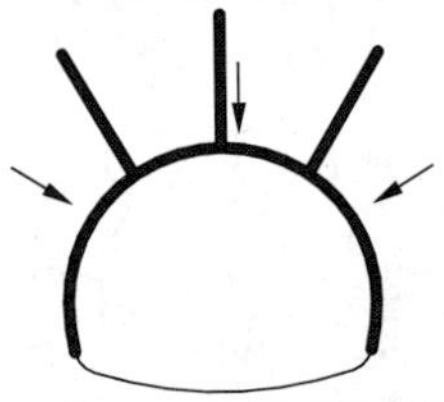
(5)围岩改良效果 围岩内插入锚杆后增大了围岩自身的抗剪强度,围岩屈服后的残余强度也增大了。因此,锚杆能够改善围岩的特性	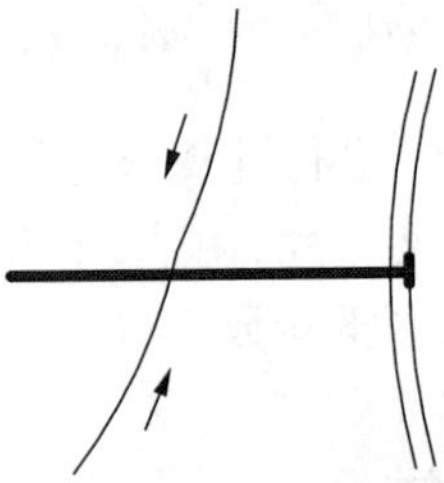

(1)锚杆的支护作用

加强筋作用:锚杆插入土体中,就像混凝土中加入了钢筋一样,起到了加筋作用,通过锚杆与围岩的复合作用,使围岩的整体性加强,强度提高,在围岩有明显的节理、层理、裂隙时,这种作用更明显,它能起到阻止滑面的相对移动,使围岩本身串联成为一个整体而成为一个有效的承载体和防护结构。

柔性支护作用:由于钢筋具有较高的强度和良好的塑性变形能力,因此锚杆的变形失效需要吸收大量的能量,变形曲线增长变缓,表现出良好的延塑性,具有很强的适应围岩变形的能力,是一种柔性支护,这对深部软弱围岩的支护具有十分重要的作用。

主动支护作用:锚杆伸入围岩内部,可以最大限度地防止围岩的松弛,尽早提高围岩的强度,防止围岩强度的恶化,属主动支护。

(2)锚杆拉拔试验

锚杆的拉拔试验是一个确认锚杆锚固效果的试验,并根据拉拔承载力来选择锚杆的种类和锚固方式。锚固效果受到围岩强度、孔壁状态及锚固方式等影响,在施工前或施工初期要进行拉拔承载力的试验。一般来说,拉拔承载力应大于等于钢材的屈服承载力。拉拔试验结果可以用图 2-16 的荷载—位移曲线表示。图中曲线由直线 *A* 区域、曲线 *B* 区域及直线 *C* 区域构成。*C* 区域是不能期待锚杆锚固效果的区域,能够期待拉拔承载力的是到 *D* 点为止的区域。*D* 点是 *A* 区域直线和 *C* 区域直线延长线的交点。

锚杆的拉拔试验(图 2-17)采用中空千斤顶给定拉拔荷载,用百分表等测定锚杆头部的位移,求出荷载—位移曲线。试验时应注意以下几点:

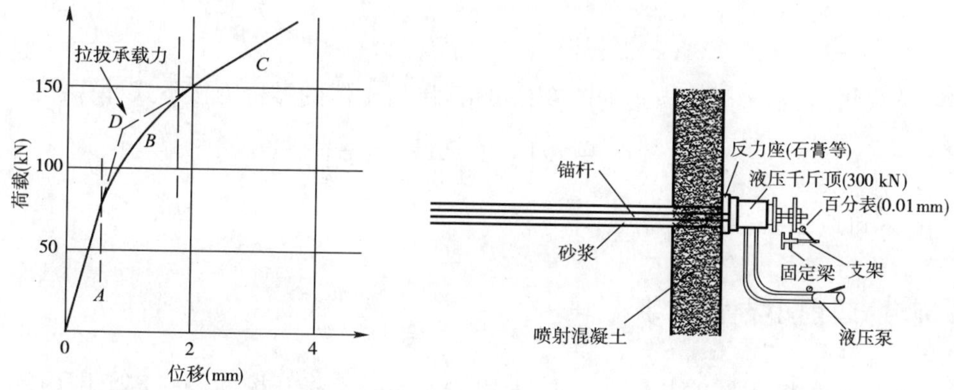

图 2-16 锚杆拉拔的荷载—位移曲线

图 2-17 锚杆抗拔试验的装置

①拉拔力的方向,应与锚杆轴一致,不能使锚杆发生弯曲。

②锚杆应用喷射混凝土固定,在不能掌握锚杆和围岩正确的锚固时,拉拔试验用的锚杆事先与喷射混凝土分开。

(3)锚杆的耐久性和商品化

锚杆的材料是铁,铁会氧化而生锈,也会因与围岩某些化学成分起反应而腐蚀。腐蚀后的锚杆横断面面积会减少、承载力会降低,与锚固材料的附着力也会降低。但从目前的设计观点来看,锚杆作为永久结构还没有得到确认,最终还是由衬砌来保证隧道结构的安全。锚杆的生锈和腐蚀问题还没有引起足够的重视。

在我国黄土隧道施工中,大多数的锚杆是用钢筋就地加工而成,锚杆质量的离散性大,施工工艺也不能标准化,不能发挥锚杆应有的支护效果,有时仅仅成为一种计价的“摆设”。虽然也有一些商品化的锚杆,但还没有得到业主、设计和施工人员的完全认可,主要原因就是商品锚杆的成本太高。

(4)锚杆力学模拟

目前在数值模拟分析中,对锚杆力学效果的模拟主要从其作用的等效原则和力学模型两个方面来考虑。对于前者主要考虑施锚后，围岩弹性模量、黏聚力、内摩擦角、抗压强度等指标的提高，于是有一些相关的经验公式可供采用；对于后者主要通过锚杆单元来实现。

对于锚杆的作用，根据《公路隧道设计规范》（JTG D70—2004），采用提高锚杆加固区的围岩参数来体现，即令内摩擦角 φ 值不变，而将黏聚力 c 值提高 20%。

经验公式指出，有锚杆时锚固区的 c_i 和 φ_i 按下面公式计算：

$$\varphi_i = \varphi_0, C_i = C_0 + \frac{\tau_a \cdot A}{e \cdot i} \tag{2-64}$$

式中：τ_a——锚杆的抗剪强度，$\tau_a = 0.6R_{st}$；

R_{st}——钢筋的抗拉强度设计值；

e、i——分别为锚杆的纵横间距；

A——单根锚杆的横截面积。

施锚区围岩弹性模量的提高按下式计算：

$$E_i = E_0\left(1 + \frac{A}{e \cdot i}\right) \tag{2-65}$$

经验公式指出，不考虑摩擦角的改变，锚固区围岩土体的黏聚力按下式计算：

$$C_i = C_0\left(1 + \frac{\eta\tau_a A}{9.8ei} \times 10^4\right) \tag{2-66}$$

式中，η 可取 2 ~ 5 为经验系数。

2.6.5 超前小导管注浆

超前小导管注浆是在开挖土体之前，先用喷射混凝土将开挖面和一定范围内的周边土体封闭，然后沿周边轮廓向前方土体内打入带孔的小导管，并通过向土体内压注起胶结作用的浆液，待其硬化后，周围土体就可以形成一定厚度的加固圈。在此加固圈的保护下可安全地进行开挖支护作业。

（1）加固原理

①锚杆作用。小导管的锚杆作用原理主要有连接原理、组合原理和整体加固原理，在小净距黄土隧道中通常是两种或三种原理的综合作用。

②浆液通道作用。小导管注浆时，注入围岩的浆液通过小导管上的注浆孔均匀地渗入到围岩中，小导管充当了浆液通道作用，其一般加工成前端带有锥形的花管。

（2）施工工艺

在开挖土体之前，先用喷射混凝土将开挖面封闭，然后沿拱部周边一定范围打入小导管，其外插角宜控制在 5° ~ 10°。小导管插入钻孔后外露约 20cm，便于连接注浆管。纵向搭接长度不小于 1m，其尾部通常从钢拱架的腹部（图 2-18）穿过并与钢拱架焊接牢固（图 2-19）。

（3）参数选择

①直径

为满足现场施工要求，小导管的直径一般取 32 ~ 60mm。直径太大，不宜用简单的工具钻眼和打入;直径太小,则起不到支撑和注浆通道作用。

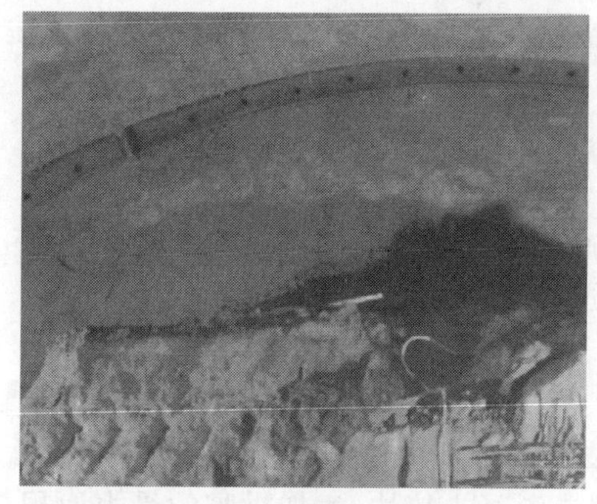

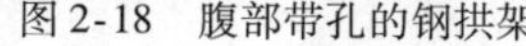

图 2-18 腹部带孔的钢拱架

图 2-19 注浆后的超前小导管

②长度

小导管的长度由隧道开挖进尺和围岩自稳能力决定。围岩的自稳能力由土体的内摩擦角 φ 来确定。小导管的长度可按下式计算:

$$L = 1 + H\cot\varphi + 0.5 \tag{2-67}$$

式中: L——小导管的长度(m);

φ——围岩的塌落角度(°);

H——围岩的塌落高度(m)。

φ 角反映了掌子面土体的稳定性。φ 角越大,说明土体的自稳能力越强;在 φ 角确定的情况下,H 越大,掌子面处土体的坍塌可能性越大。在小净距黄土隧道施工中,考虑小导管一定要穿过掌子面前方的破裂面一定距离,一般小导管长度控制在 3.5 ~ 5m 之间。

③环向间距

在处理塌方体时,小导管间距宜密排,并参考塌方体的颗粒决定。在小净距黄土隧道施工时,环向间距一般取 0.3 ~ 0.4m,老黄土取上限值,新黄土取下限值。

④环向范围

一般拱脚以上部分为环向加固范围,在围岩具有膨胀性或侧压力比较大的情况下,考虑在侧墙部分设置小导管。在拱部 120°范围内施作超前小导管,应当说是经济和安全的。

2.7 浅埋小净距黄土隧道地表裂缝预防及处治

2.7.1 地表裂缝预防控制

黄土隧道采用“快开挖、强支护、快封闭”的施工原则,使支护封闭距离小于 1 倍隧道跨度,施工地表沉降变形小于 80mm,可有效防止出现施工地表裂缝;支护封闭距离小于 2 倍隧道跨度,施工地表沉降变形小于 100mm,可防止出现宽大施工地表裂缝。

(1)减少地表裂缝危害性的洞外施工措施

完善地表排水系统,对洞顶的冲沟、陷穴等及时回填处理,对已形成的裂缝采用注浆和回填灰土的方法进行及时封闭。

(2)防止地表裂缝形成的洞内施工措施

①加强施工现场的用水管理,严禁浸泡初期支护的基础,以免造成拱顶下沉。

②控制开挖进尺及步长。采用弧形导坑法施工的上中下三部分步长控制在3～5m,上导坑每次开挖1榀拱架的距离,中下部根据地质情况可一次开挖1～2榀拱架的间距,仰拱开挖控制在3～5m;采用CRD法施工时,左右侧开挖的间距控制在10m左右。

③确保锁脚锚管的施工质量,适当增加锚管数量,控制初期支护的变形。

④扩大拱脚,增加其稳定性,从而控制初期支护的沉降量和收敛量。

⑤加强地基承载力,采用在拱脚下垫设槽钢或混凝土垫块,增加拱脚的受力面积,减少初期支护闭合前的整体下沉量。

⑥加强钢拱架间的纵向连接,适当加密纵向连接筋,提高钢拱架的整体受力能力。

⑦保证钢拱架与围岩紧密接触,严格控制超欠挖。

⑧严格控制拱架的加工质量和安装质量,使线形圆顺,尽量避免应力集中现象;拱架单元之间要连接牢固,必要时可加焊钢筋。

⑨仰拱及时封闭,仰拱及回填混凝土紧跟掌子面的距离控制在30m内,有利于及早形成闭合环;及时跟进二次衬砌的施工,及早形成完整的隧道受力结构。

⑩根据新奥法思想加强对围岩的保护,人工配合机械开挖,尽量减少对围岩的扰动,及时初喷4cm厚的混凝土封闭暴露的围岩,增强围岩的整体性。

2.7.2 地表裂缝处治措施

为保证隧道结构长期的运营安全,需要对地表裂缝进行妥善处理,保证隧道的覆盖层密实,无潜在的空洞和裂缝,否则在雨水的长期侵蚀和冲刷下,容易形成陷穴等,导致雨水直接侵蚀隧道的主体结构,降低围岩的承载能力,影响隧道的长期稳定性。

(1)三七灰土换填

沿地表裂缝处可开挖深度50cm,宽50cm的沟槽,将挖出的黄土按体积比7∶3的比例和石灰粉充分拌和均匀,采用小型夯实机械或人工石锤分层夯实。机械夯实分层厚度不大于30cm,人工石锤夯实分层厚度不大于20cm,且高出原地面5～10cm。沟槽开挖后必须及时回填,避免雨水浸泡。

(2)水泥浆灌注

对于裂缝宽度在2cm以上的地表裂缝,在沿裂缝开挖沟槽后,以10m左右的间距采用漏斗自重法对裂缝直接灌注1∶1的水泥浆,待水泥浆灌满凝固后,再移位进行补灌。

(3)地表锚杆注浆加固法

地表砂浆锚杆预加固是对黄土隧道洞口段或浅埋地段围岩进行加固的有效措施之一,它是在洞口段或浅埋段预计破裂范围内从地表向下钻孔灌入水泥砂浆再打入锚杆,使砂浆锚杆与土体结成一体,提高地层的整体强度和稳定性,抑制隧道开挖后土体的移动,防止塌方事故的发生。图2-20是浅埋地表超前锚杆注浆加固示意图。

地表砂浆锚杆对地层的加固效果体现在以下方面：

①抑制地表沉陷。地表砂浆锚杆群加固了围岩，增强了浅埋地层的整体稳定性，有效地抑制了地表沉陷。

②抑制洞内开挖时产生的拱顶下沉和围岩内部位移。

③防止洞口段或浅埋段地层的坍塌。

地表锚杆一般采用全长砂浆锚杆，锚杆与砂浆共同组成锚固体，其锚固作用是通过锚杆与砂浆之间、砂浆与土体之间的摩擦阻力来实现的。通过地表锚杆可提高土体的黏聚力 c 和内摩擦角 φ，增强土体的摩擦阻力 τ。地表锚杆的作用机理有：

①提高土体的整体强度。在锚杆孔中灌注砂浆时，由于灌浆压力使得部分浆液以一定的扩散半径 r 顺着土体的裂隙或孔隙渗透扩散，当孔间距布置合理时，能使各孔的注浆扩散范围相互搭接，从而提高了土体的强度(图2-21)。

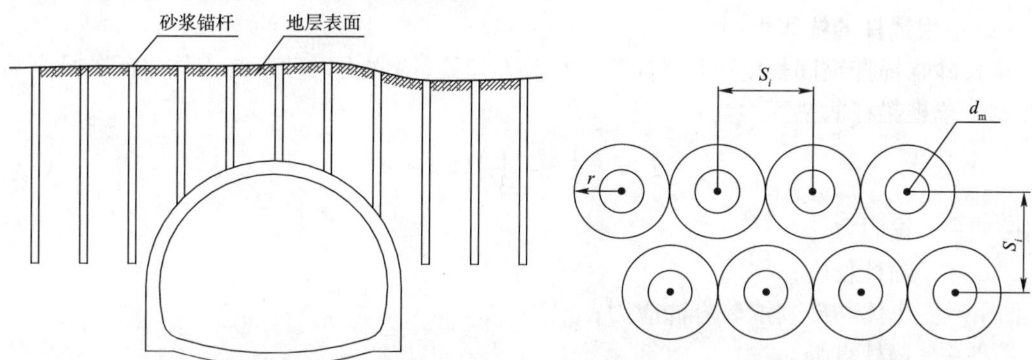

图2-20　浅埋地表超前锚杆注浆加固示意图

图2-21　浅层地表锚杆预加固效果平面示意图

②抑制土体沉陷。在黄土隧道开挖过程中，通过砂浆对锚杆的握裹力，以及砂浆与孔壁的黏结力，使锚杆产生串挂固结作用，形成一个以锚杆为中心的加固区，使得锚杆周围土体的抗剪强度大为提高；另一方面，由于锚杆的弹性模量远比土体高，锚固体可以约束土体内由于剪切引起的剪胀作用，使土体与锚固体之间的摩阻力提高，加强了地层的整体性和稳定性。

a. 加固范围

假定洞内土体下沉，带动两侧土体的变形、下沉，出现 AB 和 CD 破裂面(图2-22)，β 为产生最大推力的破裂面与水平面之间的夹角，其大小按下式计算。

$$\tan\beta = \tan\varphi \sqrt{\frac{(1 + \tan^2\varphi)\tan\varphi}{\tan\varphi - \tan\theta}} \tag{2-68}$$

式中：φ——内摩擦角；

θ——滑动面的摩擦角。

砂浆锚杆的横向加固范围为：

$$AD = b + 2H\cot\beta \tag{2-69}$$

式中：b——隧道的开挖宽度；

H——地表至隧道底部的高度。

掌子面前方的纵向稳定示意图如图 2-23 所示，其加固范围为：

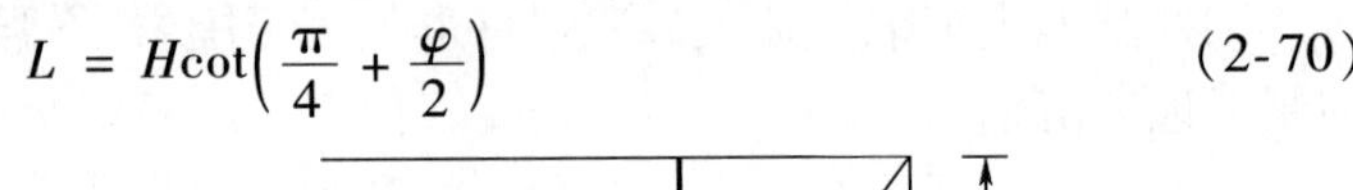

$$L = H\cot\left(\frac{\pi}{4} + \frac{\varphi}{2}\right) \tag{2-70}$$

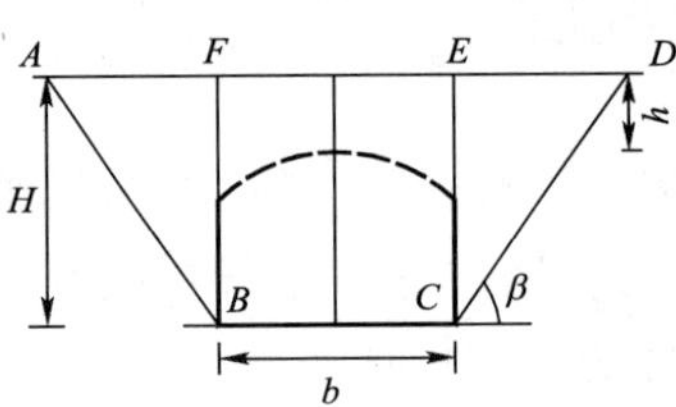

图 2-22 隧道横断面稳定示意图

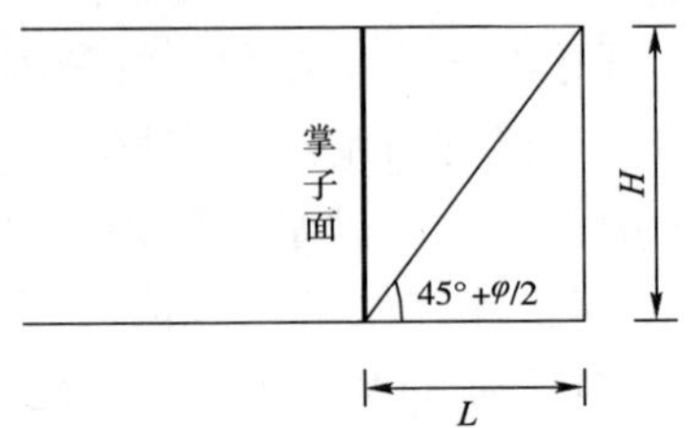

图 2-23 隧道纵断面稳定示意图

b. 锚杆锚固力及数量

(a)单根锚杆的锚固力

全长砂浆锚杆锚固长度可按 (1/2 ~ 1/3)L 计算，锚固力以砂浆与土体之间的抗剪容许力控制。单根锚杆的锚固力为：

$$T = \left(\frac{1}{2} \sim \frac{1}{3}\right)L[\tau]\pi d \tag{2-71}$$

式中：T——锚固力；

L——锚杆长度；

$[\tau]$——土体与砂浆抗剪容许应力；

d——锚杆直径。

(b)锚杆数量

隧道顶部最大压力(松散压力)：

$$P = \gamma h(b - h\lambda\tan\theta) \tag{2-72}$$

式中：P——隧道顶部的最大土压力；

γ——土体的重度；

h——隧道的埋深；

λ——侧压力系数，$\lambda = \dfrac{\tan\beta - \tan\varphi}{\tan\beta[1 + \tan\beta(\tan\varphi - \tan\theta) + \tan\varphi\tan\theta]}$；

θ——滑动面的摩擦角。

锚杆的使用根数取 $n = kP/T$ 和 $n = kP/N$ 两者中的较大者。N 为锚杆的抗拉力；k 为安全系数。

3

浅埋小净距黄土隧道围岩压力和荷载模式分析

3.1 概　　述

目前,隧道结构的设计计算主要依据规范,第一阶段采用工程类比法,第二阶段主要采用荷载结构法和地层结构法。荷载结构法采用与地面结构类似的计算方法,地层的约束作用采用某种假想分布模式的被动抗力来模拟。这种方法,结构和荷载条件明确,可直接用结构力学的方法计算,应用较为广泛。由于围岩压力的确定具有一定的复杂性,目前经验公式法仍然是发展较为成熟、应用较为广泛的确定围岩压力的方法。它是以大量的实际工程资料为基础,按不同围岩级别提出的经验总结,便于工程技术人员方便、快捷地求得围岩压力的大小和分布模式。

对于小净距形式的公路黄土隧道,其设计过程中采用荷载结构法对二次衬砌,或初期支护与二次衬砌形成的复合结构进行内力计算时,通常按隧道设计规范提出的深埋或浅埋围岩压力计算公式进行,然后考虑小净距的影响和安全储备,将计算荷载进行适当放大,或将中间岩柱弹性抗力适当减小进行计算。

然而,由于目前缺少小净距黄土隧道,尤其是大断面形式的小净距黄土隧道围岩压力的理论计算方法,将规范计算荷载放大的比例具有一定的随意性,很难保证合理性和科学性。因此,本章对大断面浅埋小净距黄土隧道围岩压力的理论计算方法进行尝试和探讨。

3.2 围岩压力计算方法

常用的围岩压力计算方法有普氏理论、太沙基理论和我国规范法 $q=\gamma h$ 的形式,该类型考虑影响因素单一,使用方便,在我国的隧道和地下工程中应用较为广泛。

3.2.1 普氏理论

普氏理论假定整个围岩在一定程度上可视为松散体,不考虑围岩之间的黏结力,采用加大颗粒间摩擦系数的办法来补偿被忽略的黏结力,该系数称为岩土体的坚固性系数。隧道开挖后顶部岩体失去稳定,产生坍塌,并形成自然拱,之后隧道两侧因应力集中而逐渐破坏,拱顶坍塌进一步扩大形成塌落拱。隧道开挖后如及时支护,顶部围岩的破坏则介于自然拱和塌落拱之间,之内的岩土体自重即为作用在隧道支护上的围岩压力,承载拱及其计算示意分别如图 3-1 和 3-2 所示。

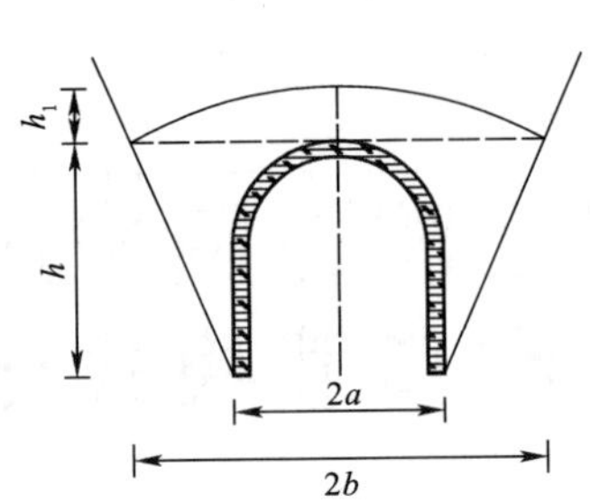

图 3-1　隧道开挖围岩承载拱示意图

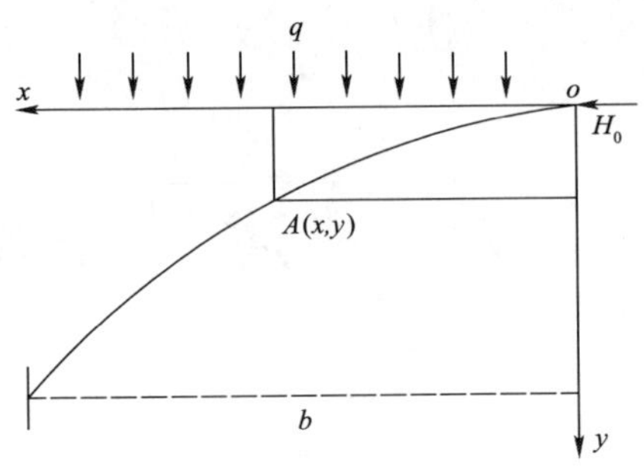

图 3-2　围岩承载拱计算示意图

H_0 为拱圈顶部水平推力,由于岩土体材料承受拉力很小,由此假设压力拱截面的力矩应处处为零,得出压力拱曲线为二次抛物线:

$$y = \frac{qx^2}{2H_0} \tag{3-1}$$

$$h_1 = \frac{a + h\tan\left(\frac{\pi}{4} - \frac{\varphi}{2}\right)}{f} \tag{3-2}$$

$$q = \gamma \cdot h \tag{3-3}$$

$$e_1 = \gamma h_1 \tan^2\left(\frac{\pi}{4} - \frac{\varphi}{2}\right) \tag{3-4}$$

$$e_2 = \gamma(h_1 + h)\tan^2\left(\frac{\pi}{4} - \frac{\varphi}{2}\right) \tag{3-5}$$

式中:f——岩土体坚固性系数;

a——隧道单跨长度(m);

φ——围岩内摩擦角(°);

q——隧道竖向均布荷载(kPa);

e_1——隧道拱顶处的水平压力(kPa);

e_2——隧道墙底处的水平压力(kPa)。

式(3-2)中 f 的确定存在很大的经验性。普氏采用了一个经验计算公式,可以方便地求得 f 值,即 $f = \frac{R_c}{10}$,其中 R_c 为单轴抗压强度(MPa),在实际应用中还得考虑岩体的完整性和地下水的影响。

普氏理论是建立在两种假设基础上的,其一,假设围岩是无内聚力的散体;其二,假设洞室上方围岩能够形成稳定的普氏压力拱。正是因为这两种假设,才使得围岩压力的计算大为简化。但是普氏理论仍然存在以下问题:

①普氏理论将岩土体看做散体,而绝大多数的岩土体实际情况并非如此。某些断裂破碎带或强风化岩土体才能勉强符合这种假设。

②在普氏理论中，引进了岩土体坚固性系数f的概念。由$f = \frac{c}{\sigma} + \tan\varphi$可知，$f$为正应力$\sigma$的函数，而并非岩土体的特性参数，也无法通过试验来确定其值。

③根据普氏理论，洞室顶部中央围岩压力最大，但在许多工程实际监测中洞顶压力并非如此，最大顶压常常偏离拱顶，这是此理论无法解释的现象。

④普氏理论表明，洞室围岩压力只与其跨度有关，而与断面形式、上覆岩土层厚度以及施工方法无关。这些均与工程实际不完全相符。

能否形成压力拱是采用普氏理论计算围岩压力的根本关键之所在。根据我国对普氏理论多年来的使用经验，$f = 3$时，围岩压力值比较接近实际，大于4时（硬土地层），围岩压力值偏大，小于2时（软土地层），围岩压力值偏小。一般在松散、破碎围岩稳定性较差的深埋地段，推荐采用普氏理论；对不能形成压力拱的松软地层或离地表太浅的岩土层中修建隧道，不能采用普氏理论计算隧道荷载。

3.2.2　太沙基理论

太沙基理论是从应力传递原理出发推导竖向围岩压力的。在太沙基理论中，假设岩土体为散体，但是具有一定的黏聚力。由于岩土体中总会有一定的原生及次生结构面，加之开挖洞室的影响，其围岩不可能为完整而连续的整体，因此在土质围岩中可采用太沙基理论计算围岩压力（松动围岩压力），其计算模式见图3-3。

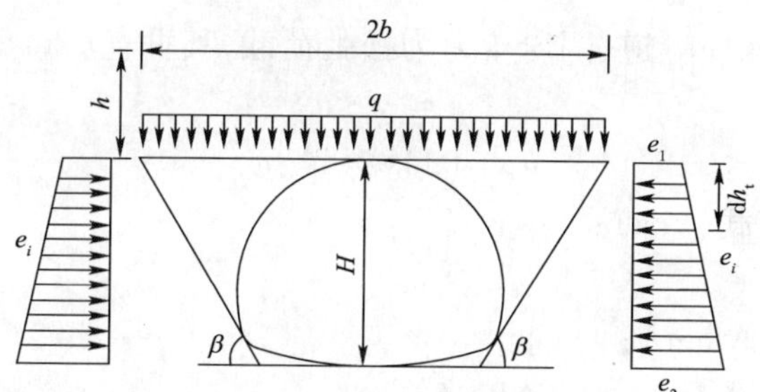

图3-3　太沙基理论围岩压力计算模式

根据太沙基理论，隧道开挖后垂直围岩压力的计算公式如下：

$$q = \frac{b\gamma - c}{\lambda\tan\varphi}\left(1 - e^{-\lambda\frac{h}{b}\tan\varphi}\right) \tag{3-6}$$

水平围岩压力计算公式如下：

$$e_i = (q + \gamma dh_t)\tan^2\left(\frac{\pi}{4} - \frac{\varphi}{2}\right) \tag{3-7}$$

$$e_1 = q \times \tan^2\left(\frac{\pi}{4} - \frac{\varphi}{2}\right) \tag{3-8}$$

$$e_2 = (q + \gamma H)\tan^2\left(\frac{\pi}{4} - \frac{\varphi}{2}\right) \tag{3-9}$$

式中：φ——围岩内摩擦角（°）；

c——围岩黏聚力（kPa）；

b ——洞顶松动宽度之半(m);

λ ——侧压力系数,根据太沙基理论结果,其值为 1 ~1.5;

γ ——围岩重度(kN/m^3);

dh_t ——隧道顶至计算点高度(m);

h 、H ——隧道顶至地面高度及隧道开挖高度(m);

e_1 ——隧道拱顶处的水平压力(kPa);

e_2 ——隧道墙底处的水平压力(kPa)。

3.2.3 《公路隧道设计规范》计算理论

现行《公路隧道设计规范》(JTG D70—2004)中,按照围岩基本质量指标从高到低分为Ⅰ级~Ⅵ级,分析了各种隧道荷载计算方法的适用条件,提供了在围岩级别、埋深情况、隧道偏压等不同条件下隧道荷载的计算方法。它是在总结以往国内外分类方法的基础上,针对中国特色的工程实际而提出来的,基本上代表了我国当前隧道围岩压力的最新水平。

(1)深埋隧道荷载计算方法

Ⅰ~Ⅵ级围岩中的深埋隧道,围岩压力为形变压力,其值应按释放荷载计算。隧道衬砌将在同围岩共同变形的过程中对围岩提供支护抗力,使围岩变形得到控制,从而使围岩保持稳定。与此同时,衬砌将受到来自围岩的挤压力。这种挤压力由围岩变形引起,常称做“形变压力”,一般通过有限元计算分析。

Ⅳ~Ⅵ级围岩中的深埋隧道,围岩压力为松弛荷载,其垂直均布荷载按下式计算。

$$q = \gamma \cdot h \tag{3-10}$$

$$h = 0.45 \times 2^{s-1}\omega \tag{3-11}$$

式中:q ——垂直均布荷载(kPa);

s ——围岩级别;

γ ——围岩重度(kN/m^3);

ω ——宽度影响系数,$\omega = 1 + i(B-5)$;

B ——隧道宽度(m);

i ——隧道宽度 B 每增减 1m 时的围岩压力增减率,当 $B<5$m 时,取 $i=0.2$,当 $B\geqslant5$m 时,取 $i=0.1$。

水平均布荷载按表 3-1 的规定确定。

围岩水平均布荷载　　表 3-1

围岩级别	Ⅰ、Ⅱ	Ⅲ	Ⅳ	Ⅴ	Ⅵ
水平均布压力 e	0	$<0.15q$	$(0.15 \sim 0.3)q$	$(0.3 \sim 0.5)q$	$(0.5 \sim 1.0)q$

(2)浅埋隧道荷载计算方法

荷载等效高度按浅埋和深埋隧道的分界,按荷载等效高度值,并结合地质条件、施工方法等因素综合判定。荷载等效高度按下式计算:

$$H_p = (2 \sim 2.5)h_q \tag{3-12}$$

式中:H_p ——浅埋隧道的分界深度(m);

h_q——荷载等效高度(m), $h_q = \frac{q}{\gamma}$。

浅埋隧道分两种情况计算荷载:①埋深 $H \leqslant h_p$;② $h_p < H \leqslant H_p$。具体计算方法见规范。

围岩压力本身的复杂性使其计算方法和结果受到限制,由于多方面因素的影响,任何一种方法都很难把所有因素考虑周全,而且,围岩材料参数获取方面的困难,使得它只有通过简化和假设,才能得到大概的围岩压力规律。对于一般的浅埋公路隧道,按照我国规范推荐公式计算围岩压力,其还是较为合理的;对于一般的深埋隧道围岩压力,可采用普氏理论公式,也可采用规范公式进行计算,二者各有优缺点。普氏理论概念清晰,计算方便,计算结果和实际状态也极为相近,但其计算公式中坚固性系数f的确定存在很大的经验性。而我国公路隧道设计规范中推荐的深埋隧道围岩压力计算公式,虽然在隧道和地下工程中得到了较为广泛的应用,但均是以原铁路隧道规范给定的围岩压力计算公式为基础建立的。从理论角度讲,通过大量施工塌方事件的统计建立起来的统计经验公式,在一定程度上能反映围岩压力的真实情况,但仍存在如下问题:

①统计样本数量相对较少。因我国幅员辽阔,地层特征千差万别,仅对 1 025 个样本进行采样是十分不够的。

②滞后于隧道修建的技术水平。因这些样本多来自以往修建的事例,当时修建技术远没有当前的水平发达,隧道塌方的频率和规模要比当前大,导致得出的经验公式应用于当前情况,显得相对保守。

③统计隧道的跨度较小。统计样本 91.6% 为 5 ~ 10m 宽度的隧道,远远满足不了现代交通量对大断面隧道建设的需求。

3.3 浅埋小净距黄土隧道围岩压力分析

参考现行公路隧道设计规范中浅埋隧道荷载的计算方法,拟定浅埋小净距隧道围岩压力计算模式如图 3-4 所示。

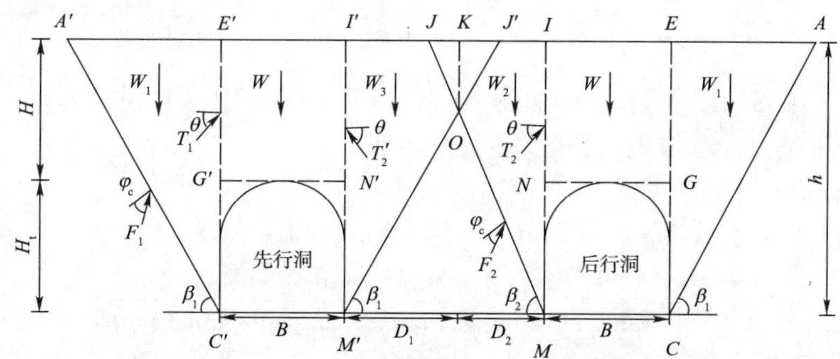

图 3-4 浅埋小净距隧道假定滑动模式及计算荷载简图

假设说明:

(1)假设地面水平,土体为连续单一介质,左右双洞结构对称,水平向平行布置。

(2)先行洞开挖时,隧道两侧土体中形成的破裂面为两条与水平面均成 β_1 角的斜直面

$A'C'$ 和 $M'J'$,围压压力计算方式与规范中单洞隧道相同,隧道内外侧压力对称分布。

(3)后行洞开挖时,隧道外侧土体中形成的破裂面为 AC ,其与水平面的交角 β_1 也与单洞隧道相同;在隧道内侧形成的破裂面初步假设为一条与水平呈 β_2 角的斜直面 MO ;分析三角形滑动体 OJJ' ,先行洞开挖时,其整体将沿 $M'J'$ 面向左下侧滑移;后行洞开挖时,其有沿 JM 面向右下侧滑移的趋势,因先行洞开挖引起 OJ' 面的相对滑移,该面上的黏聚力减弱,因而使 OJJ' 不会整体沿 JO 面向右下侧滑移,而是在 OJJ' 体内产生某一张裂破坏面,本书假设此面为一竖直面 OK 。

(4)因先后隧道开挖引起三角体 OJJ' 的滑动趋势,根据土力学原理,竖直张裂面 OK 面的法向相互作用 N 必定小于静止土压力,偏于安全,假设该面上的法向作用力为零。

对先行洞、后行洞开挖之前,隧道内外侧围岩压力计算公式与规范单洞隧道相同;后行洞开挖之后,其外侧围岩压力基本不变,内侧土体中形成的破裂滑动体由原 $I'J'M'$ 变为 $I'KOM'$ 。

对后行洞,隧道外侧围岩压力计算公式也与规范单洞隧道相同,隧道内侧形成的破裂面在下部为与水平面呈 β_2 角的斜直线 MO ,在内侧上部则为一条竖直线 OK ,即内侧破裂滑动体为 $IKOM$ 。

3.3.1 先行洞开挖

先行洞开挖时,与单洞开挖一样,隧道内外侧围岩压力对称分布,其侧压力计算简图及围岩压力分布模式如图 3-5 所示。

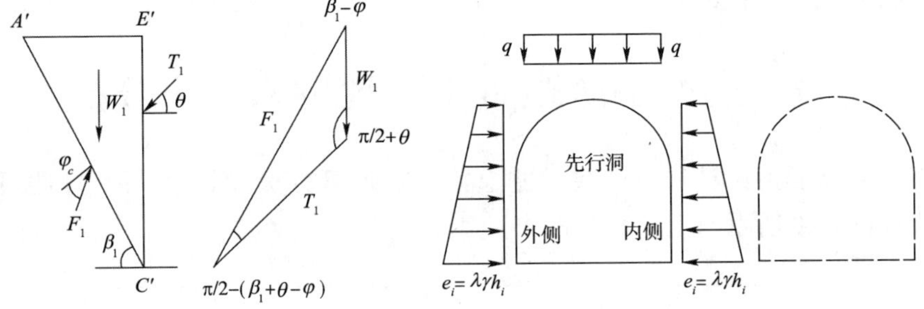

图 3-5　浅埋黄土隧道先行洞开挖时围岩内外侧压力计算简图及压力分布模式

该模式围压压力计算与规范公式相同,简述如下。

(1)隧道侧向水平压力

内外侧侧压力系数 λ :

$$\lambda = \frac{\tan\beta_1 - \tan\varphi_c}{\tan\beta_1[1 + \tan\beta_1(\tan\varphi_c - \tan\theta) + \tan\varphi_c\tan\theta]} \tag{3-13}$$

$$\tan\beta_1 = \tan\varphi_c + \sqrt{\frac{(\tan^2\varphi_c + 1)\tan\varphi_c}{\tan\varphi_c - \tan\theta}} \tag{3-14}$$

式中: β_1 ——产生最大推力 T_1 时的破裂角。

内外侧侧向水平压力 e 的计算表达式如下:

$$e_i = \lambda \gamma h_i \tag{3-15}$$

式中：h_i ——计算点埋深。

(2)隧道拱顶垂直压力

$$q = \frac{Q}{B} = \gamma H\left(1 - \frac{H}{B}\lambda \tan\theta\right) \tag{3-16}$$

式中：q ——作用在隧道支护结构上的均布荷载($\mathrm{kN/m^2}$)。

3.3.2 后行洞开挖

(1)后行洞侧向水平压力

后行洞开挖时，其隧道外侧侧向水平压力计算同上式。隧道内侧侧压力计算简图及围岩压力分布模式如图3-6所示。

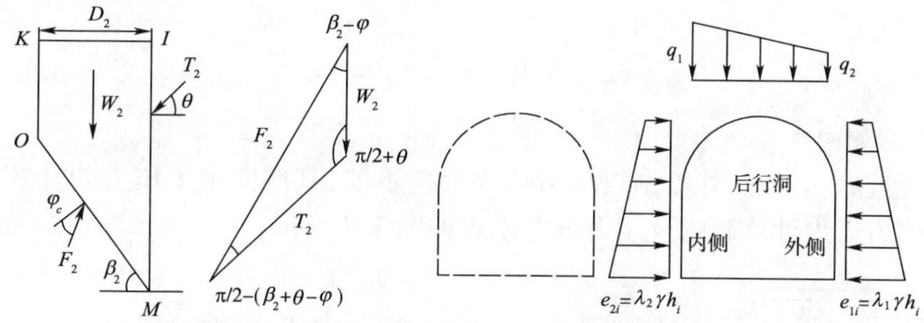

图3-6 浅埋黄土隧道后行洞开挖时内侧侧压力计算简图及压力分布模式

根据前述条件，按照力的平衡条件，可得出 T_2 的力学表达式如下：

$$T_2 = \frac{\sin(\beta_2 - \varphi_c)}{\sin[90^\circ - (\beta_2 - \varphi_c + \theta)]} \cdot W_2 = \frac{D_2\gamma(2h - D_2\tan\beta_2)\sin(\beta_2 - \varphi_c)}{2\sin[90^\circ - (\beta_2 - \varphi_c + \theta)]} \tag{3-17}$$

鉴于小净距隧道净距 D 一般均较小，计算中近似取 $D_2 = D/2$，可得：

$$T_2 = \frac{D\gamma(4h - D\tan\beta_2)\sin(\beta_2 - \varphi_c)}{8\sin[90^\circ - (\beta_2 - \varphi_c + \theta)]} \tag{3-18}$$

经整理，变换成如下形式：

$$T_2 = \frac{1}{2}\gamma h^2 \frac{\lambda_2}{\cos\theta} \tag{3-19}$$

式中：λ_2 ——后行洞内侧侧向水平压力系数，$\lambda_2 = \dfrac{\dfrac{D}{h}\left(1 - \dfrac{D}{4h} \cdot \tan\beta_2\right)(\tan\beta_2 - \tan\varphi_c)}{1 + \tan\beta_2(\tan\varphi_c - \tan\theta) + \tan\varphi_c\tan\theta}$。

为使 T_2 取得极大值，令 $\dfrac{\mathrm{d}\lambda_2}{\mathrm{d}(\tan\beta_2)} = 0$。

经计算整理，可得：

$$\tan\beta_2 = \sqrt{\frac{\tan^2\varphi_c + 1}{\tan\varphi_c - \tan\theta} \cdot \left[\frac{1}{\tan(\varphi_c - \theta)} + \frac{4h}{D}\right]} - \frac{1}{\tan(\varphi_c - \theta)} \tag{3-20}$$

β_2 即为产生最大推力 T_2 时的破裂角。

后行洞内侧侧向水平压力 e_2 的计算表达式如下：

$$e_{2i} = \lambda_2 \gamma h_i \tag{3-21}$$

式中：h_i ——计算点埋深。

(2)后行洞拱顶垂直压力

从计算模式图 3-4 中可见，后行洞隧道上覆岩体 $EGNI$ 的重力为 W，两侧受到侧阻力 T_1 和 T_2，则可得到作用于 NG 面上的垂直压力总值为：

$$Q = W - (T_1 + T_2)\sin\theta = \gamma H\left[B - \frac{1}{2}(\lambda_1 + \lambda_2)H\tan\theta\right] \tag{3-22}$$

换算为分布荷载 q，记外侧为 q_1，内侧为 q_2，且假设内外侧之间按线性变化，则 q_1 和 q_2 可采用统一表达式如下：

$$\begin{aligned} q_1 &= \gamma H\left(1 - \frac{H}{B}\lambda_1 \tan\theta\right) \\ q_2 &= \gamma H\left(1 - \frac{H}{B}\lambda_2 \tan\theta\right) \end{aligned} \tag{3-23}$$

(3)先行洞侧向水平压力

后行洞开挖后，先行洞外侧围岩压力认为保持不变，其侧向水平压力的计算公式同上。先行洞内侧围岩压力计算简图及压力分布模式如图 3-7 所示。

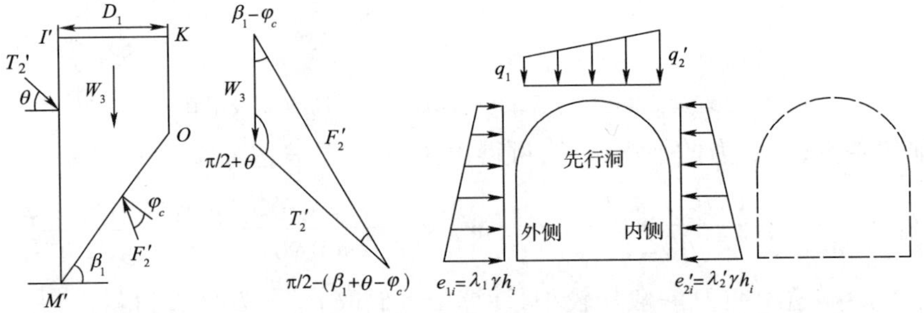

图 3-7　浅埋黄土隧道后行洞开挖时先行洞内侧围岩压力计算简图及压力分布模式

从图 3-7 中可得出，后行洞开挖后，先行洞内侧围压压力分布形式及大小均发生变化，其在岩土体中滑动破裂面下部仍与水平面呈 β_1 角保持不变，在上部侧为一竖直面，按照力的平衡条件，可得出先行洞拱顶土柱体内侧摩阻力 T'_2 的计算表达式：

$$T'_2 = \frac{\sin(\beta_1 - \varphi_c)}{\sin[90^\circ - (\beta_1 - \varphi_c + \theta)]} \cdot W_3 = \frac{D_1\gamma(2h - D_1\tan\beta_1)\sin(\beta_1 - \varphi_c)}{2\sin[90^\circ - (\beta_1 - \varphi_c + \theta)]} \tag{3-24}$$

因小净距隧道净距 D 一般均较小，计算中近似取 $D_1 = D/2$，可得：

$$T'_2 = \frac{D\gamma(4h - D\tan\beta_2)\sin(\beta_1 - \varphi_c)}{8\sin[90^\circ - (\beta_1 - \varphi_c + \theta)]} \tag{3-25}$$

经整理，变换成如下形式：

$$T'_2 = \frac{1}{2}\gamma h^2 \frac{\lambda'_2}{\cos\theta} \tag{3-26}$$

式中：λ'_2——后行洞开挖后先行洞内侧侧向水平压力系数，

$$\lambda'_2 = \frac{\frac{D}{h}\left(1 - \frac{D}{4h}\cdot\tan\beta_1\right)(\tan\beta_1 - \tan\varphi_c)}{1 + \tan\beta_1(\tan\varphi_c - \tan\theta) + \tan\varphi_c\tan\theta}。$$

(4)先行洞拱顶垂直压力

先行洞隧道上覆土体 $E'G'N'I'$ 的重力为 W（图3-4），两侧受到侧阻力 T_1 和 T'_2，则作用在 $N'G'$ 面上的垂直压力总和为：

$$Q = W - (T_1 + T'_2)\sin\theta = \gamma H\left[B - \frac{1}{2}(\lambda_1 + \lambda'_2)H\tan\theta\right] \tag{3-27}$$

换算为分布荷载 q，q 为作用在隧道支护结构上的分布荷载（kN/m^2），记外侧为 q_1，内侧为 q'_2，且假设内外侧之间按线性变化，则 q_1 和 q'_2 可采用统一表达式如下：

$$\begin{cases} q_1 = \gamma H\left(1 - \frac{H}{B}\lambda_1\tan\theta\right) \\ q'_2 = \gamma H\left(1 - \frac{H}{B}\lambda'_2\tan\theta\right) \end{cases} \tag{3-28}$$

综上所述：可得浅埋小净距黄土隧道左右洞先后开挖时隧道围岩压力分布模式如图3-8和图3-9所示；围岩压力计算如表3-2所示。

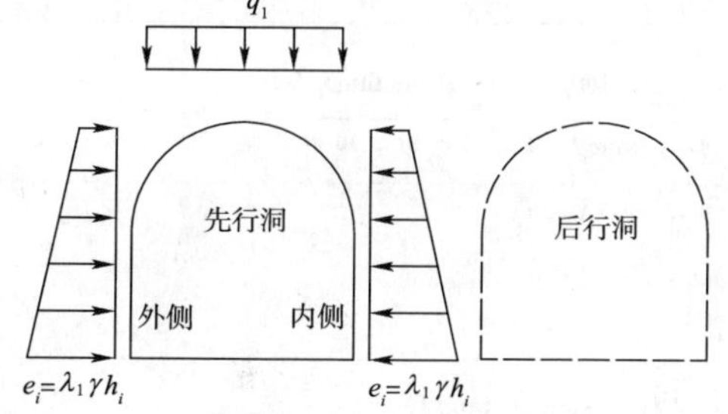

图3-8　浅埋小净距黄土隧道左右洞围岩压力计算分布模式（先行洞开挖时）

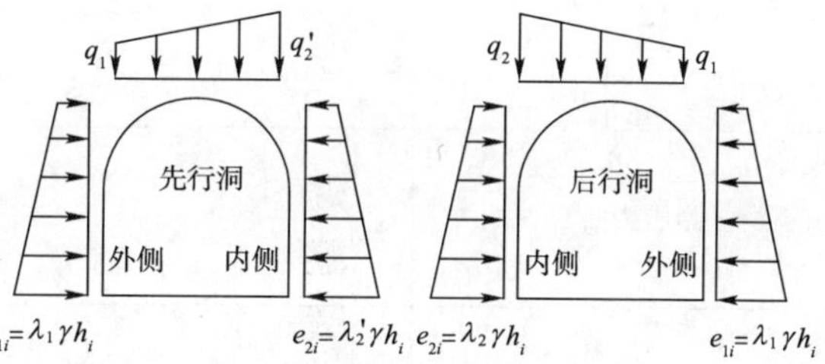

图3-9　浅埋小净距黄土隧道左右洞围岩压力计算分布模式（后行洞开挖时）

结果讨论：

从围岩压力计算模式图可以看出，双洞净距较大时，后行洞开挖在中间岩柱中产生的滑动破裂面与先行洞开挖产生的滑动破裂面不相交，此时可认为双洞的开挖彼此无影响，此时围岩压力计算与规范中单洞的计算模式相同。当净距较小时，两滑动破裂面的交点在地表以下时，才适用此计算模式，即要求：

$$\frac{h}{D} \leqslant \frac{\tan\beta_1}{2} \tag{3-29}$$

将 $\tan\beta_1$ 的表达式代入上式可得：

$$D \leqslant \frac{2h}{\tan\varphi_c + \sqrt{\frac{(\tan^2\varphi_c + 1)\tan\varphi_c}{\tan\varphi_c - \tan\theta}}} \tag{3-30}$$

即当隧道的净距 D 满足上式的浅埋小净距隧道，才适合此计算模式。

而依据表3-2中的计算结果，可证明：

$$由于\frac{h}{D} \geqslant \frac{\tan\beta_1}{2},有 \tan\beta_2 \geqslant \tan\beta_1 \tag{3-31}$$

$$且仅当\frac{h}{D} = \frac{\tan\beta_1}{2}时,\tan\beta_2 = \tan\beta_1 \tag{3-32}$$

进一步分析可以得到:

$$\begin{cases} \lambda_1 \geqslant \lambda_2 \geqslant \lambda'_2 \\ e_{1i} \geqslant e_{2i} \geqslant e'_{2i} \\ q_1 \leqslant q_2 \leqslant q'_2 \end{cases} \tag{3-33}$$

式(3-33)表明,后行洞开挖使得先行洞内侧侧向水平压力系数和侧压力均减少,而其垂直压力则有所增大,出现不对称分布,而且后行洞内外侧围岩压力也不相同;后行洞开挖完毕后,使得先行洞内侧垂直压力最大,后行洞内侧次之,双洞外侧相对最小且大小相等,而侧向水平压力则是双洞外侧相等且相对最大,后行洞内侧次之,先行洞内侧相对最小。

浅埋小净距隧道围岩压力计算公式 表3-2

侧压力系数	λ_1	$\lambda = \frac{\tan\beta_1 - \tan\varphi_c}{\tan\beta_1[1+\tan\beta_1(\tan\varphi_c - \tan\theta)+\tan\varphi_c\tan\theta]}$
	λ_2	$\lambda_2 = \frac{\frac{D}{h}\left(1-\frac{D}{4h}\cdot\tan\beta_2\right)(\tan\beta_2 - \tan\varphi_c)}{1+\tan\beta_2(\tan\varphi_c - \tan\theta)+\tan\varphi_c\tan\theta}$
	λ'_2	$\lambda'_2 = \frac{\frac{D}{h}\left(1-\frac{D}{4h}\cdot\tan\beta_1\right)(\tan\beta_1 - \tan\varphi_c)}{1+\tan\beta_1(\tan\varphi_c - \tan\theta)+\tan\varphi_c\tan\theta}$
侧压力 e_i		$\begin{cases} e_{1i} = \lambda_1\gamma h_i \\ e_{2i} = \lambda_2\gamma h_i \\ e'_{2i} = \lambda'_2\gamma h_i \end{cases}$
垂直压力 q		$\begin{cases} q_1 = \gamma H\left(1-\frac{H}{B}\lambda_1\tan\theta\right) \\ q_2 = \gamma H\left(1-\frac{H}{B}\lambda_2\tan\theta\right) \\ q'_2 = \gamma H\left(1-\frac{H}{B}\lambda'_2\tan\theta\right) \end{cases}$
		式中:$\tan\beta_1 = \tan\varphi_c + \sqrt{\frac{(\tan^2\varphi_c+1)\tan\varphi_c}{\tan\varphi_c - \tan\theta}}$ $\tan\beta_2 = \sqrt{\frac{\tan^2\varphi_c+1}{\tan\varphi_c - \tan\theta}\cdot\left[\frac{1}{\tan(\varphi_c-\theta)}+\frac{4h}{D}\right]} - \frac{1}{\tan(\varphi_c-\theta)}$

3.4 结　　论

本章分析了浅埋小净距黄土隧道围岩压力计算的分布模式,先行洞开挖与单洞开挖无异,隧道内外侧围岩压力对称分布;后行洞的开挖引起先行洞围岩压力从对称分布变为不对称分布,其受力状态相对最为不利,而后行洞也为偏压受力状态。因此,在小净距黄土隧道支护结构设计计算过程中,可按本章中的两种压力模式分别进行计算,然后取其最不利状态作为最终计算结果。

4 围岩应力释放对浅埋小净距黄土隧道的影响分析

4.1 概　　述

黄土隧道工程的开挖与支护是一个非常复杂的力学问题，因围岩压力和参数的不确定性，长期以来工程界对隧道的设计与施工依然沿袭工程类比法。但是随着计算机技术和岩土体本构关系研究的不断发展进步，利用以有限元为主的数值方法来模拟隧道围岩呈线性和非线性形态的开挖效应，了解围岩的整体稳定性，能够很好地评价隧道支护状态，在工程界已得到广泛的应用，并已成为隧道设计的必要组成部分。

新奥法的基本原理要求隧道开挖支护过程中，一方面允许围岩有一定程度的变形使其产生受力环区；另一方面又必须限制围岩的位移量以避免围岩变形过大而产生严重的松弛卸载。在新奥法施工的黄土隧道中，支护结构层是逐步施作的，并在与围岩共同变形的过程中逐步受力，围岩分部开挖顺序、支护施加过程对围岩的受力变形和稳定性存在重要影响。因此，对新奥法施工的黄土隧道，应充分考虑隧道分部开挖、分部支护对其力学行为的影响。

一般来说，当围岩开挖并支护后，岩土体及支护结构实际为三维受力状态。但在实际工程中，有限元的应用要受到计算时间及工程环境与条件诸多因素的影响，要进行隧道的三维弹塑性或黏弹塑性分析困难很多。研究和实践表明，采用二维平面应变有限元法技术来模拟隧道的开挖和支护是最有效、最简单的方法，特别是在开挖和支护作业在同一断面上分多步进行的情况下。

本章结合在建的岢临高速公路某小净距黄土隧道，采用有限元数值模拟方法分析台阶法施工时不同围岩应力释放率对初期支护内力、围岩应力场和隧洞周围特征点位移的影响。

4.2 有限元基本思想

有限单元法的基本思想是将连续的结构离散成有限个单元，并在每一个单元中设立有限个节点，将连续体看做是只在节点处连续的一组单元的集合体；同时，选场函数的节点值作为基本未知量，并在每个单元中假设一个近似插值函数以表示单元中场函数的分布规律；进而利用力学中的某种变分原理去建立用以求解节点未知量的有限单元平衡方程，从而将一个连续区域中的无限自由度问题转化为离散域中的有限自由度问题,一经求解,就可以利用解得的节点值和设定的插值函数确定单元上以至整个集合体上的场函数。

有限单元法解题的一般步骤是:结构离散化、选择位移模式、建立平衡方程、求解节点位移、计算单元的应力和应变。其中,结构的离散化是有限元的基础。所谓离散化,就是将分析结构分割成有限个单元体,使相邻单元体仅在节点处相连接,而以此单元的结合体去代替原来的结构。如果分析结构是二维或三维的连续介质,就要根据实际物体的形状和对计算结果所要求的精度来确定单元形状的剖分方式。

选定离散结构所用的单元之后,要对典型单元进行特性分析。分析时,首先要对单元假设一个位移插值函数,或称其为选择一个位移模式。选择了位移模式,就可以通过节点的位移得到单元体内任意一点的位移。同时,也可以用几何关系和应力应变关系导出单元体的应力应变关系式。

一般情况下,要对结构通过某一种能量变分原理来建立平衡方程、边界条件以及初始条件。如有限元的位移法,就是通过最小势能原理来建立结构的节点位移和节点荷载之间的关系式,即结构的平衡方程。

将通过能量原理建立的平衡方程以及给出的边界条件、初始条件,联立方程式进行求解,可以得到所有的节点位移;依据这些节点位移,通过上面选择的位移模式,就可以得到任意一点的应力和应变。

4.3 土体本构模型

为了模拟岩土介质的应力应变曲线,已提出了各种本构模型来描述其规律。一般常见的应力应变关系曲线可分为以下几种类型:

①加载、卸载时应力应变关系呈直线关系,其特点是应力应变成正比,卸载后所有应变都将恢复。以此关系作为有限元分析基础,则称其为线弹性模型。

②加载、卸载时应力应变关系呈某种曲线型,其特点是弹性常数随应力水平的不同而变化。以此关系作为有限元分析基础,则称其为变弹性常数模型。

③加载和卸载的路径不一样,加载时呈弹塑性硬化状态,卸载时呈弹性状态,其特点是始终有不可恢复的应变产生。以此关系作为有限元分析的基础,称其为塑性模型。

④当加载时应力低于某一值,应力应变关系呈直线型,而一旦应力达到该值时,则呈某种曲线变化或保持水平直线。其特点是加载后达到一定应力值时才出现塑性变形,小于该值时加载和卸载的路径是一致的;塑性状态又可分为应变硬化、应变软化和理想塑性。以此关系作为有限元分析基础,则称为弹塑性模型。

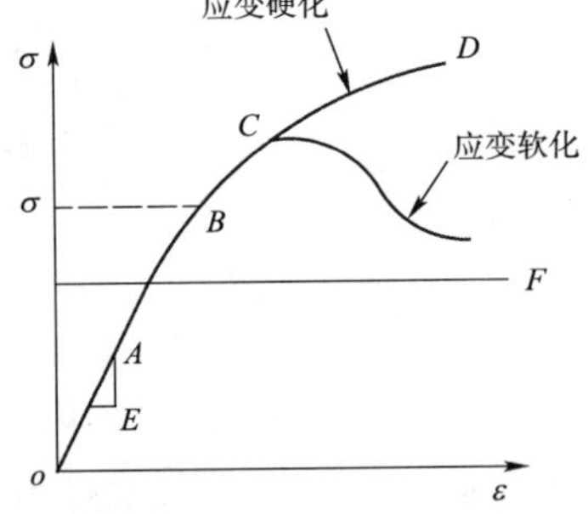

图 4-1 岩土的应力应变关系曲线

图 4-1 中的应力应变关系,也可以看成复杂应力情况下抽象的应力应变关系。试验表明,屈服主要取决于材料所处的应力状态。对于复杂受力情况,当应力分量的某种函数组合达到一定值时,可用公式表示为:

$$f(\sigma_{ij}) = k \tag{4-1}$$

式中：$f(\sigma_{ij})$——屈服函数，是与应力历史有关的常数，或者说是随应力历史而变化的变量，对某一值函数在应力空间对应一确定的曲面，叫屈服面；当 k 变化时，对应一系列的屈服面。

式(4-1)称为屈服准则。

理想弹塑性材料在未屈服前，只有弹性变形，一旦屈服就产生塑性变形。塑性变形就不断发展至破坏，破坏准则也就是屈服准则，是一不变的常数，屈服面是一固定的曲面，即破坏面。

4.4　屈服准则

屈服准则也称为屈服条件，用于判断材料是否进入塑性状态。工程材料中常用的屈服准则有以下几种。

(1) Tresca 准则

$$\left.\begin{aligned}\sigma_1 - \sigma_2 &= \pm 2K\\ \sigma_2 - \sigma_3 &= \pm 2K\\ \sigma_3 - \sigma_1 &= \pm 2K\end{aligned}\right\} \tag{4-2}$$

式中：K——极限剪切应力值。

(2) Mises 准则

$$(\sigma_x - \sigma_y)^2 + (\sigma_y - \sigma_z)^2 + (\sigma_z - \sigma_x)^2 + 6(\tau_{xy}^2 + \tau_{yz}^2 + \tau_{zx}^2) = 2\sigma_s^2 \tag{4-3}$$

式中：σ_s——单向拉伸时的屈服应力。

(3) 双剪应力屈服准则

双剪应力屈服准则是由俞茂宏教授提出的。在该理论中，使得在单剪强度理论中无法考虑的 σ_2 效应问题得以完满解决，并得到了很好的试验验证。其准则定义如下。

当 $\sigma_t = \sigma_c$，且 $\sigma_2 \leqslant \frac{1}{2}(\sigma_1 + \sigma_3)$ 时：

$$\sigma_1 - \frac{1}{2}(\sigma_2 + \sigma_3) = \sigma_s \tag{4-4}$$

当 $\sigma_t = \sigma_c$，且 $\sigma_2 \geqslant \frac{1}{2}(\sigma_1 + \sigma_3)$ 时：

$$\frac{1}{2}(\sigma_1 + \sigma_2) - \sigma_3 = \sigma_s \tag{4-5}$$

当 $\sigma_t \neq \sigma_c$，且 $\sigma_2 \leqslant \frac{\sigma_1 + \alpha\sigma_3}{1 + \alpha}$ 时：

$$\sigma_1 - \frac{\alpha}{2}(\sigma_2 + \sigma_3) = \sigma_t \tag{4-6}$$

当 $\sigma_t \neq \sigma_c$，且 $\sigma_2 \geqslant \frac{\sigma_1 + \alpha\sigma_3}{1 + \alpha}$ 时：

$$\frac{1}{2}(\sigma_1 + \sigma_2) - \alpha\sigma_3 = \sigma_t$$

$$\alpha = \frac{\sigma_t}{\sigma_c} \tag{4-7}$$

式中：σ_t ——单向拉伸时的屈服极限；

σ_c ——单向压缩时的屈服极限。

(4) Drucker – Prager 准则

本章在数值分析中使用的是 Drucker – Prager 模型，Drucker 和 Prager 在 Mises 准则的基础上，提出了考虑静水压力的屈服准则，简称 $D-P$ 屈服准则，又称广义的 Mises 屈服准则，其屈服函数可写为：

$$f(I_1,\sqrt{J_2}) = \sqrt{J_2} - \alpha I_1 - k = 0 \tag{4-8}$$

$$f(p,q) = q - 3\sqrt{3}\alpha p - \sqrt{3k} = 0 \tag{4-9}$$

式中：α、k ——材料常数；

I_1 ——应力张量第一不变量，$I_1 = \sigma_1 + \sigma_2 + \sigma_3$；

J_2 ——应力偏张量的第二不变量。

按照平面应变条件下的应力和塑性变形条件，Drucker 和 Prager 导出了 α、k 与 C-M 准则的材料参数 c、φ 之间的关系：

$$\alpha = \frac{\sin\varphi}{\sqrt{3(3\cos^2\varphi + 4\sin^2\varphi)}} = \frac{\sin\varphi}{\sqrt{3}\sqrt{3 + \sin^2\varphi}} \tag{4-10}$$

$$k = \frac{\sqrt{3}\cos\varphi}{\sqrt{3 + \sin^2\varphi}} = \frac{3c}{\sqrt{9 + 12\tan^2\varphi}} \tag{4-11}$$

D-P 准则较适用于岩土类材料，该准则考虑了中间主应力 σ_2 对屈服与破坏的影响；屈服面光滑没有棱角，有利于塑性应变增量方向的确定和数值计算；因其简单，材料参数少，且易于由试验或 C-M 准则材料参数换算，考虑了静水压力 P 对屈服与破坏的影响，但未考虑材料屈服与破坏的非线性特性，也没有考虑岩土材料在偏平面上的拉压强度不同的特性。

4.5 数值模拟的实现过程

4.5.1 施工卸载与应力释放

根据新奥法施工原理，隧道开挖后，围岩从变形到破坏有一个时间历程。因此，要想真实地模拟隧道开挖与支护的整个施工作业流程，要考虑岩土体的复杂形态、施工方法、支护施作时机等因素。当我们把岩土体的变形看做是弹性或者弹塑性问题，建立平面应变模型进行隧道结构分析时，为了比较真实地模拟施工过程，常采用"应力逐步释放"的方法来模拟隧道开挖与支护的时空效应，具体实现的方法也常用"施加虚拟支撑力逐步释放法"。其是通过在开挖边界施加虚拟支撑力的方法，来模拟围岩的逐步卸载，其示意图如图 4-2 ~ 图 4-5 所示。

初始应力状态（图 4-2）为初始地应力状态；在开挖后（图 4-3），引起开挖边界上的释放节点荷载 $f_{1i} = \alpha_1 \cdot f_i$，为实现这一过程，在初始应力场中开挖隧道单元的同时，在开挖边界上各相应的节点施加虚拟支撑力 $p_{1i} = (1-\alpha_i)\cdot(-f_i)$，则产生新的边界条件，计算之后直接得到开挖后的围岩位移场和应力场；在初期支护后（图 4-4），只需将虚拟支撑力减少为 $p_{2i} = (1-\alpha_1-\alpha_2)\cdot(-f_i)$，继续进行计算即得到初期支护后围岩和支护的位移和应力；在二次衬砌施作后（图 4-5），节点荷载被完全释放，只需要除去虚拟支撑力，此时 $\alpha_1+\alpha_2+\alpha_3=1$，继续计算就可以得到竣工后的围岩和衬砌的位移和应力。其中，α_1、α_2、α_3 是各阶段的地应力释放率，通常近似地将它定位为本阶段隧道控制测点的变形值与施工完毕稳定后该控制点总变形值的比值。

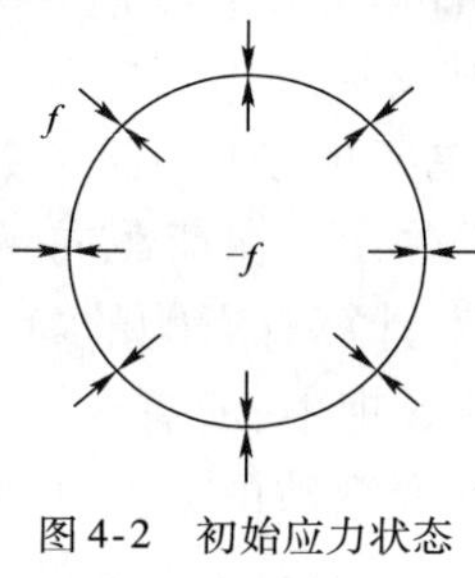

图 4-2 初始应力状态

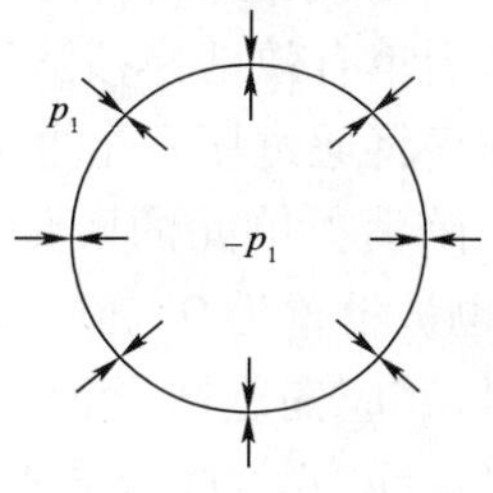

图 4-3 开挖后应力状态

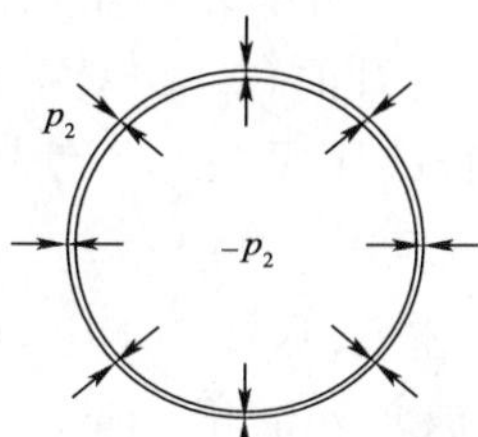

图 4-4 初期支护后应力状态

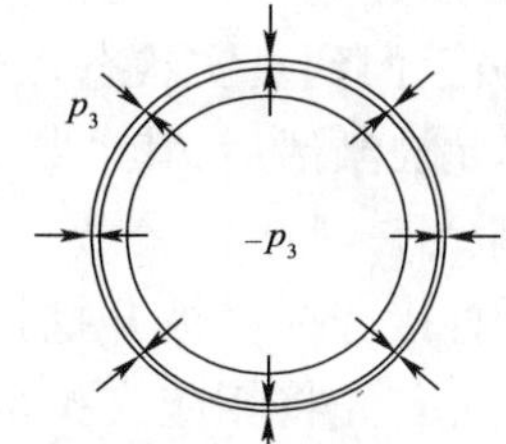

图 4-5 二次衬砌后应力状态

4.5.2 释放荷载计算

在模拟隧道施工过程中，都要进行释放荷载的计算。释放荷载的确定也有两种方法，一种是将释放边界一侧单元的初始应力转换成相应的等效节点荷载，然后通过叠加，计算开挖边界上各节点总的等效节点荷载。

$$F_0^e = \int_\Omega B^{\mathrm{T}} \sigma_0 \mathrm{d}\Omega, f_i = [f_{ix} f_{iy}]^{\mathrm{T}} = -\sum_e F_0^e \tag{4-12}$$

式中：σ_0——单元初始应力分量；

B^{T}——应变矩阵的转置；

Ω——积分区域，平面问题为单元面积，空间问题为单元体积。

根据预计开挖边界量测单元的初始应力通过插值求得节点上的应力，然后假定两相邻节点之间应力变化为线性分布，从而按静力等效原则计算各节点的等效节点荷载。则对于任一开挖边界节点 i，开挖引起等效释放荷载（等效节点力）为：

$$\begin{cases} P_{x,i} = \dfrac{1}{6}[2\sigma_{x,j}(b_1+b_2)+\sigma_{x,i+1}b_2+\sigma_{x,i-1}b_1+2\tau_{xy,i}(a_1+a_2)+\tau_{xy,i+1}a_2+\tau_{xy,j-1}a_1] \\ P_{y,i} = \dfrac{1}{6}[2\sigma_{y,j}(a_1+a_2)+\sigma_{y,i+1}a_2+\sigma_{y,i-1}a_1+2\tau_{xy,j}(b_1+b_2)+\tau_{xy,j+1}a_2+\tau_{xy,j-1}b_1] \end{cases} \tag{4-13}$$

式中：$\sigma_{x,i+1}$、$\sigma_{y,i-1}$ ……——开挖前节点 $i+1$、i、$i-1$ 处的应力分量，隧道进行分部开挖时，第二次开挖应以第一次开挖后的应力场为初始应力场。

4.5.3 开挖与支护过程模拟

在 ANSYS 中，单元的生死功能被称为单元非线性，是指一些单元在状态改变时表现出的刚度突变行为。可以用杀死和激活单元来模拟材料的消失和添加。利用 ANSYS 的这种单元生死功能，可以简单有效地模拟隧道工程的开挖和支护过程。

杀死单元时，程序将通过用一个非常小的数乘以单元的刚度（此系数系统默认为 1.0E－6），并从总质量矩阵消去单元的质量来实现“杀死”单元。在荷载向量中，与被杀死单元相联系的单元荷载也被设置为 0，其质量、阻尼等一切对计算有影响的参数都会被设置为 0。而且，当单元死掉时，其应变也被设置为零。所以在后处理中，所有被杀死的单元其内力都为零。与之相似，当单元“活”的时候，也是通过修改刚度系数的方式实现的。所以，被激活的单元在建模时就必须建立，否则无法实现杀死与激活。当单元被重新激活时，它的刚度、质量与荷载等参数被返回到真实状态。当大变形效应打开时（NLGEOM，ON）为了与当前的节点位置相适应，单元被激活后，其形状会被改变（拉长或压短）；当不使用大变形效应时，单元将在原始位置被激活。

隧道开挖时，可直接选择将被开挖掉的单元，然后将其杀死（EKILL），即可实现开挖的模拟。施作支护时，可首先将相应支护部分在开挖时被杀死的单元重新激活（EALIVE），然后改变其材料性质（MPCHG）。

4.5.4 连续施工模拟

ANSYS 程序中的载荷步（LOADSTEP）功能可以实现不同工况间的连续计算，用来模拟隧道的连续施工过程非常有效。建立整体有限元模型（包括将来要杀死或者激活的部分），模拟施工过程中不需要重新划分网格。一个载荷步计算结束后，通过杀死或激活单元，可直接进行下道工序的计算，如此继续，直到施工结束。

施工过程的整个计算是在求解器中完成的，如果想及时查看每一道工序的计算结果，应在计算开始之前设置重启动选项。这样的设置可以使每一载荷步求解完成后进入后处理，并且不会破坏分析的连续性。

4.6 工程概况

岢临高速公路某黄土 1 号隧道位于临县侯家岩村北约 1 000m 处，设计为左右线分离式，两洞中轴线间距 25.1～26.6m，左右洞净距为 12.6～14.1m，属于小净距隧道。右洞全长 259m，起点洞口里程桩号为 K112＋989，洞口底板设计高程 1 171.1m，终点洞口里程桩号为 K113＋248，洞口底板设计高程 1 168.4m，洞体最大埋深 57.7m，位于 K113＋100 处。左洞全长 274m，起点洞口里程桩号 ZK112＋984，洞口底板设计高程 1 171.1m，终点洞口里程桩号为ZK113 +258,洞口底板设计高程1 168.2m,洞体最大埋深64.3m,位于ZK113 +140处。左右线均属短隧道,隧道总体走向呈180°。

岢临高速公路某黄土2号隧道位于侯家岩村北约600m处,设计为左右线分离式,两洞中轴线间距24.9 ~26.6m,左右洞净距为12.4 ~14.1m,属于小净距隧道。右洞全长376m,起点洞口里程桩号为K113 +401,洞口底板设计高程1 166.07m,终点洞口里程桩号为K113 +777,洞口底板设计高程1 158.54m,洞体最大埋深52.2m,位于K113 +480处。左洞全长364m,起点洞口里程桩号ZK113 +411,洞口底板设计高程1 165.8m,终点洞口里程桩号为ZK113 +775,洞口底板设计高程1 158.5m,洞体最大埋深50.5m,位于ZK113 +480处。左右线均属短隧道,隧道总体走向180°。

两隧道围岩均由第三系上新统静乐组(N2j)粉质黏土和第四系上更新统马兰组(*Q*3m)粉土组成。隧址区属于温带大陆性季风气候区,总的特征是四季分明,春季干旱多风,夏季炎热多雨,秋季天高气爽,冬季寒冷,降水稀少,年平均气温6.2℃,最冷月平均气温 -10.4℃,最热月平均气温20.4℃,平均风速1.8 ~3.6m/s,降水量受地形地貌的控制而出现差异,随海拔高程增高,降水量增大,全年降水集中在7、8、9三个月,年平均降水量493.2mm/年,最大降水量836.4mm/年,最小降水量262.2mm/年。

隧道平纵线形、隧道几何尺寸净空断面和隧道照明标准均按80km/h行车速度设计;隧道建筑限界:净宽10.25m,净高5.00m。

4.7　计算模型及参数选取

黄土作为一种特殊的围岩,传统意义上认为其强度低,易崩解、垮塌,但直立性好、易成型是其最主要的特点。直立性好的特点不易发生开挖后掌子面推移、挤出现象;掌子面稳定开挖易成型的特点可在短进尺的条件下,有一段土体稳定的时间,保证在土体未有大的变形情况下有足够的立架及喷锚作业时间。因此,黏质黄土隧道比较适合采用台阶法施工。

4.7.1　基本假定

由于隧道实际施工比较复杂,故利用有限元软件分析时作如下假设:

(1)将岩土体视为连续、均匀、各向同性介质。

(2)考虑黄土的湿陷性特征,采用*D*-*P*屈服准则。

(3)仅考虑黄土的自重应力,不考虑构造应力的影响。

4.7.2　约束条件

由圣维南原理可知,应力重分布只在一定范围内产生影响。模拟分析时采用的边界条件为:地表取为自由边界;左右边界约束其水平方向的自由度;下边界约束其竖直方向自由度。建立的有限元分析模型如图4-6所示。

4.7.3 参数选取

参照隧道岩土工程勘察报告和初期支护参数设计文件,并结合《公路隧道设计规范》(JTG D70—2004)中的5.2.6和附录C型钢特性参数表中的C.0.1。为简化计算,不考虑钢筋网片、纵向连接筋的作用效果,以一榀钢拱架左右侧间距的一半为研究对象,横截面示意图如图4-7所示。钢拱架的支护作用采用等效法计算,其等效弹性模量和密度分别按式(4-14)和式(4-15)计算。

$$E = \frac{E_g \cdot S_g + E_c \cdot S_c}{S_{g+c}} \tag{4-14}$$

$$\rho = \frac{\rho_g \cdot S_g + \rho_c \cdot S_c}{S_{g+c}} \tag{4-15}$$

式中:E_g、E_c——工字钢和喷混凝土弹性模量;

S_g、S_c——研究对象中工字钢和喷混凝土横截面面积;

ρ_g、ρ_c——工字钢和喷混凝土密度。

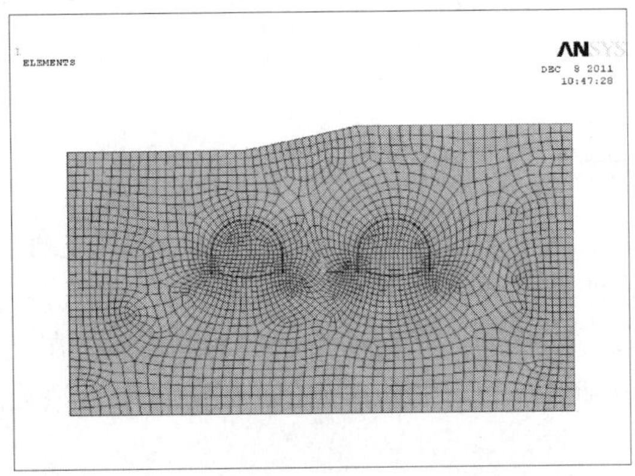

图4-6 计算分析采用的有限元模型

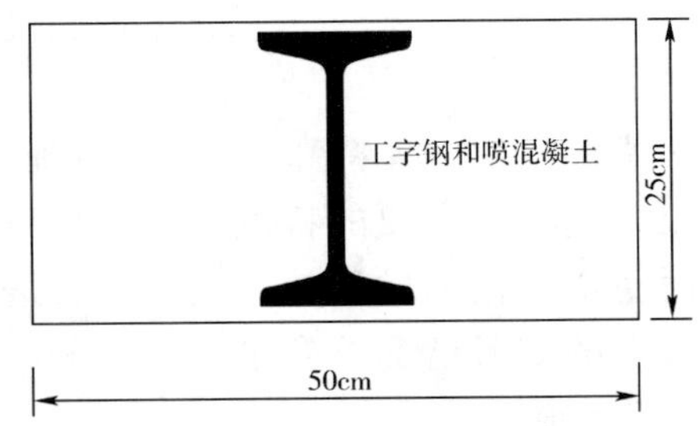

图4-7 只考虑工字钢和喷混凝土作用的横截面图

研究对象的弹性模量和密度按面积加权平均等效为:

$$E = \frac{E_g \cdot S_g + E_c \cdot S_c}{S_{g+c}} = \frac{210 \times 35.5 + 21 \times (25 \times 50 - 35.5)}{25 \times 50} = 26.37(\text{GPa})$$

$$\rho = \frac{\rho_g \cdot S_g + \rho_c \cdot S_c}{S_{g+c}} = \frac{7.8 \times 35.5 + 2.2 \times (25 \times 50 - 35.5)}{25 \times 50} = 2.36(\text{g/cm}^3)$$

为进一步提高数值模拟分析中土体参数的精确度,以此1号黄土隧道开挖时核心土处的原状土为试验对象,采用TSZ-3型应变控制式三轴仪(图4-8)进行围压分别为50kPa、100kPa和200kPa的三组试验,较精确地测出土体的c值和φ值。原状土的密度采用环刀法按照多次试验求取平均值的方法确定,经试验测定其为2.12g/cm^3。图4-9为试验完毕后的三组土样,表4-1为数值分析中采用的土体和支护结构力学参数。

数值分析中采用的土体和支护结构力学参数表　　表4-1

类　别	弹性模量(GPa)	泊松比	密度(kg/m^3)	黏聚力(kPa)	内摩擦角(°)
土体	0.15	0.3	2 120	91.81	35.24
I_{20a}型钢喷混凝土(25cm厚)	26.37	0.2	2 360	—	—

图4-8　TSZ-3型应变控制式三轴仪

图4-9　试验完毕后的三组土样

4.8　有限元分析计算

4.8.1　计算工况

为探讨应力释放率对初期支护结构内力及洞周关键点土体位移的影响规律，本章在数值模拟分析中，分别考虑了围岩应力释放率为20%、40%、50%、60%、80%和100%的6种工况。左右洞起拱线作为上下台阶的分界线，计算分析按照开挖左上台阶→支护左上台阶→开挖左下台阶→支护左下台阶→开挖右上台阶→支护右上台阶→开挖右下台阶→支护右下台阶的顺序进行；埋深较浅的左洞为先行洞，埋深较深的右洞为后行洞。

图4-10～图4-18为自重应力场下Y向位移云图及各应力释放率下上下台阶节点及节点力示意图。

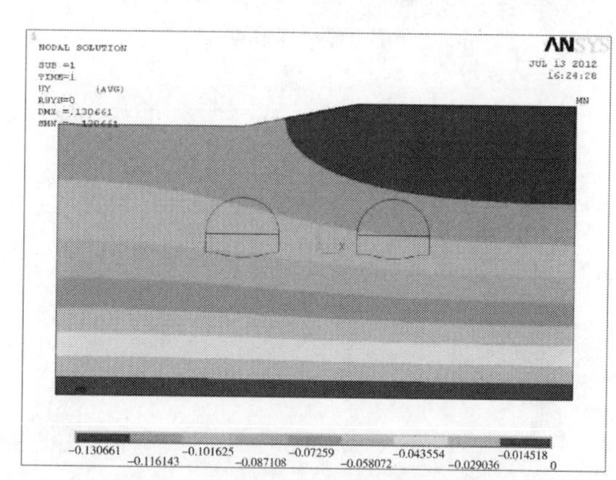

图4-10　自重应力场下Y向位移云图

不同应力释放率下，先行洞上下台阶开挖土体周围各节点示意图分别如图4-11、图4-13所示；后行洞上下台阶开挖土体周围各节点示意图分别如图4-15和图4-17所示；先后行洞上下台阶开挖土体周围各节点力施加方向示意图分别如图4-12、图4-14、图4-16及图4-18所示。各工况下施加的节点力大小见附录中附表1～附表20。

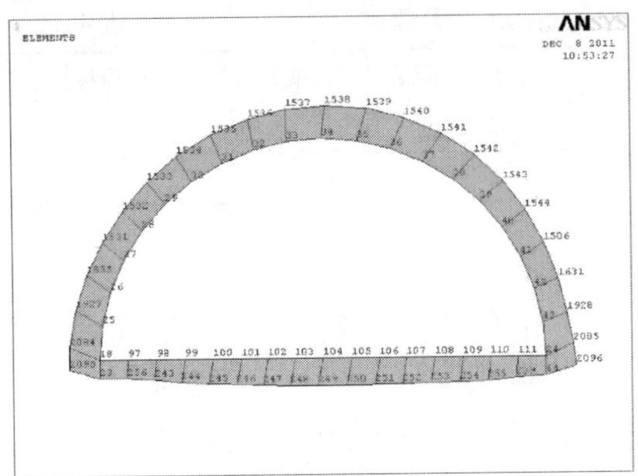

图 4-11　各应力释放率下先行洞上台阶开挖土体周围节点

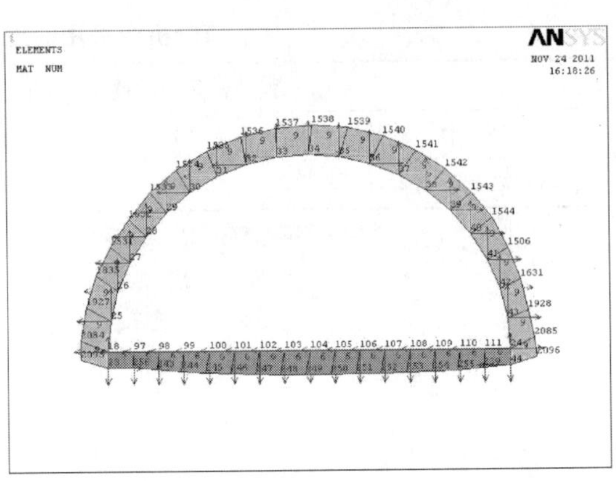

图 4-12　各应力释放率下先行洞上台阶开挖施加节点力示意图

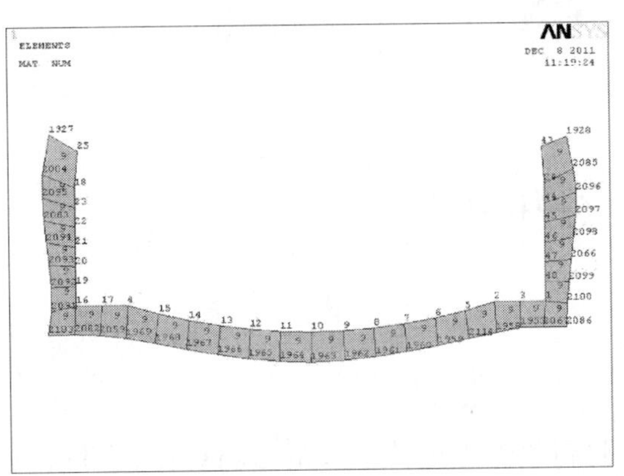

图 4-13　各应力释放率下先行洞下台阶开挖土体周围节点

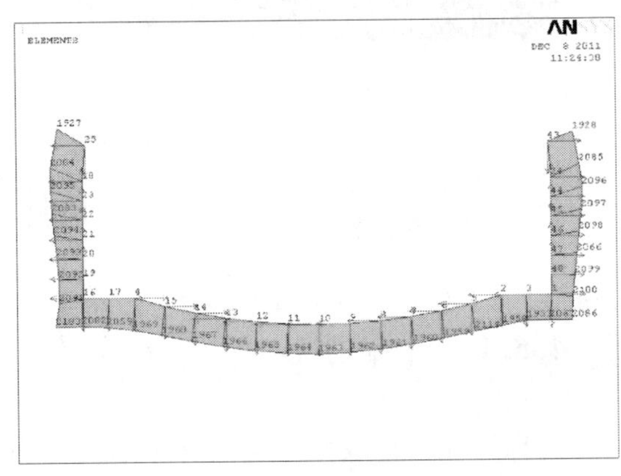

图 4-14　各应力释放率下先行洞下台阶开挖施加节点力示意图

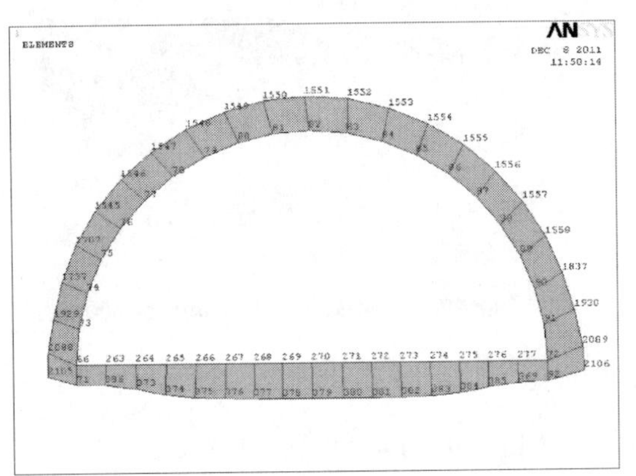

图 4-15　各应力释放率下后行洞上台阶开挖土体周围节点

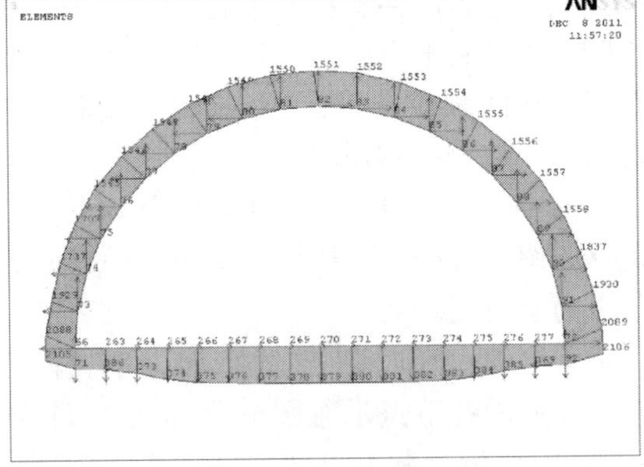

图 4-16　各应力释放率下后行洞上台阶开挖施加节点力示意图

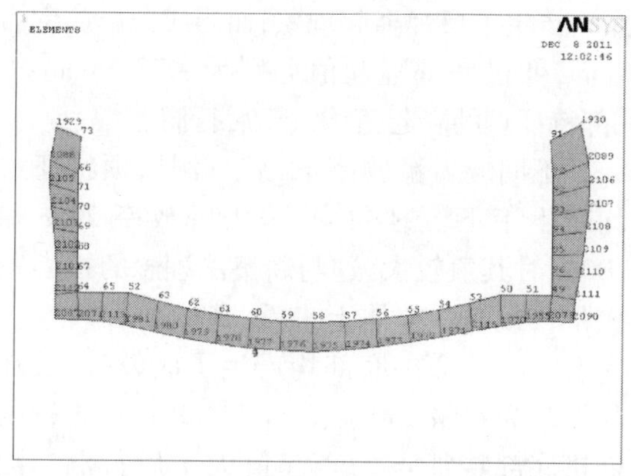

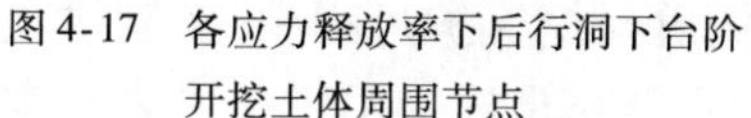
图 4-17　各应力释放率下后行洞下台阶开挖土体周围节点

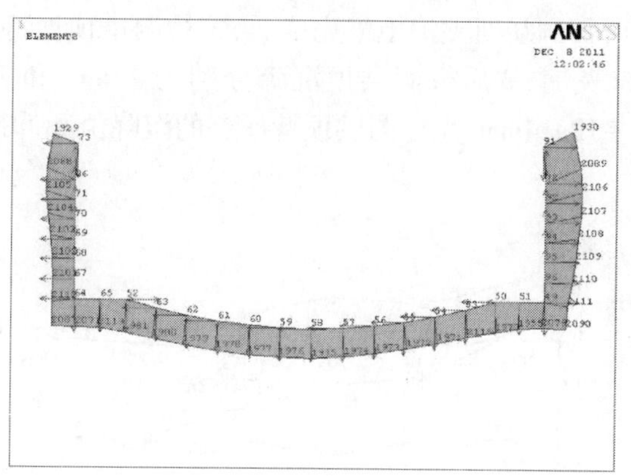

图 4-18　各应力释放率下后行洞下台阶开挖施加节点力示意图

4.8.2　应力释放对洞周特征点位移的影响分析

不同围岩应力释放率下先后行洞洞周特征点示意图分别如图 4-19 和图 4-20 所示。为探讨不同围岩应力释放率对洞周特征点位移的影响，本节仅以先行洞拱顶处特征点 N34、仰拱底部特征点 N10 和后行洞拱顶处特征点 N82、仰拱底部特征点 N58 为研究对象，重点分析各围岩应力释放率对其竖向位移的影响。

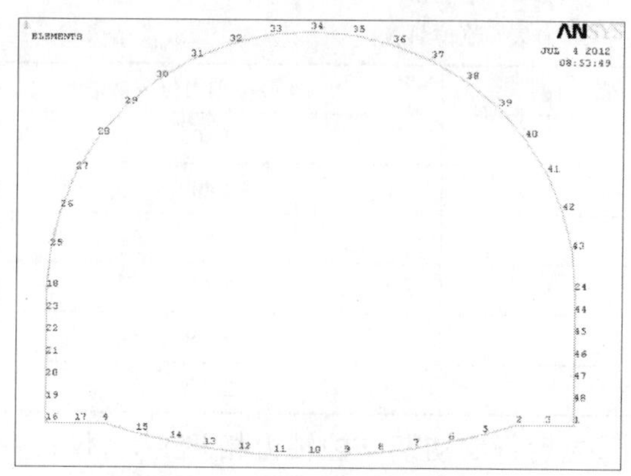

图 4-19　先行洞洞周特征点示意图

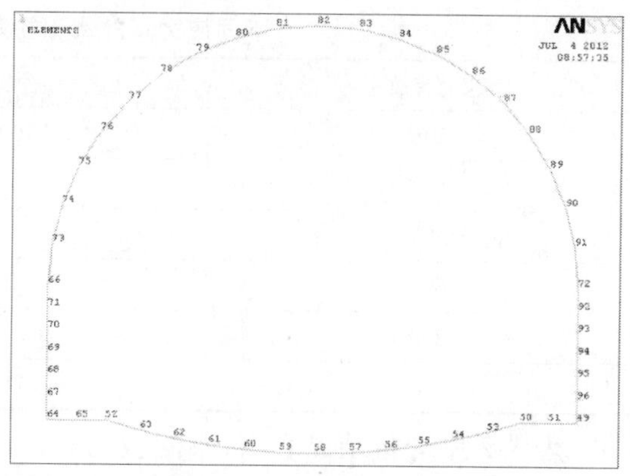

图 4-20　后行洞洞周特征点示意图

先后行洞初期支护施工完毕，数值计算结果显示应力释放率为 20%、40%、50%、60%、80% 和 100% 时，先行洞拱顶处特征点 N34 的竖向位移分别为 -0.48mm、-1.73mm、25mm、-2.35mm、-3.17mm 和 -1.97mm；后行洞拱顶处特征点 N82 的竖向位移分别为 11.24mm、6.26mm、7.07mm、3.3mm、0.34mm 和 12.33mm；先行洞仰拱底部特征点 N10 的竖向位移分别为 -23.78mm、-24.17mm、-27.55mm、-24.38mm、-24.61mm 和 -23.76mm；后行洞仰拱底部特征点 N58 的竖向位移分别为 0.212mm、-10.14mm、-12.14mm、-17.27mm、-23.77mm 和 -31.57mm。

研究结果表明，应力释放率较小（20%、40%）或应力释放率较大时（60%、80% 和 100%），后行洞初期支护施工完毕后，先行洞拱顶处特征点均产生了反弹隆起现象；而当应力释放率为50%时，先后行洞拱顶沉降分别为25mm和7.07mm，仰拱底部隆起值分别为－27.55mm和－12.14mm，先行洞拱顶特征点的沉降值和仰拱底部特征点的隆起值均大于后行洞。

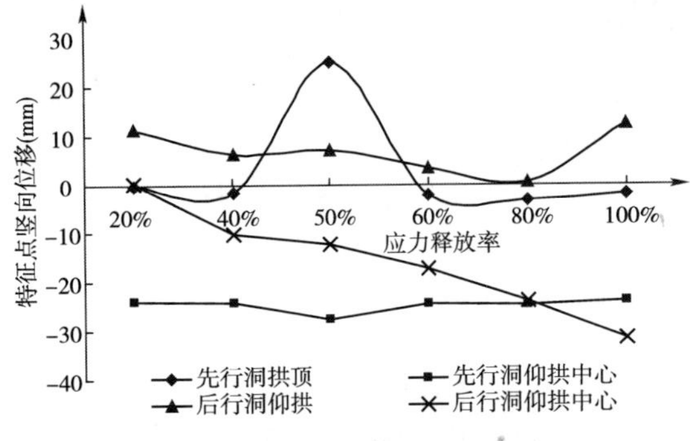

图4-21 特征点竖向位移与围岩应力释放率之间的关系图

不同应力释放率下，后行洞拱顶特征点均产生了下沉现象，且应力释放率20%和100%时其值较大，这与新奥法理念的核心思想是一致的。整体上来看，各应力释放率下先后行洞的仰拱底部均产生了底鼓现象；在释放率为40%、50%、60%和80%时，先行洞仰拱底部特征点的隆起值大于后行洞。因此，在隧道开挖支护过程中，控制拱顶的沉降和仰拱的隆起是施工中维持围岩稳定的重要举措。先后行洞各特征点竖向位移随应力释放率的关系如图4-21所示。

4.8.3 应力释放对初期支护内力的影响分析

不同应力释放率下，先后行洞初期支护轴力的分析结果如表4-2所示。各应力释放率下，初期支护的弯矩和剪力结果整理如图4-22～图4-25所示。

不同应力释放率下初期支护轴力表(单位:kN) 表4-2

应力释放率	最大轴力值	最小轴力值
20%	100.018	－2 400
40%	0	－2 400
50%	0	－2 570
60%	0	－2 550
80%	0	－2 630
100%	367.506	－2 360

表4-2中分析结果表明，不同应力释放率下，先后行洞初期支护轴力相差不大，仅在释放率为20%和100%时出现了拉力，后者约为前者的3.6倍，其他各释放率下初期支护轴力均为压力。应力释放率50%情况下，初期支护承受的轴力仅比释放率40%情况下高7.08%，仅比释放率60%情况下高0.78%。

图4-22、图4-23中分析结果表明，不同应力释放率下先后行洞初期支护施工完毕后，其所承受的最大正、负弯矩不同；在应力释放率低于50%时，释放率越小，初期支护承受的正、负弯矩越大。释放率为50%时初期支护承受的正、负弯矩最小，高于50%时初期支护承受的正、负弯矩整体上大于释放率低于50%时的情况。

图4-24、图4-25中分析结果表明，不同应力释放率下先后行洞初期支护施工完毕后，其所承受的最大正、负剪力不同；在应力释放率低于50%时，释放率越小，初期支护承受的正、负剪力越大。释放率为50%时初期支护承受的正、负剪力最小，高于50%时初期支护承受

的正、负剪力整体上大于释放率低于50%时的情况。

在开挖过程中，上半断面围岩开挖完成而仰拱还未施作时，初期支护结构受力最为不利，为安全起见，应尽可能早的施作仰拱，减轻隧道底部的隆起，防止边墙底部混凝土开裂现象的发生。

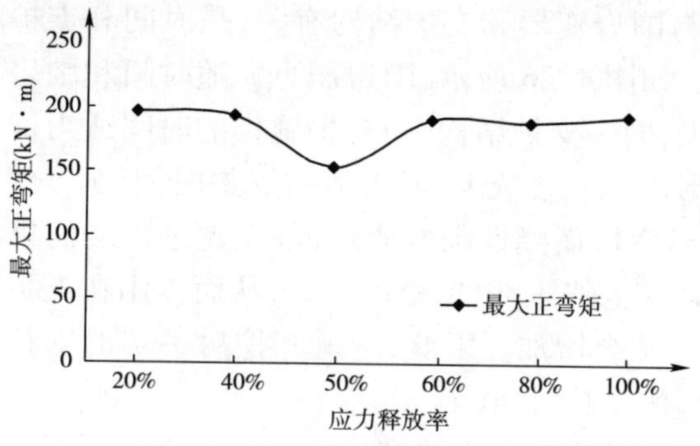

图4-22 初期支护最大正弯矩与围岩应力释放率的关系

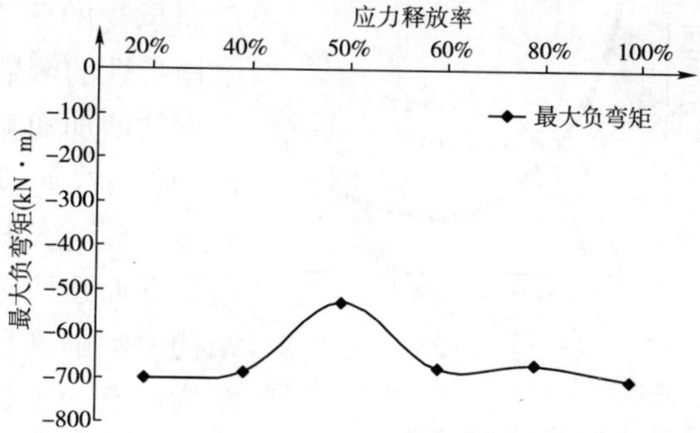

图4-23 初期支护最大负弯矩与围岩应力释放率的关系

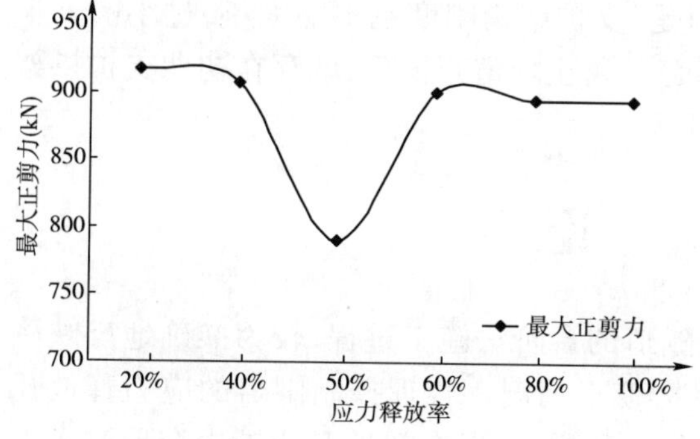

图4-24 初期支护最大正剪力与围岩应力释放率的关系

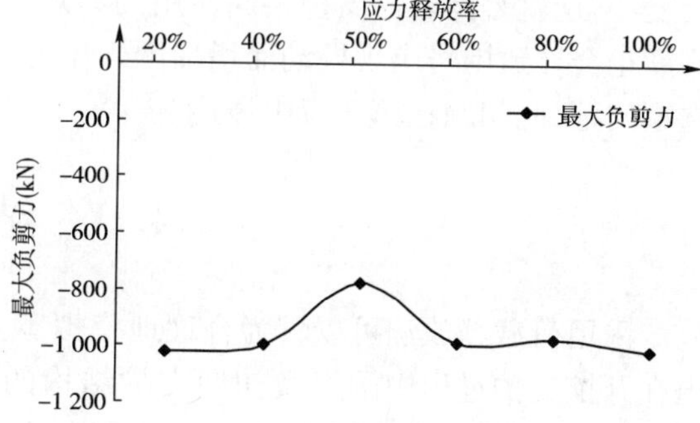

图4-25 初期支护最大负剪力与围岩应力释放率的关系图

4.8.4 应力释放对围岩应力的影响分析

不同应力释放率下，先后行洞开挖支护对围岩应力重分布的影响也不同，表4-3中显示了各释放率下围岩应力的分析结果。

不同应力释放率下围岩应力表(单位：Pa) 表4-3

应力释放率	最 小 值	最 大 值
20%	5 879	1.19×10^6
40%	5 895	1.17×10^6
50%	8 655	1.20×10^6
60%	5 821	1.15×10^6
80%	6 599	1.13×10^6
100%	6 297	1.56×10^6

表4-3中分析结果表明，应力释放率低于50%时，围岩应力的最小值和最大值均随应力

释放率的增大而增大。应力释放率高于50%时，围岩应力变化随释放率的不同而不同，但规律性不强。当释放率为100%时，围岩的最大应力值达到了1.56MPa，大于其他各种应力释放率下的围岩最大应力值，但小于释放率为50%时的围岩最大应力值1.20MPa。

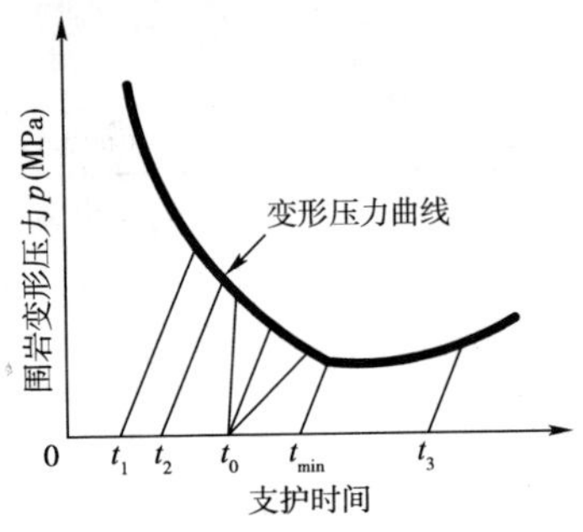

图4-26　变形压力与支护结构特性及时间的关系

隧道开挖必然引起土体的变形，支护结构为抵抗围岩变形而承受的压力与围岩变形和支护结构有关，是时间和支护结构特性的函数。如图4-26所示，围岩压力 p 随时间和围岩变形的增加而减少，同一支护结构，当支护施作的时间适当推迟（$t_1 \rightarrow t_2$），变形压力就会减少，但太迟的支护时间（t_3）就会导致过大的围岩变形而降低围岩质量，甚至超过围岩的极限变形而致使围岩发生破坏，出现松动压力，从而作用在支护结构上的围岩压力又会增加。因此，隧道开挖后一定的支护结构应有一个合理的支护时间（t_{min}）。

支护结构的自身性质也会影响变形压力的大小。在同一支护时间（t_0）采用刚度较小的支护结构，围岩的变形就会增加，而支护承受的围岩压力就会变小，这就是围岩—支护共同作用的原理。但是，支护结构刚度也不能太小，过小的支护刚度也会导致围岩出现松动而增加围岩压力。因此，黄土隧道开挖后，就存在初期支护拱架选型问题，此问题在第7章中详述。

4.9　结　　论

采用荷载释放法可以较为合理地模拟黄土隧道的台阶法施工过程，较为准确地反映隧道在开挖支护过程中围岩及初期支护结构的受力变形情况。合理控制围岩的应力释放比例，允许围岩有一定程度的变形，同时限制围岩的位移量，可以有效地避免围岩变形过大而产生严重的松弛卸载现象，减少支护结构的受力。

5 埋深对小净距黄土隧道受力特性的影响分析

5.1 概 述

目前,隧道设计中有关埋深的提法很多,如深埋、浅埋、超浅埋等。埋置深度不同,隧道的设计和施工方法也会有很大的区别。所谓隧道深埋或浅埋,并非单纯指洞顶覆盖层厚度而言,还应结合上覆地层的水文地质与工程地质特征、松散状况、围岩构造特征、风化、破碎、断层影响的程度与结构强度以及地下水等因素综合判定。当然,洞顶的稳定与否对施工方法有直接的影响,所以要严格判定隧道的深埋、浅埋界限是困难的。深埋、浅埋隧道的分界,通常有以下几种方法进行计算:深埋隧道按塌落拱荷载计算,浅埋隧道按松散荷载计算,超浅埋隧道则按全土柱加地面动、静换算荷载计算。

5.2 深浅埋分界和围岩压力

现行隧道设计规范关于隧道围岩“承载拱”围岩的压力公式,主要依据为普通单线隧道塌方统计值。黄土隧道,若按现行隧道设计规范Ⅴ级(或Ⅳ级)围岩和宽度修正的计算围岩压力的方法,会有较大的误差。因此,应从设计的角度控制隧道及其地表变形,从而控制地表裂缝的产生和发展,确定合理的黄土隧道深浅埋分界和围岩压力是其关键。

浅埋与超浅埋隧道的区分目前还没有规范可依,常用下述四种方法判定。

①覆跨比判别法。覆跨比即洞顶覆盖层厚度 H 与隧道跨度 D 的比值。$H/D \leqslant 0.4$ 为超浅埋隧道,$H/D > 0.4$ 为浅埋隧道。

②覆盖层整体下沉时,即洞内拱顶沉降值≤地表沉降值时可视为超浅埋。

③若隧道结构顶部进入地面以下5m范围的管道层中时,统称超浅埋。

④以实测压力 P 与垂直土柱重量 γh 之比,确定深埋、浅埋或超浅埋。当 $P/\gamma h \leqslant 0.4$ 时为深埋隧道,$0.4 < P/\gamma h \leqslant 0.6$ 时为浅埋隧道,$P/\gamma h > 0.6$ 时为超浅埋隧道。超浅埋隧道在初期支护作用下,围岩塑性区一般可达到地面,覆盖层易发生整体位移下沉。

根据《铁路隧道设计规范》(TB 10003—2005)计算的老黄土的深浅埋分界值为37.44m;现场调查黄土隧道埋深大于60m后少见地表裂缝;建议新老黄土的分界厚度30m为极浅埋分界,深浅埋分界值为60m。

(1)极浅埋荷载

极浅埋时采用全土柱理论公式,即:

$$q = \gamma h \tag{5-1}$$

式中:q——围岩垂直均布压力;

γ——围岩容重;

h——隧道的埋深。

(2)浅埋荷载

浅埋时采用规范建议的谢家杰理论公式,即:

$$\sigma_v = \gamma h\left(1 - \frac{h}{B}\lambda\tan\theta\right) \tag{5-2}$$

$$\lambda = \frac{\tan\beta - \tan\varphi}{\tan\beta[1 + \tan\beta(\tan\varphi - \tan\theta) + \tan\varphi\tan\theta]} \tag{5-3}$$

$$\tan\beta = \tan\varphi + \sqrt{\frac{(\tan^2\varphi + 1)\tan\varphi}{\tan\varphi - \tan\theta}} \tag{5-4}$$

式中:σ_v——洞顶土层中任意点的垂直压力;

φ——似摩擦角(包括内聚力 c 的影响);

B——隧道开挖宽度;

θ——滑面摩擦角;

β——破裂角。

(3)深埋荷载

深浅埋分界不用突变锯齿方式,而用平顺过渡,深埋时适当提高地层压力,按埋深60m时的谢家杰理论公式荷载值。

综合上述各种因素,建议黄土隧道竖向土压力计算公式为:

$$\sigma_v = \begin{cases} \gamma h & h \leqslant D \\ \gamma h\left(1 - \frac{h}{B}\lambda\tan\theta\right) & D < h \leqslant D_1 \\ \gamma D_1\left(1 - \frac{D_1}{B}\lambda\tan\theta\right) & h \geqslant D_1 \end{cases} \tag{5-5}$$

式中:D——极浅埋与浅埋分界,取新老黄土分界值30m;

D_1——深浅埋分界,取60m。

(4)水平荷载

由谢家杰理论公式 $\lambda = \frac{\tan\beta - \tan\varphi}{\tan\beta[1 + \tan\beta(\tan\varphi - \tan\theta) + \tan\varphi\tan\theta]}$ 的计算结果,其数值一般在0.1~0.2之间,明显偏小。

建议在黄土地层中侧向压力按下式计算:

$$e = \left(\sigma_v + \frac{1}{2}\gamma H_t\right)\tan^2\left(45^\circ - \frac{\varphi}{2}\right) \tag{5-6}$$

式中:H_t——隧道高度;

φ——隧道高度内各地层内摩擦角的加权平均值。

5.3　不同埋深下围岩塑性区分析

本节采用有限元软件 ANSYS 进行数值模拟计算，主要从围岩塑性区、洞周关键点土体位移及初期支护结构内力角度来分析。数值模拟分别计算了先行洞埋深 7m、12m、17m、22m 和 27m；后行洞埋深 11m、16m、21m、26m 和 31m 五种工况。

(1)先行洞埋深 7m，后行洞埋深 11m(图 5-1，图 5-2)

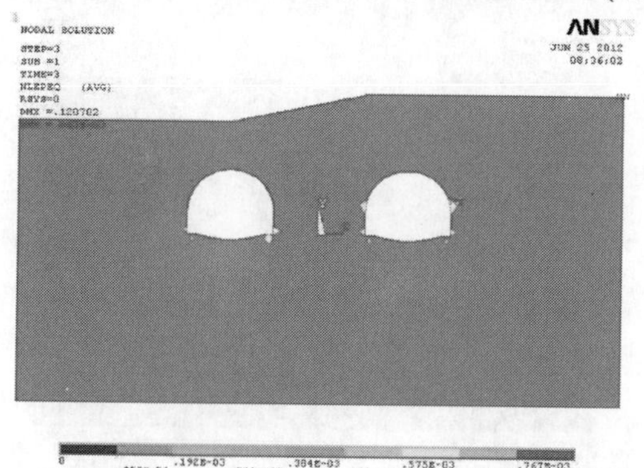

图 5-1　先行洞埋深 7m，后行洞埋深 11m 无初期支护时围岩塑性区分布图

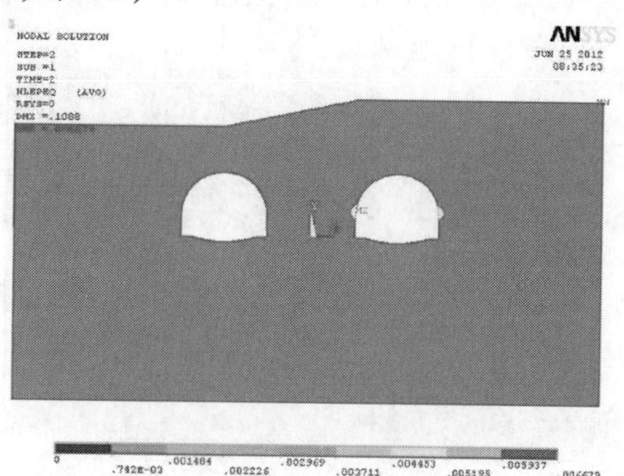

图 5-2　先行洞埋深 7m，后行洞埋深 11m 有初期支护时围岩塑性区分布图

从图 5-1 和图 5-2 中可以看出，当两洞开挖均无支护，即毛洞时，后行洞施工完毕后，在先行洞外侧仰拱与边墙连接处、后行洞内侧外仰拱与边墙连接处围岩虽出现了不同程度的塑性区，但其范围明显小于先行洞内侧仰拱与边墙连接处、后行洞内外侧起拱线位置处的塑性区范围，最大塑性应变值为 0.863×10^{-3}；当两洞开挖并支护后，仅仅在埋深较大的后行洞的内外侧起拱线位置出现了塑性区，最大塑性应变值为 6.679×10^{-3}，其值为无支护时的 7.74 倍。

(2)先行洞埋深 12m，后行洞埋深 16m(图 5-3，图 5-4)

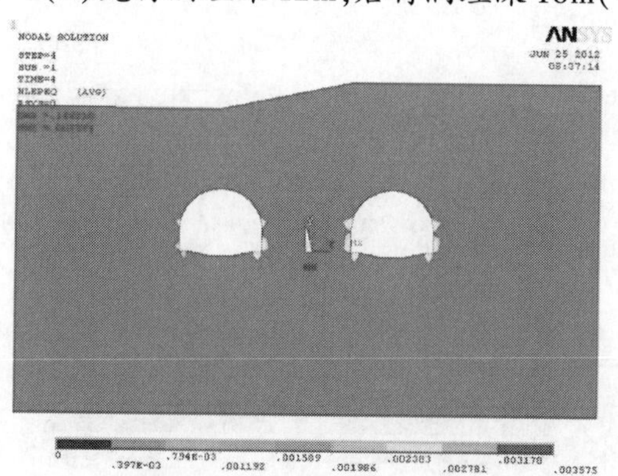

图 5-3　先行洞埋深 12m，后行洞埋深 16m 无初期支护时围岩塑性区分布图

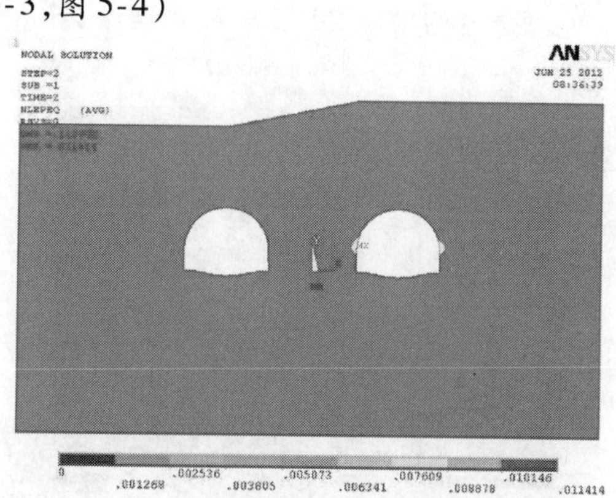

图 5-4　先行洞埋深 12m，后行洞埋深 16m 有初期支护时围岩塑性区分布图

从图 5-3 和图 5-4 中可以看出，当两洞开挖均无支护，即毛洞时，后行洞施工完毕后，在

两洞的仰拱与边墙连接处出现了不同程度的塑性区；先行洞内侧边墙也出现了塑性区，后行洞内外侧边墙均出现了塑性区，后行洞的起拱线位置也出现了塑性区，并且范围较仰拱与边墙连接处为大，最大塑性应变值为 3.575×10^{-3}；当两洞开挖并支护后，两洞仰拱与边墙连接处、先行洞内侧边墙、后行洞内外侧边墙处的塑性区均消失，仅仅在后行洞的起拱线位置出现了塑性区，最大塑性应变值为 11.414×10^{-3}，其值为毛洞时的 3.19 倍。说明随着埋深的增加，支护虽增大了围岩塑性应变值，但能减少围岩塑性区的范围。

(3)先行洞埋深 17m，后行洞埋深 21m(图 5-5，图 5-6)

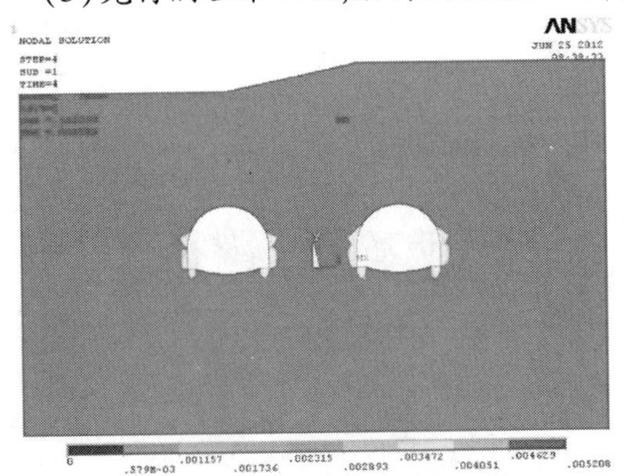

图 5-5　先行洞埋深 17m，后行洞埋深 21m 无初期支护时围岩塑性区分布图

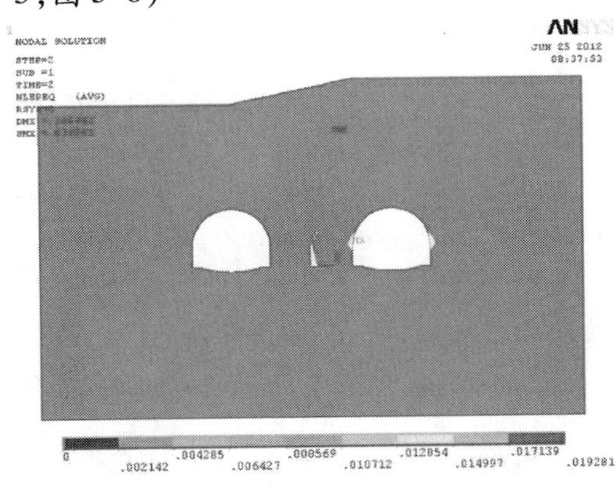

图 5-6　先行洞埋深 17m，后行洞埋深 21m 有初期支护时围岩塑性区分布图

从图 5-5 和图 5-6 中可以看出，当两洞开挖均无支护，即毛洞时，后行洞施工完毕后，在两洞的仰拱与边墙连接处、先行洞内外侧边墙、后行洞内外侧边墙及两洞的起拱线位置均出现了塑性区，并且后行洞塑性区范围较先行洞为大，最大塑性应变出现在仰拱与边墙连接处，其值为5.208×10^{-3}；当两洞开挖并支护后，先行洞塑性区消失，仅仅在后行洞的起拱线位置出现了塑性区，最大塑性应变值为 19.281×10^{-3}，其值为毛洞时的 3.70 倍。说明随着埋深的增加，支护能大幅度地减少围岩塑性区的范围，虽增大了塑性应变值，但增加的幅度不大。

(4)先行洞埋深 22m，后行洞埋深 26m(图 5-7，图 5-8)

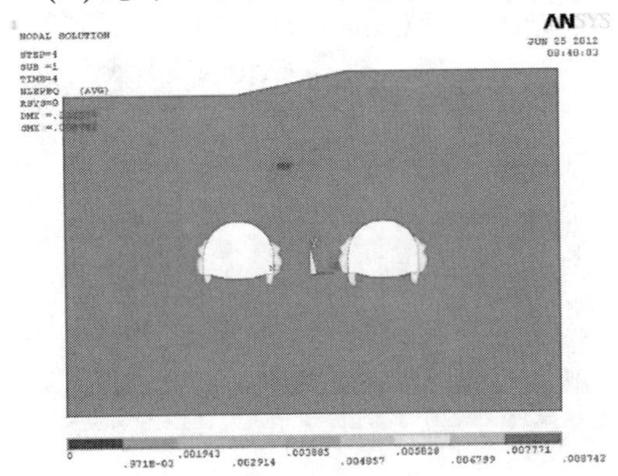

图 5-7　先行洞埋深 22m，后行洞埋深 26m 无初期支护时围岩塑性区分布图

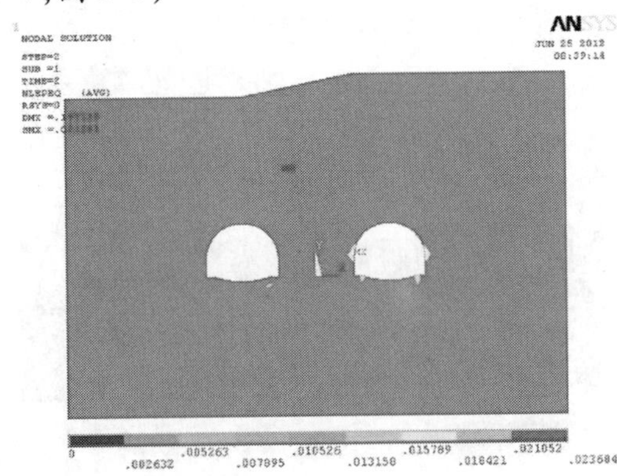

图 5-8　先行洞埋深 22m，后行洞埋深 26m 有初期支护时围岩塑性区分布图

从图 5-7 和图 5-8 中可以看出，当两洞开挖均无支护，即毛洞时，后行洞施工完毕后，在

两洞的仰拱与边墙连接处、先行洞内外侧边墙、后行洞内外侧边墙及两洞的起拱线位置均出现了塑性区，先行洞外侧边墙处围岩塑性区逐渐向上发展，并与外侧起拱线处围岩塑性区贯通，且后行洞塑性区范围较先行洞为大，最大塑性应变出现在仰拱与边墙连接处，其值为 8.742×10^{-3}；当两洞开挖并支护后，先行洞塑性区消失，仅仅在先行洞内侧仰拱稍靠下位置及后行洞的起拱线、仰拱与边墙连接位置出现了塑性区，最大塑性应变值为 23.684×10^{-3}，其值为毛洞时的 2.71 倍。说明随着埋设的增加，支护能大幅度地减少围岩塑性区的范围，虽增大了塑性应变值，但增加的幅度却逐渐减少。

(5) 先行洞埋深 27m，后行洞埋深 31m（图 5-9，图 5-10）

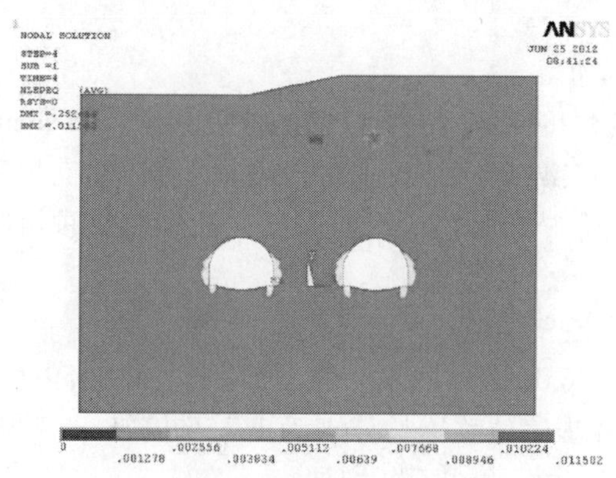

图 5-9 先行洞埋深 27m，后行洞埋深 31m 无初期支护时围岩塑性区分布图

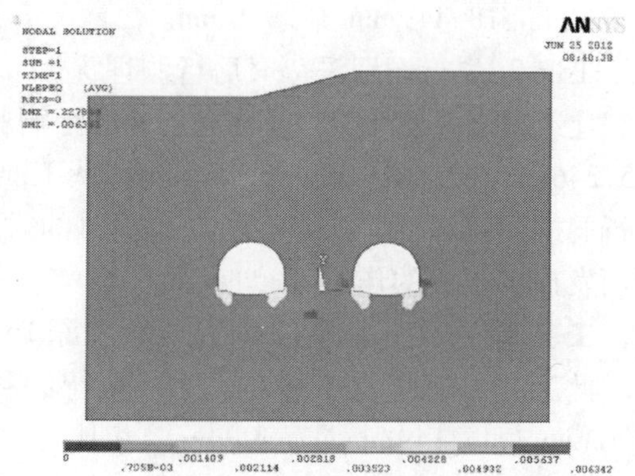

图 5-10 先行洞埋深 27m，后行洞埋深 31m 有初期支护时围岩塑性区分布图

从图 5-9 和图 5-10 中可以看出，当两洞开挖均无支护，即毛洞时，后行洞施工完毕后，在两洞的仰拱与边墙连接处、先行洞内外侧边墙、后行洞内外侧边墙及两洞的起拱线位置均出现了塑性区，先行洞外侧边墙处围岩塑性区逐渐向上发展，并与外侧起拱线处围岩塑性区贯通，两洞周处围岩塑性区形态基本相同，最大塑性应变出现在仰拱与边墙连接处，其值为 11.502×10^{-3}；当两洞开挖并支护后，在两洞的仰拱与边墙连接位置出现了较大范围的塑性区，最大塑性应变值为 6.342×10^{-3}，其值为毛洞时的 55.14%。说明随着埋深的增加，支护能大幅度地减少两洞拱圈及边墙位置围岩塑性区的范围，同时也减少了围岩最大塑性应变值，支护发挥的效果越发明显。

5.4 不同埋深下围岩特征点位移分析

左右两侧隧道均采用台阶法施工，起拱线以上为上台阶开挖部分，以下为下台阶开挖部分，在计算分析中只考虑初期支护承担荷载，二次衬砌仅作为安全储备，不承担围岩荷载。按照先开挖支护左洞（先行洞）、后开挖支护右洞（后行洞）的顺序进行数值分析。先后行洞具体开挖支护步骤：上半断面开挖→上半断面施作初期支护→下半断面开挖→下半断面施作初期支护。两隧洞开挖土体周边各特征点位置如图 5-11 所示。

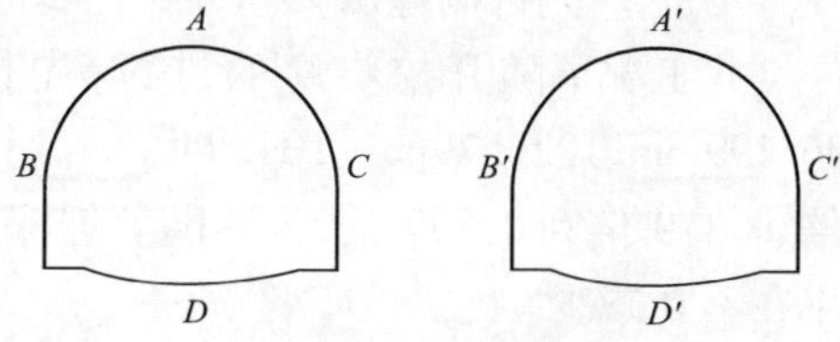

图 5-11 隧道开挖土体周边各特征点示意图

其中,A 和 A'分别为先后行洞拱顶位置特征点;B 和 B'分别为先后行洞左侧起拱线位置处特征点;C 和 C'分别为先后行洞右侧起拱线位置处特征点;D 和 D'分别为先后行洞仰拱中心位置处特征点。

5.4.1 先行洞位移分析

工况 1:先行洞埋深 7m,后行洞埋深 11m 无支护

此工况下随开挖步序的进行,先行洞拱顶(Node12)特征点位移分别为 18.239mm、18.529mm、18.349mm、18.979mm。

工况 2:先行洞埋深 7m,后行洞埋深 11m 有支护

此工况下随开挖步序的进行,先行洞拱顶(Node12)特征点位移分别为 3.921mm、-5.246mm、-5.61mm、-5.675mm。从工况 1 和工况 2 的计算中可以看出,无初期支护时先行洞拱顶沉降明显高于有初期支护时的拱顶沉降。同时也说明初期支护在抑制拱顶沉降方面发挥了很好的作用。

工况 3:先行洞埋深 12m,后行洞埋深 16m 无支护

此工况下随开挖步序的进行,先行洞拱顶(Node12)特征点位移分别为 42.959mm、44.039mm、46.149mm、47.399mm。相比工况 1,各步序位移增长分别为 1.355 倍、1.377 倍、1.515 倍和 1.497 倍,说明随着埋深的增加,拱顶处的沉降在不断增加。

工况 4:先行洞埋深 12m,后行洞埋深 16m 有支护

此工况下随开挖步序的进行,先行洞拱顶(Node12)特征点位移分别为 27.909mm、15.659mm、15.969mm、16.029mm。相比工况 3,各步序拱顶处位移分别减少了 15.05mm、28.38mm、30.18mm、31.37mm。

工况 5:先行洞埋深 17m,后行洞埋深 21m 无支护

此工况下随开挖步序的进行,先行洞拱顶(Node12)特征点位移分别为 68.209mm、69.959mm、74.389mm、76.179mm。相比工况 3,各步序位移增长分别为 0.587 倍、0.588 倍、0.612 倍和 0.607 倍,说明随着埋深的增加,拱顶处的沉降在不断增加,但沉降增加的速率在不断减少。

工况 6:先行洞埋深 17m,后行洞埋深 21m 有支护

此工况下随开挖步序的进行,先行洞拱顶(Node12)特征点位移分别为 51.629mm、36.229mm、47.009mm、37.729mm。相比工况 5,各步序拱顶处位移分别减少了 16.58mm、33.73mm、27.38mm、38.45mm,说明随着埋深的增加,支护在抑制拱顶沉降方面的作用越发明显。

工况 7:先行洞埋深 22m,后行洞埋深 26m 无支护

此工况下随开挖步序的进行,先行洞拱顶(Node12)特征点位移分别为 93.679mm、96.199mm、102.579mm、104.949mm。相比工况 5,各步序位移增长分别为 0.373 倍、0.375 倍、0.379 倍和 0.377 倍,说明随着埋深的增加,拱顶处的沉降在不断增加,但沉降增加的速率在不断减少。

工况 8:先行洞埋深 22m,后行洞埋深 26m 有支护

此工况下随开挖步序的进行，先行洞拱顶(Node12)特征点位移分别为75.229mm、56.639mm、59.009mm、59.199mm。相比工况7，各步序拱顶处位移分别减少了18.45mm、39.56mm、43.57mm、45.75mm，说明随着埋深的增加，支护在抑制拱顶沉降方面的作用越发明显。

工况9：先行洞埋深27m，后行洞埋深31m无支护

此工况下随开挖步序的进行，先行洞拱顶(Node12)特征点位移分别为119.479mm、122.859mm、131.109mm、133.899mm。相比工况7，各步序位移增长分别为0.275倍、0.277倍、0.278倍和0.276倍，说明随着埋深的增加，拱顶处的沉降在不断增加，但沉降增加的速率在不断减少。

工况10：先行洞埋深27m，后行洞埋深31m有支护

此工况下随开挖步序的进行，先行洞拱顶(Node12)特征点位移分别为100.559mm、78.009mm、81.579mm、77.459mm。相比工况9，各步序拱顶处位移分别减少了18.92mm、44.85mm、49.53mm、56.44mm，说明随着埋深的增加，支护在抑制拱顶沉降方面的作用越发明显。

(1)先行洞拱顶沉降位移分析

不同埋深下随开挖顺序的进行，数值分析中先行洞拱顶(Node12)沉降位移值结果整理如表5-1和表5-2所示。

不同埋深下先行洞拱顶(Node12)沉降计算表(有初期支护)(单位:mm)　　表5-1

开挖顺序	左7m，右11m	左12m，右16m	左17m，右21m	左22m，右26m	左27m，右31m
	Y向位移	Y向位移	Y向位移	Y向位移	Y向位移
左上	3.921	27.909	51.629	75.229	100.559
左下	-5.246	15.659	36.229	56.639	78.009
右上	-5.61	15.969	47.009	59.009	81.579
右下	-5.675	16.029	37.729	59.199	77.459

不同埋深下先行洞拱顶(Node12)沉降计算表(无初期支护)(单位:mm)　　表5-2

开挖顺序	左7m，右11m	左12m，右16m	左17m，右21m	左22m，右26m	左27m，右31m
	Y向位移	Y向位移	Y向位移	Y向位移	Y向位移
左上	18.239	42.959	68.209	93.679	119.479
左下	18.529	44.039	69.959	96.199	122.859
右上	18.349	46.149	74.389	102.579	131.109
右下	18.979	47.399	76.179	104.949	133.899

数值分析结果表明，无初期支护时，不同埋深下先行洞拱顶沉降值随开挖步序的进行逐渐增大，且埋深越大各步序下其沉降差增幅越大；施加初期支护后，拱顶沉降值明显降低，初期支护闭合成环后，拱顶沉降均发生了反弹现象，且埋深越大反弹现象越显著；后行洞上台阶的开挖支护均对先行洞拱顶沉降产生影响，且埋深越大影响越显著，总体来看沉降量的增值不大；后行洞初期支护闭合成环后，围岩应力得到进一步的调整，先行洞拱顶沉降值整体上来看呈现出随埋深增加而增大的趋势。

不同埋深下有无初期支护时，先行洞拱顶（Node12）沉降变化和施工步的关系如图5-12和图5-13所示。

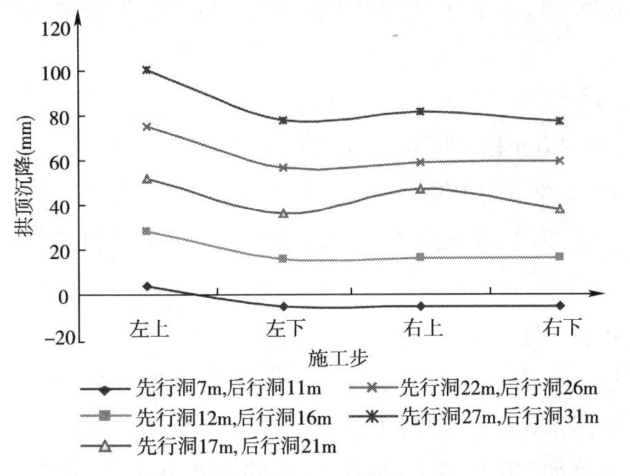

图5-12　不同埋深下先行洞拱顶（Node12）沉降和施工步的关系图（有初期支护）

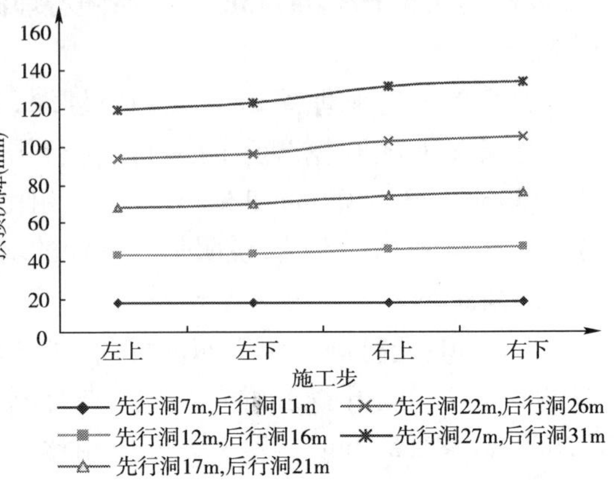

图5-13　不同埋深下先行洞拱顶（Node12）沉降和施工步的关系图（无初期支护）

（2）先行洞左拱脚沉降位移分析

不同埋深下随开挖顺序的进行，数值分析中先行洞左拱脚（Node1）沉降值位移结果整理如表5-3和表5-4所示。

不同埋深下先行洞左拱脚（Node1）沉降计算表（有初期支护）（单位：mm）　　表5-3

开挖顺序	左7m，右11m	左12m，右16m	左17m，右21m	左22m，右26m	左27m，右31m
	Y向位移	Y向位移	Y向位移	Y向位移	Y向位移
左上	5.845	27.735	49.475	70.895	94.455
左下	-3.192	14.199	31.505	48.865	66.795
右上	-2.917	14.804	32.685	50.725	69.565
右下	-2.779	14.981	32.905	50.955	67.055

不同埋深下先行洞左拱脚（Node1）沉降计算表（无初期支护）（单位：mm）　　表5-4

开挖顺序	左7m，右11m	左12m，右16m	左17m，右21m	左22m，右26m	左27m，右31m
	Y向位移	Y向位移	Y向位移	Y向位移	Y向位移
左上	-3.594	10.701	24.825	39.675	54.615
左下	0.757	17.39	33.755	50.985	68.285
右上	1.026	18.25	35.495	53.585	71.725
右下	1.435	18.894	36.395	54.785	73.175

数值分析结果表明，随着埋深的增加，先行洞上台阶开挖支护完毕后，先行洞左拱脚（Node1）的沉降急剧增大，待下台阶开挖支护完毕后，先行洞初期支护形成一个封闭的受力结构体系，具有很好的承载能力，左拱脚（Node1）沉降略有反弹；后行洞上下台阶施工完毕后，其沉降整体上较先行洞下台阶施工完毕后略有增大，但增幅较低，说明后行洞的开挖支护对先行洞的左拱脚（即先行洞的外侧）影响不大。无支护时，先行洞

左拱脚(Node1)沉降随开挖工序的进行和埋深的不断增大而增大,各工况下的沉降值较有支护时的沉降值为大。

不同埋深下有无初期支护时,先行洞左拱脚(Node1)沉降变化和施工步的关系如图5-14和图5-15所示。

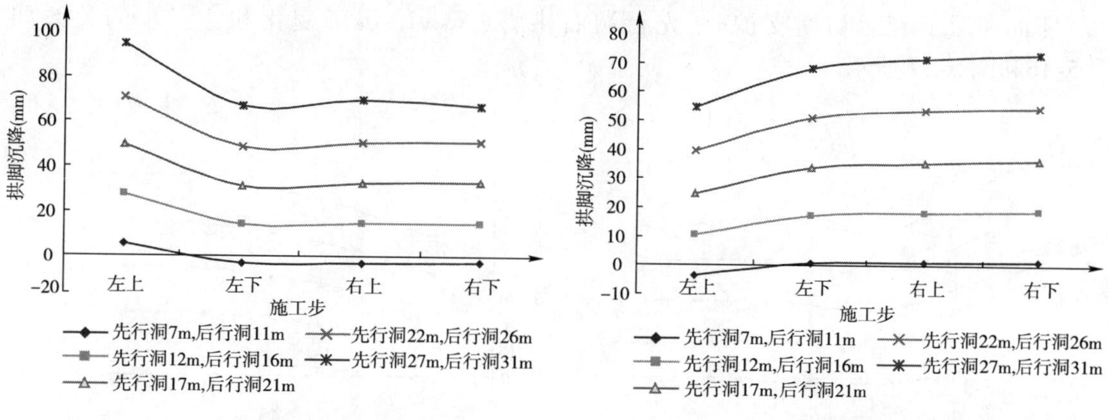

图5-14 不同埋深下先行洞左拱脚(Node1)沉降和施工步的关系图(有初期支护)

图5-15 不同埋深下先行洞左拱脚(Node1)沉降和施工步的关系图(无初期支护)

(3)先行洞右拱脚沉降位移分析

不同埋深下随开挖顺序的进行,数值分析中先行洞右拱脚(Node2)沉降位移值结果整理如表5-5和表5-6所示。

不同埋深下先行洞右拱脚(Node2)沉降计算表(有初期支护)(单位:mm) 表5-5

开挖顺序	左7m,右11m	左12m,右16m	左17m,右21m	左22m,右26m	左27m,右31m
	Y向位移	Y向位移	Y向位移	Y向位移	Y向位移
左上	6.876	27.815	49.105	71.055	94.795
左下	-2.268	14.814	31.885	48.895	67.365
右上	-1.556	16.726	35.115	53.285	73.255
右下	-1.922	15.498	34.985	53.195	68.135

不同埋深下先行洞右拱脚(Node2)沉降计算表(无初期支护)(单位:mm) 表5-6

开挖顺序	左7m,右11m	左12m,右16m	左17m,右21m	左22m,右26m	左27m,右31m
	Y向位移	Y向位移	Y向位移	Y向位移	Y向位移
左上	-2.575	11.495	25.105	38.915	52.955
左下	2.854	19.175	35.035	51.085	67.255
右上	4.635	23.365	40.955	58.315	75.805
右下	4.674	24.275	41.695	59.405	77.235

数值分析结果表明,随着埋深的增加,先行洞上台阶开挖支护完毕后,先行洞右拱脚(Node2)的沉降急剧增大,待下台阶开挖支护完毕后,先行洞初期支护形成一个封闭的受力结构体系,具有很好的承载能力,右拱脚(Node2)沉降略有反弹;后行洞上下台阶施工完毕后,其沉降整体上较先行洞下台阶施工完毕后略有增大,但增幅较低;后行

洞的开挖支护对先行洞右拱脚的影响随埋深的增大先增大后减少，说明后行洞的开挖支护对先行洞右拱脚（即先行洞内侧拱脚）的影响较为显著。无支护时，先行洞左拱脚（Node1）沉降随开挖工序的进行和埋深的不断增大而增大，各工况下的沉降值较有支护时的沉降值为大。

不同埋深下有无初期支护时，先行洞右拱脚（Node1）沉降变化和施工步的关系如图5-16和图5-17所示。

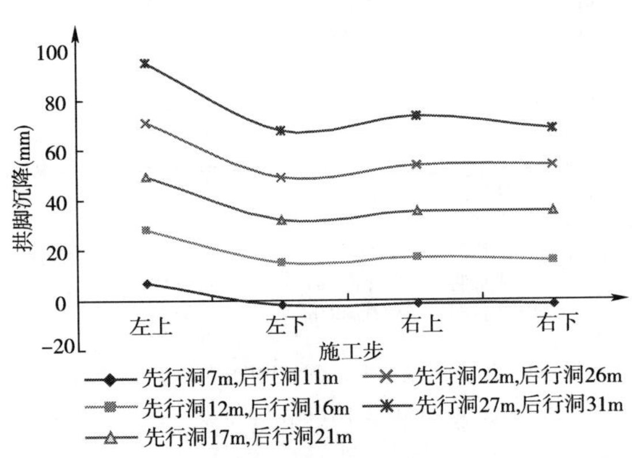

图5-16　不同埋深下先行洞右拱脚（Node2）沉降和施工步的关系图（有初期支护）

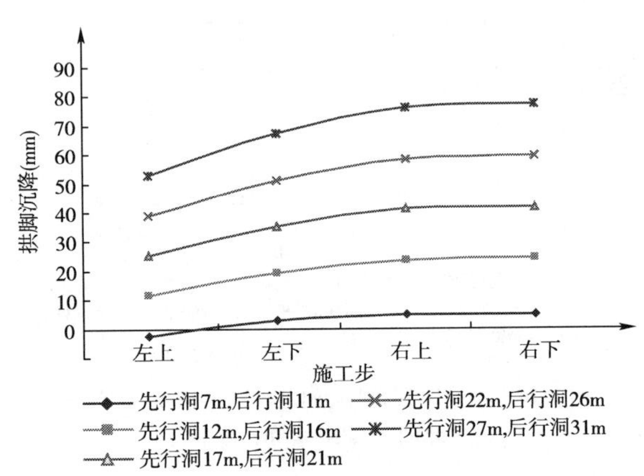

图5-17　不同埋深下先行洞右拱脚（Node2）沉降和施工步的关系图（无初期支护）

（4）先行洞仰拱底沉降位移分析

不同埋深下随开挖顺序的进行，数值分析中先行洞仰拱底（Node31）沉降位移值结果整理如表5-7和表5-8所示。

不同埋深下先行洞仰拱底（Node31）沉降计算表（有初期支护）（单位:mm）　　表5-7

开挖顺序	左7m，右11m	左12m，右16m	左17m，右21m	左22m，右26m	左27m，右31m
	Y向位移	Y向位移	Y向位移	Y向位移	Y向位移
左上	-14.256	-7.082	-0.307	5.923	12.297
左下	-20.324	-12.415	-4.799	2.587	10.212
右上	-19.648	-11.221	-3.003	4.976	13.257
右下	-19.625	-11.157	-2.908	5.089	11.713

不同埋深下先行洞仰拱底（Node31）沉降计算表（无初期支护）（单位:mm）　　表5-8

开挖顺序	左7m，右11m	左12m，右16m	左17m，右21m	左22m，右26m	左27m，右31m
	Y向位移	Y向位移	Y向位移	Y向位移	Y向位移
左上	-14.614	-7.073	-0.045	6.806	13.414
左下	-25.33	-19.599	-14.217	-9.005	-3.954
右上	-24.596	-18.442	-12.617	-6.958	-1.423
右下	-24.357	-18.09	-12.148	-6.366	-0.724

数值分析结果表明，随着埋深的增加，先行洞上台阶开挖支护完毕后，先行洞仰拱底

(Node31)表现出先底鼓后沉降的现象,随埋深的增大,底鼓量值越来越小,沉降量值越来越大;无支护时,先行洞开挖完毕其仰拱底(Node31)的底鼓现象随埋深的增大越来越弱,后行洞的开挖在一定程度上减弱了先行洞仰拱底(Node31)的底鼓现象。

不同埋深下有无初期支护时,先行洞仰拱底(Node31)沉降变化和施工步的关系如图5-18和图5-19所示。

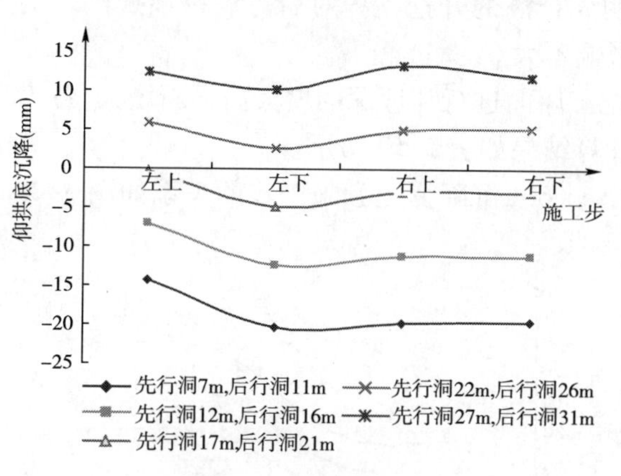

图5-18 不同埋深下先行洞仰拱底(Node31)沉降和施工步的关系图(有初期支护)

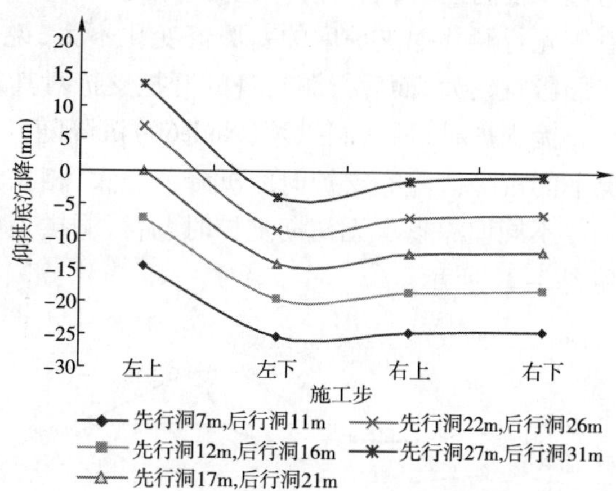

图5-19 不同埋深下先行洞仰拱底(Node31)沉降和施工步的关系图(无初期支护)

5.4.2 后行洞沉降位移分析

(1)后行洞拱顶沉降位移分析

不同埋深下随开挖顺序的进行,数值分析中后行洞拱顶(Node60)沉降位移值结果整理如表5-9和表5-10所示。

不同埋深下后行洞拱顶(Node60)沉降计算表(有初期支护)(单位:mm) 表5-9

开挖顺序	左7m,右11m	左12m,右16m	左17m,右21m	左22m,右26m	左27m,右31m
	Y向位移	Y向位移	Y向位移	Y向位移	Y向位移
左上	0.136	17.946	35.946	53.996	75.006
左下	-0.56	16.636	33.956	51.336	71.576
右上	7.726	29.686	53.156	75.856	104.036
右下	7.026	29.386	53.126	76.016	78.596

不同埋深下后行洞拱顶(Node60)沉降计算表(无初期支护)(单位:mm) 表5-10

开挖顺序	左7m,右11m	左12m,右16m	左17m,右21m	左22m,右26m	左27m,右31m
	Y向位移	Y向位移	Y向位移	Y向位移	Y向位移
左上	0.377	18.606	36.936	55.186	73.416
左下	0.786	19.306	37.926	56.476	75.026
右上	23.166	49.426	76.176	103.106	130.366
右下	23.956	50.956	78.556	106.416	134.536

表5-9中分析数据显示，随着埋深的增加，先行洞上台阶开挖支护完毕后，后行洞拱顶处围岩的竖向位移在不断增加，先行洞下台阶开挖支护完毕后，后行洞拱顶处围岩的竖向位移一定程度上有所减少，说明先行洞的开挖和支护能够增大和抑制后行洞拱顶处围岩的变形。在埋深较小时，后行洞上下台阶的开挖和支护对拱顶处围岩的变形影响不大，但当埋深超过2倍洞径时，上台阶开挖支护后拱顶处围岩的变形明显偏高，待下台阶开挖支护后，其值较先行洞开挖支护后的变形值变化不大，说明先行洞的开挖支护对后行洞拱顶处围岩的变形影响较大，而后行洞自身的开挖支护对其影响不大。

无支护时，后行洞拱顶(Node60)沉降随开挖工序的进行和埋深的增大而不断增大，各工况下的沉降值较有支护时的沉降值为大，相关计算结果如表5-10所示。

不同埋深下有无初期支护时，后行洞拱顶(Node60)沉降变化和施工步的关系如图5-20和图5-21所示。

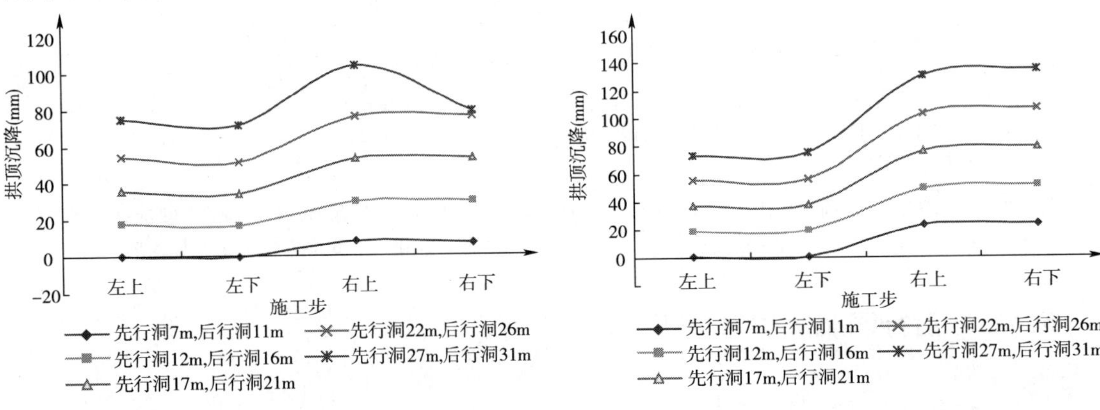

图5-20　不同埋深下后行洞拱顶(Node60)沉降和施工步的关系图(有初期支护)

图5-21　不同埋深下后行洞拱顶(Node60)沉降和施工步的关系图(无初期支护)

(2)后行洞左拱脚沉降位移分析

不同埋深下随开挖顺序的进行，数值分析中后行洞左拱脚(Node49)沉降位移值结果整理如表5-11和表5-12所示。

不同埋深下后行洞左拱脚(Node49)沉降计算表(有初期支护)(单位:mm)　　表5-11

开挖顺序	左7m,右11m	左12m,右16m	左17m,右21m	左22m,右26m	左27m,右31m
	Y向位移	Y向位移	Y向位移	Y向位移	Y向位移
左上	0.253	15.354	30.444	45.524	62.694
左下	-1.216	13.253	27.814	42.384	58.964
右上	8.849	29.264	50.994	72.444	99.844
右下	8.704	29.724	51.904	73.594	67.444

表5-11中分析数据显示，随着埋深的增加，先行洞上台阶开挖支护完毕后，后行洞左拱脚处围岩的竖向位移在不断增加，先行洞下台阶开挖支护完毕后，后行洞左拱脚处围岩的竖向位移一定程度上有所减少，说明先行洞的开挖和支护能够增大和抑制后行洞左拱脚处围

岩的竖向变形。

不同埋深下后行洞左拱脚(Node49)沉降计算表(无初期支护)(单位:mm)　　表5-12

开挖顺序	左7m,右11m	左12m,右16m	左17m,右21m	左22m,右26m	左27m,右31m
	Y向位移	Y向位移	Y向位移	Y向位移	Y向位移
左上	0.848	16.154	31.324	46.374	61.424
左下	1.007	16.584	32.004	47.344	62.704
右上	-2.875	12.627	27.774	42.344	58.424
右下	2.918	21.064	38.804	56.174	73.694

在埋深较小时,后行洞上下台阶的开挖和支护对左拱脚处围岩的竖向变形影响不大,但当埋深超过2倍洞径时,上台阶开挖支护后左拱脚处围岩的竖向变形明显偏高,待下台阶开挖支护后,其值较先行洞开挖支护后的变形值变化不大,说明先行洞的开挖支护对后行洞拱左拱脚处围岩的竖向变形影响较大,而后行洞自身的开挖支护对其影响不大;埋深越大,后行洞的支护对抑制左拱脚处围岩的竖向变形越显著。

无支护时,后行洞左拱脚(Node49)沉降随开挖工序的进行和埋深的不断增大而增大,各工况下的沉降值较有支护时的沉降值为大,相关计算结果如表5-12所示。

不同埋深下有无初期支护时,后行洞左拱脚(Node49)沉降变化和施工步的关系如图5-22和图5-23所示。

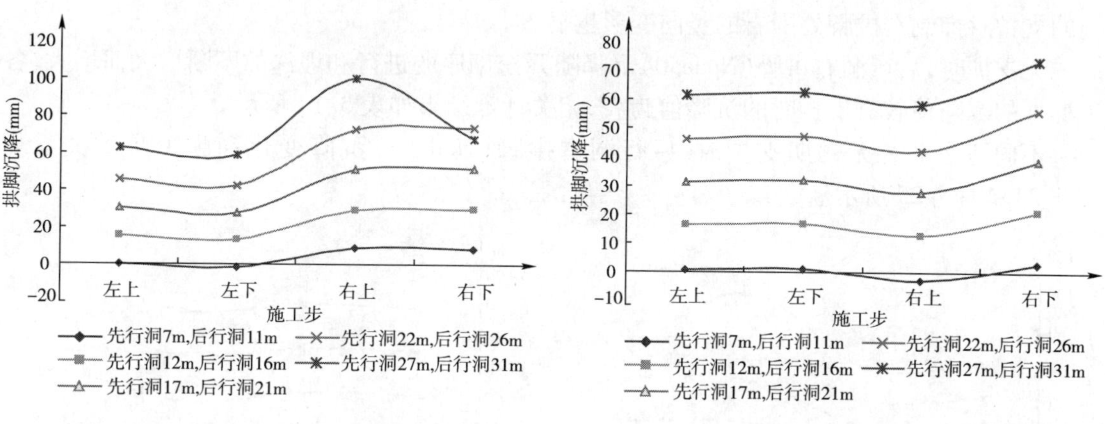

图5-22　不同埋深下后行洞左拱脚(Node49)沉降和施工步的关系图(有初期支护)

图5-23　不同埋深下后行洞左拱脚(Node49)沉降和施工步的关系图(无初期支护)

(3)后行洞右拱脚沉降位移分析

不同埋深下随开挖顺序的进行,数值分析中后行洞右拱脚(Node50)沉降位移值结果整理如表5-13和表5-14所示。

表5-13中分析数据显示,随着埋深的增加,先行洞上台阶开挖支护完毕后,后行洞右拱脚处围岩的竖向位移在不断增加,先行洞下台阶开挖支护完毕后,后行洞右拱脚处围岩的竖向位移一定程度上有所减少。说明先行洞的开挖和支护能够增大和抑制后行洞右拱脚处围岩的竖向变形。

不同埋深下后行洞右拱脚(Node50)沉降计算表(有初期支护)(单位:mm)　　表 5-13

开挖顺序	左 7m,右 11m	左 12m,右 16m	左 17m,右 21m	左 22m,右 26m	左 27m,右 31m
	Y 向位移	Y 向位移	Y 向位移	Y 向位移	Y 向位移
左上	0.29	14.701	29.261	43.901	61.211
左下	0.102	14.131	28.221	42.331	59.011
右上	10.542	30.061	52.201	73.041	98.611
右下	10.683	30.801	53.251	74.321	68.501

不同埋深下后行洞右拱脚(Node50)沉降计算表(无初期支护)(单位:mm)　　表 5-14

开挖顺序	左 7m,右 11m	左 12m,右 16m	左 17m,右 21m	左 22m,右 26m	左 27m,右 31m
	Y 向位移	Y 向位移	Y 向位移	Y 向位移	Y 向位移
左上	0.375	15.031	29.841	44.661	59.511
左下	0.716	15.551	30.541	45.571	60.641
右上	-2.474	12.361	26.961	42.571	58.021
右下	3.591	20.621	37.731	55.601	73.311

在埋深较小时,后行洞上下台阶的开挖和支护对右拱脚处围岩的竖向变形影响不大,但当埋深超过 2 倍洞径时,上台阶开挖支护后右拱脚处围岩的竖向变形明显偏高,待下台阶开挖支护后,其值较先行洞开挖支护后的变形值变化不大。说明先行洞的开挖支护对后行洞拱右拱脚处围岩的变形影响较大,而后行洞自身的开挖支护对其影响不大;埋深越大,后行洞的支护对抑制右拱脚处围岩的竖向变形越显著。

无支护时,后行洞右拱脚(Node50)沉降随开挖工序的进行和埋深的不断增大而增大,各工况下的沉降值较有支护时的沉降值为大,相关计算结果如表 5-14 所示。

不同埋深下有无初期支护时,后行洞右拱脚(Node50)沉降变化和施工步的关系如图 5-24和图 5-25 所示。

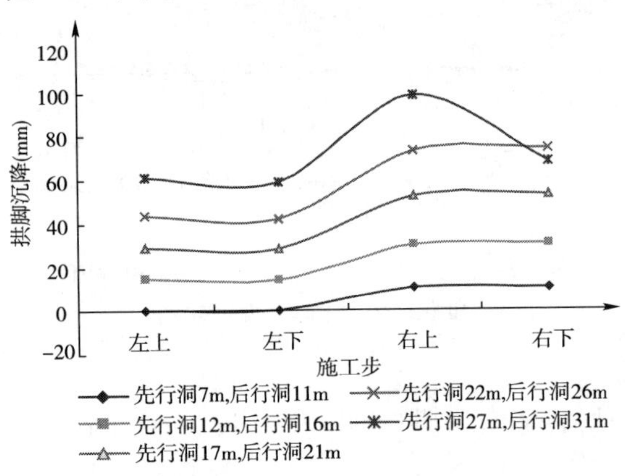

图 5-24　不同埋深下后行洞右拱脚(Node50)沉降和施工步的关系图(有初期支护)

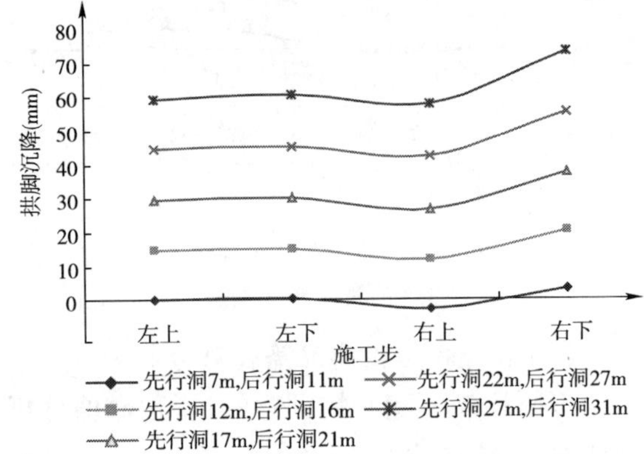

图 5-25　不同埋深下后行洞右拱脚(Node50)沉降和施工步的关系图(无初期支护)

(4)后行洞仰拱底沉降位移分析

不同埋深下随开挖顺序的进行,数值分析中后行洞仰拱底(Node80)沉降位移值结果整理如表 5-15 和表 5-16 所示。

不同埋深下后行洞仰拱底（Node80）沉降计算表（有初期支护）（单位：mm）　　表 5-15

开挖顺序	左 7m，右 11m	左 12m，右 16m	左 17m，右 21m	左 22m，右 26m	左 27m，右 31m
	Y 向位移	Y 向位移	Y 向位移	Y 向位移	Y 向位移
左上	0.35	13.111	25.931	38.771	53.651
左下	-0.4	11.89	24.261	36.651	51.001
右上	-17.375	-10.243	-3.624	2.698	9.669
右下	-25.814	-19.293	-13.105	-7.125	8.114

不同埋深下后行洞仰拱底（Node80）沉降计算表（无初期支护）（单位：mm）　　表 5-16

开挖顺序	左 7m，右 11m	左 12m，右 16m	左 17m，右 21m	左 22m，右 26m	左 27m，右 31m
	Y 向位移	Y 向位移	Y 向位移	Y 向位移	Y 向位移
左上	0.645	13.579	26.521	39.401	52.301
左下	0.864	13.992	27.111	40.211	53.341
右上	-16.547	-8.731	-1.28	5.996	12.877
右下	-27.996	-21.925	-16.213	-10.726	-5.222

表 5-15 中分析数据显示，随着埋深的增加，先行洞上台阶开挖支护完毕后，后行洞仰拱底（Node80）处围岩整体上都表现为下沉趋势；后行洞下台阶开挖支护后，其整体上表现为底鼓趋势，且底鼓现象主要减弱。埋深超过 2 倍洞径时，其则表现为下沉趋势。说明埋深越小，下台阶开挖后地应力的作用效果越明显，底鼓现象越显著。

无支护时，先行洞开挖完毕其仰拱底（Node80）均表现为下沉趋势，且埋深越大，下沉趋势越明显；后行洞开挖完毕后，仰拱底（Node80）则均表现为底鼓趋势，且埋深越大，底鼓现象越不明显，相关计算结果如表 5-16 所示。

不同埋深下有无初期支护时，后行洞仰拱底（Node80）沉降变化和施工步的关系如图 5-26和图 5-27 所示。

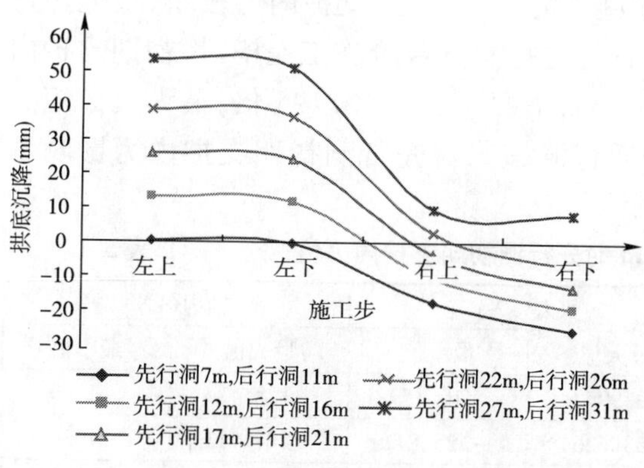

图 5-26　不同埋深下后行洞仰拱底（Node80）沉降和施工步的关系图（有初期支护）

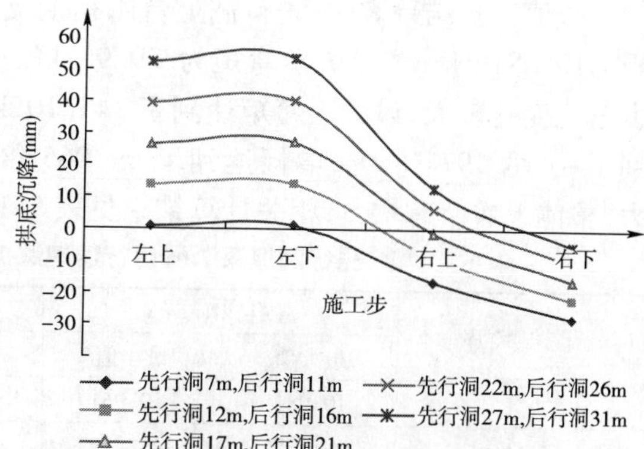

图 5-27　不同埋深下后行洞仰拱底（Node80）沉降和施工步的关系图（无初期支护）

5.5 不同埋深下初期支护内力分析

(1)先行洞埋深7m,后行洞埋深11m

此种工况下,后行洞初期支护施工完毕后,两洞初期支护的内力分布如图5-28~图5-30所示。

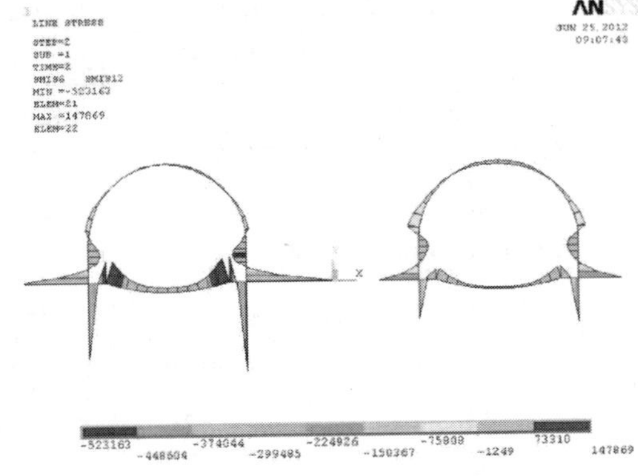

图5-28 先行洞埋深7m,后行洞埋深11m时初期支护弯矩分布图

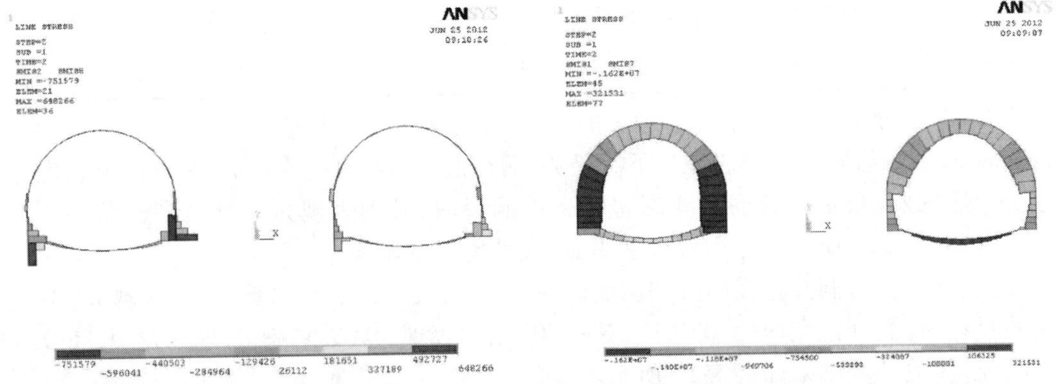

图5-29 先行洞埋深7m,后行洞埋深11m时初期支护剪力分布图

图5-30 先行洞埋深7m,后行洞埋深11m时初期支护轴力分布图

数值分析结果表明,先行洞上台阶初期支护施工完毕后,初期支护内力较小,最大正弯矩为10.081kN·m,最大负弯矩为-9.951kN·m;待先行洞下台阶施工完毕时,初期支护内力弯矩变化较大,最大正弯矩达到了143.102kN·m,增幅达到了13.195倍,最大负弯矩达到了-498.197kN·m,增幅达到了49.065倍;后行洞施工对先行洞初期支护内力影响不大,整体上看略有增大,相关计算结果见表5-17。

先行洞埋深7m,后行洞埋深11m时先行洞初期支护内力值 表5-17

开挖顺序	弯矩(kN·m)		剪力(kN)		轴力(kN)	
	最大值	最小值	最大值	最小值	最大值	最小值
左上	10.081	-9.951	9.395	-10.159	-128.424	-1160
左下	143.102	-498.197	653.626	-725.811	-227.911	-1630
右上	148.823	-527.051	651.786	-756.537	-285.649	-1620
右下	147.869	-523.163	648.266	-751.579	-279.049	-1620

数值分析结果表明，后行洞下台阶施工完毕后，其初期支护最大正弯矩仅仅为71.268kN·m，为先行洞初期支护最大正弯矩的48.197%；最大负弯矩-253.032kN·m，为先行洞初期支护最大负弯矩的48.366%；后行洞最大正剪力仅为先行洞最大正剪力的57.398%，最大负剪力仅为先行洞最大负剪力的53.422%；先行洞仰拱受压而后行洞仰拱部位则受拉，相关计算结果如表5-18所示。

先行洞埋深7m，后行洞埋深11m时后行洞初期支护内力值 表5-18

开挖顺序	弯矩(kN·m)		剪力(kN)		轴力(kN)	
	最大值	最小值	最大值	最小值	最大值	最小值
右上	19.964	-55.921	58.753	-40.877	-151.030	-1360
右下	71.268	-253.032	372.089	-401.508	321.531	-1350

两洞的内力较大值均出现在边墙和仰拱的连接部位，因此施工中应该重视此处的施工质量，确保初期支护施工期间的稳定。

(2)先行洞埋深12m，后行洞埋深16m

此种工况下，后行洞初期支护施工完毕后，两洞初期支护的内力分布如图5-31～图5-33所示。

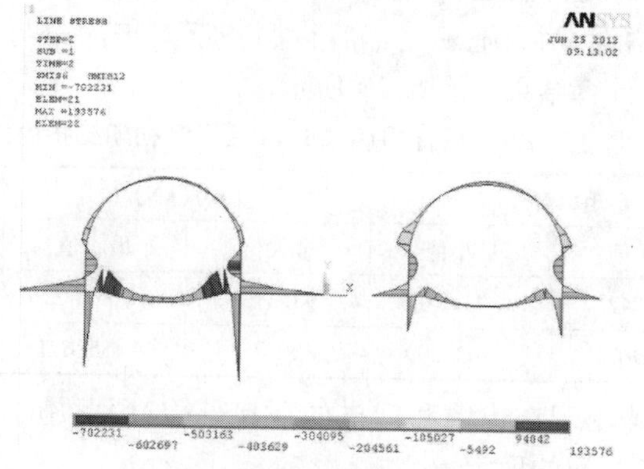

图5-31 先行洞埋深12m，后行洞埋深16m时初期支护弯矩分布图

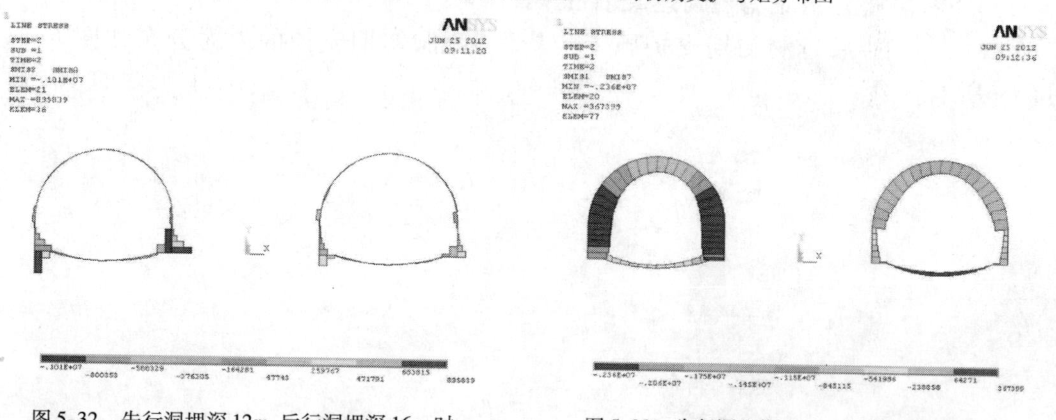

图5-32 先行洞埋深12m，后行洞埋深16m时初期支护剪力分布图

图5-33 先行洞埋深12m，后行洞埋深16m时初期支护轴力分布图

数值分析结果表明，先行洞上台阶初期支护施工完毕后，初期支护内力较小，最大正弯

矩为17.323kN·m,最大负弯矩为-63.845kN·m;待先行洞下台阶施工完毕时,初期支护内力弯矩变化较大,最大正弯矩达到了193.576kN·m,增幅达到了10.175倍,最大负弯矩达到了-702.231kN·m,增幅达到了9.998倍;后行洞施工对先行洞初期支护内力影响不大,整体上看略有增大,相关计算结果如表5-19所示。

先行洞埋深12m,后行洞埋深16m时先行洞初期支护内力值 表5-19

开挖顺序	弯矩(kN·m)		剪力(kN)		轴力(kN)	
	最大值	最小值	最大值	最小值	最大值	最小值
左上	17.323	-63.845	67.032	-41.263	-176.155	-1590
左下	186.049	-655.152	894.918	-960.749	-219.346	-2350
右上	194.267	-705.627	899.587	-1020	-290.724	-2360
右下	193.576	-702.231	895.839	-1010	-282.585	-2360

数值分析结果表明,后行洞下台阶施工完毕后,其初期支护最大正弯矩仅仅为79.967kN·m,为先行洞初期支护最大正弯矩的41.310%;最大负弯矩-303.209kN·m,为先行洞初期支护最大负弯矩的43.178%;后行洞最大正剪力仅为先行洞最大正剪力的48.905%,最大负剪力仅为先行洞最大负剪力的45.116%;先行洞仰拱受压而后行洞仰拱部位则受拉。随着埋深的增大,两洞施工完毕后行洞初期支护内力与先行洞初期支护内力之间的比值有所降低,相关计算结果如表5-20所示。

先行洞埋深12m,后行洞埋深16m后行洞初期支护内力值 表5-20

开挖顺序	弯矩(kN·m)		剪力(kN)		轴力(kN)	
	最大值	最小值	最大值	最小值	最大值	最小值
右上	26.042	-93.810	98.373	-65.602	-195.311	-1760
右下	79.967	-303.209	438.107	-455.671	367.399	-1720

两洞的内力较大值均出现在边墙和仰拱的连接部位,因此施工中应该重视此处的施工质量,确保初期支护施工期间的稳定。

(3)先行洞埋深17m,后行洞埋深21m

此种工况下,后行洞初期支护施工完毕后,两洞初期支护的内力分布如图5-34~图5-36所示。

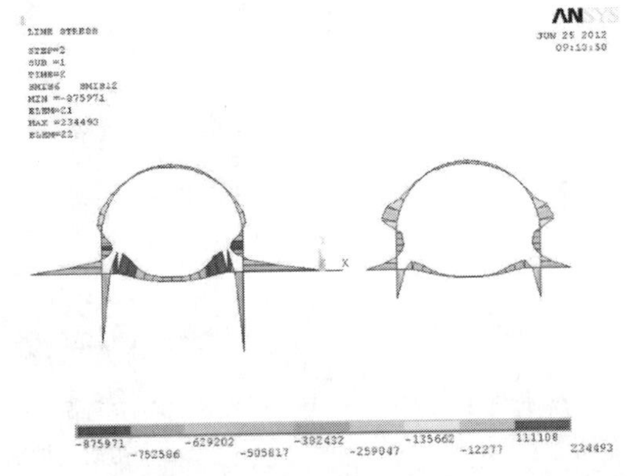

图5-34 先行洞埋深17m,后行洞埋深21m时初期支护弯矩分布图

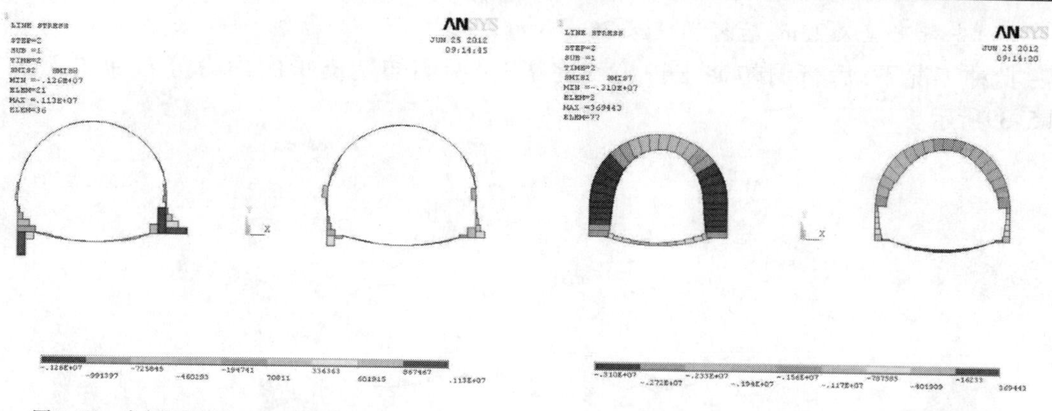

图 5-35 先行洞埋深 17m,后行洞埋深 21m 时初期支护剪力分布图

图 5-36 先行洞埋深 17m,后行洞埋深 21m 时初期支护轴力分布图

数值分析结果表明,先行洞上台阶初期支护施工完毕后,初期支护内力较小,最大正弯矩为 24.044kN·m,最大负弯矩为 -127.159kN·m;待先行洞下台阶施工完毕时,初期支护内力弯矩变化较大,最大正弯矩达到了 234.864kN·m,增幅达到了 8.768 倍,最大负弯矩达到了 -875.971kN·m,增幅达到了 5.889 倍;后行洞施工对先行洞初期支护内力影响不大,整体上看略有增大,相关计算结果如表 5-21 所示。

先行洞埋深 17m,后行洞埋深 21m 时先行洞初期支护内力值 表 5-21

开挖顺序	弯矩(kN·m)		剪力(kN)		轴力(kN)	
	最大值	最小值	最大值	最小值	最大值	最小值
左上	24.044	-127.159	133.239	-103.714	-216.751	-1950
左下	227.803	-810.155	1120	-1180	-250.528	-3040
右上	234.864	-878.842	1140	-1260	-331.710	-3100
右下	234.493	-875.971	1130	-1260	-324.667	-3100

数值分析结果表明,后行洞下台阶施工完毕后,其初期支护最大正弯矩仅仅为 84.216kN·m,为先行洞初期支护最大正弯矩的 35.9140%;最大负弯矩 -329.084kN·m,为先行洞初期支护最大负弯矩的 37.568%;后行洞最大正剪力仅为先行洞最大正剪力的 42.518%,最大负剪力仅为先行洞最大负剪力的 37.923%;先行洞仰拱受压而后行洞仰拱部位则受拉。随着埋深的增大,两洞施工完毕后行洞初期支护内力与先行洞初期支护内力之间的比值有所降低,相关计算结果如表 5-22 所示。

先行洞埋深 17m,后行洞埋深 21m 后行洞初期支护内力值 表 5-22

开挖顺序	弯矩(kN·m)		剪力(kN)		轴力(kN)	
	最大值	最小值	最大值	最小值	最大值	最小值
右上	31.559	-158.530	166.040	-162.693	-228.685	-2060
右下	84.216	-329.084	480.457	-477.830	369.443	-2040

两洞的内力较大值均出现在边墙和仰拱的连接部位,因此施工中应该重视此处的施工质量,确保初期支护施工期间的稳定。

(4)先行洞埋深22m,后行洞埋深26m

此种工况下,后行洞初期支护施工完毕后,两洞初期支护的内力分布如图5-37~图5-39所示。

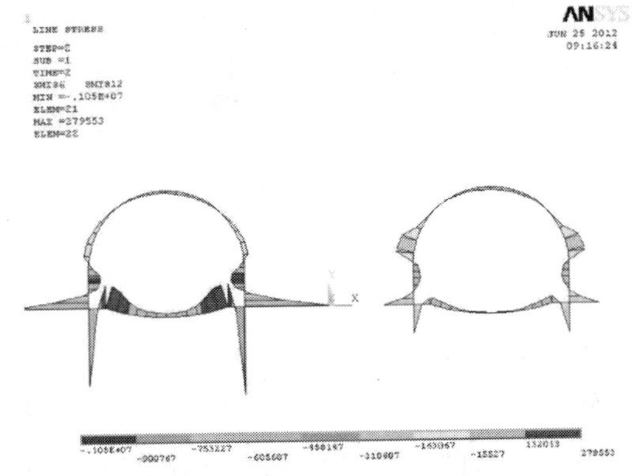

图5-37 先行洞埋深22m,后行洞埋深26m时初期支护弯矩分布图

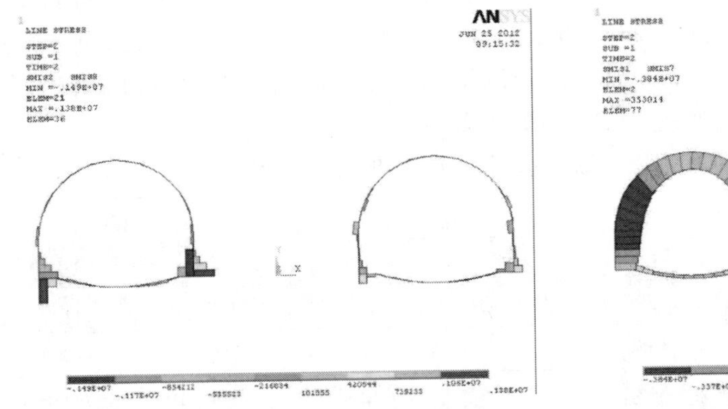

图5-38 先行洞埋深22m,后行洞埋深26m时初期支护剪力分布图

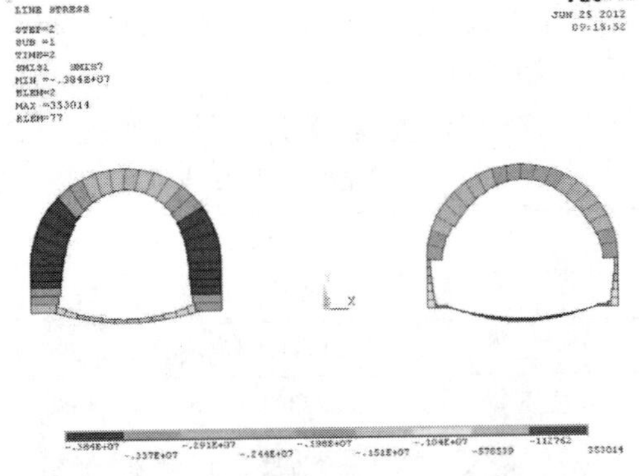

图5-39 先行洞埋深22m,后行洞埋深26m时初期支护轴力分布图

数值分析结果表明,先行洞上台阶初期支护施工完毕后,初期支护内力较小,最大正弯矩为30.199kN·m,最大负弯矩为-165.289kN·m;待先行洞下台阶施工完毕时,初期支护内力弯矩变化较大,最大正弯矩达到了279.553kN·m,增幅达到了8.257倍,最大负弯矩达到了-1050kN·m,增幅达到了5.353倍;后行洞施工对先行洞初期支护内力影响不大,整体上看略有增大,相关计算结果如表5-23所示。

先行洞埋深22m,后行洞埋深26m时先行洞初期支护内力值 表5-23

开挖顺序	弯矩(kN·m)		剪力(kN)		轴力(kN)	
	最大值	最小值	最大值	最小值	最大值	最小值
左上	30.199	-165.289	171.467	-173.084	-262.387	-2360
左下	271.955	-965.439	1350	-1400	-311.509	-3730
右上	279.679	-1050	1380	-1490	-401.654	-3840
右下	279.553	-1050	1380	-1490	-395.864	-3840

数值分析结果表明,后行洞下台阶施工完毕后,其初期支护最大正弯矩仅仅为

89.751kN·m,为先行洞初期支护最大正弯矩的32.105%;最大负弯矩-350.160kN·m,为先行洞初期支护最大负弯矩的33.349%;后行洞最大正剪力仅为先行洞最大正剪力的36.917%,最大负剪力仅为先行洞最大负剪力的34.158%;先行洞仰拱受压而后行洞仰拱部位则受拉。随着埋深的增大,两洞施工完毕后行洞初期支护内力与先行洞初期支护内力之间的比值有所降低,相关计算结果如表5-24所示。

先行洞埋深22m,后行洞埋深26m时后行洞初期支护内力值 表5-24

开挖顺序	弯矩(kN·m)		剪力(kN)		轴力(kN)	
	最大值	最小值	最大值	最小值	最大值	最小值
右上	36.894	-202.804	212.277	-208.138	-269.088	-2420
右下	89.751	-350.160	509.452	-508.959	353.014	-2400

两洞的内力较大值均出现在边墙和仰拱的连接部位,因此施工中应该重视此处的施工质量,确保初期支护施工期间的稳定。

(5)先行洞埋深27m,后行洞埋深31m

此种工况下,后行洞初期支护施工完毕后,两洞初期支护的内力分布如图5-40~图5-42所示。

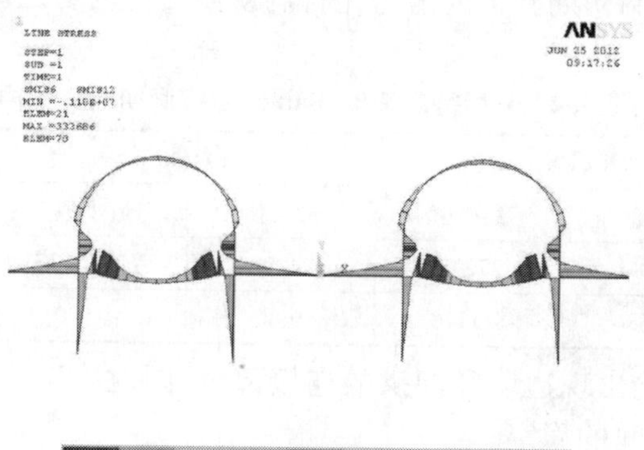

图5-40 先行洞埋深27m,后行洞埋深31m时初期支护弯矩分布图

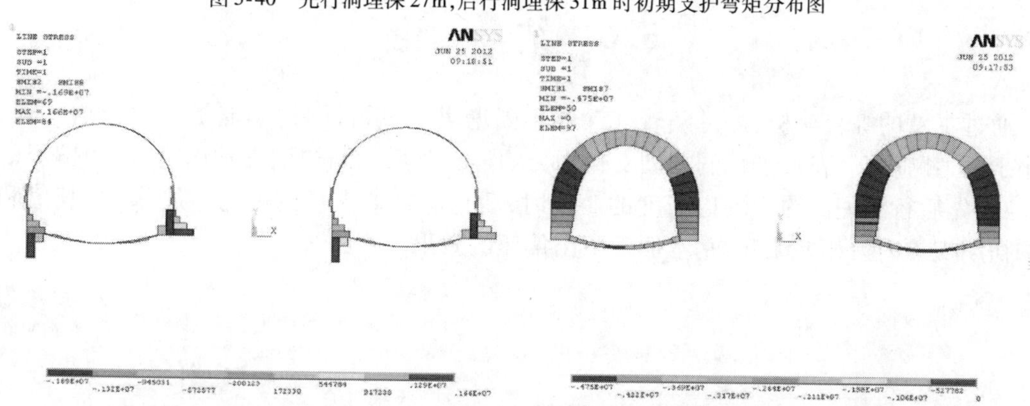

图5-41 先行洞埋深27m,后行洞埋深31m时初期支护剪力分布图

图5-42 先行洞埋深27m,后行洞埋深31m时初期支护轴力分布图

数值分析结果表明,先行洞上台阶初期支护施工完毕后,初期支护内力较小,最大正弯矩为36.066kN·m,最大负弯矩为-240.529kN·m;待先行洞下台阶施工完毕时,初期支护

内力弯矩变化较大,最大正弯矩达到了322.520kN·m,增幅达到了7.942倍,最大负弯矩达到了-1180kN·m,增幅达到了3.906倍;后行洞施工对先行洞初期支护内力影响不大,整体上看略有增大,相关计算结果如表5-25中所示。

先行洞埋深27m,后行洞埋深31m时先行洞初期支护内力值 表5-25

开挖顺序	弯矩(kN·m)		剪力(kN)		轴力(kN)	
	最大值	最小值	最大值	最小值	最大值	最小值
左上	36.066	-240.529	251.645	-227.072	-302.596	-2720
左下	318.534	-1140	1580	-1640	-401.673	-4470
右上	327.785	-1250	1620	-1750	-508.323	-4630
右下	322.520	-1180	1600	-1680	-501.722	-4490

数值分析结果表明,后行洞下台阶施工完毕后,其初期支护最大正弯矩仅仅为333.686kN·m,为先行洞初期支护最大正弯矩的1.035倍;最大负弯矩-1170kN·m,为先行洞初期支护最大负弯矩的99.152%;后行洞最大正剪力仅为先行洞最大正剪力的1.04倍,最大负剪力仅为先行洞最大负剪力的1.01倍;先后行洞仰拱部位均为受压,随着埋深的增大,两洞施工完毕后行洞初期支护内力与先行洞初期支护内力之间的比值有所降低,相关计算结果如表5-26所示。

先行洞埋深27m,后行洞埋深31m时后行洞初期支护内力值 表5-26

开挖顺序	弯矩(kN·m)		剪力(kN)		轴力(kN)	
	最大值	最小值	最大值	最小值	最大值	最小值
右上	43.880	-272.318	284.934	-255.937	-296.209	-2670
右下	333.686	-1170	1660	-1690	-385.508	-4750

两洞的内力较大值均出现边墙和仰拱的连接部位,因此施工中应该重视此处的施工质量,确保初期支护施工期间的稳定。

5.6 结　论

通过本章的综合分析,可见随着埋深的不断增大,先后行洞初期支护的内力均增大,埋深小于隧道跨度2倍时,先行洞初期支护内力明显高于后行洞初期支护内力,说明偏压效果明显;至先后行洞埋深约为隧道跨度的2倍时,后行洞初期支护的内力急剧增大,其值和先行洞初期支护内力相差无几,基本体现不出偏压的效果。

6 浅埋小净距黄土隧道净距优化及中间岩柱加固

6.1 概　　述

随着西部大开发的发展,西部地区必将修建越来越多的高速公路。由于特殊的地质条件,加上黄土地区特有的沟壑地形,公路展线受地形影响很大。如果采用连拱隧道,不仅造价昂贵,而且施工安全和结构安全也很难保证;如果采取小净距隧道,不仅能解决公路展线、隧道口接线的困难,而且能节约用地,减少拆迁,在保证结构安全的同时,还能大幅度降低工程造价,具有较高的经济效益和社会效益,小净距黄土隧道在工程实际中的应用越来越多。

目前,国内外相关专家和学者对岩质小净距隧道的净距优化进行了大量的研究,但对黄土小净距隧道的研究则较少。黄土主要为老黄土和新黄土,隧道围岩级别分别为Ⅳ级和Ⅴ级,按照现行《公路隧道设计规范》(JTG D70—2004)规定的分离式隧道独立双洞间的最小净距,80km/h 车速双车道中短隧道Ⅴ级围岩最小净距约为 43m,Ⅳ级围岩最小净距约为 31m。然而,在实际工程中,两洞之间的净距有时可小到 3 ~ 4m。(图 6-1 和图 6-2)

图 6-1　4m 净距的黄土隧道

图 6-2　12m 净距的黄土隧道

在其他条件一定的情况下,净距越小其适用性越强,但相互影响的程度增加,由此带来的支护和加固以及监控量测等工程费用增加;净距变大,相互作用减弱,支护和加固以及监挖量测等工程费用降低,但隧道的适用性降低。

从理论上讲,只要对中间岩柱进行足够的加固,任何净距的双线隧道都是可以建成的。当净距过小时,中间岩柱的塑性区会大面积贯通,基本无承载能力。假设仅仅依靠人为的加固措施来保证中间岩柱的稳定,则工程造价必定会大大增加,施工难度也会大大增加,这明显是不科学的,也是不可取的。小净距黄土隧道的净距压缩到什么程度最合理,在最小净距状态下如何对中间岩柱进行加固最科学合理,这些都是值得研究和亟待解决的问题。

本章采用数值模拟的方式对不同净距条件下小净距黄土隧道的最小净距合理取值问题进行分析和研究,并简要说明小净距黄土隧道中间岩柱合理加固方案和技术措施,以期能对今后黄土地区公路的选线及黄土隧道双线净距的确定提供理论支持和经验总结。

6.2 小净距隧道

现行《公路隧道设计规范》(JTG D70—2004)对小净距隧道的定义是两隧道间的中间岩柱厚度小于表6-1建议值的特殊隧道布置形式。

分离式独立双洞间的最小净距　　表6-1

围岩级别	Ⅰ	Ⅱ	Ⅲ	Ⅳ	Ⅴ	Ⅵ
最小净距	$1.0 \times B$	$1.5 \times B$	$2.0 \times B$	$2.5 \times B$	$3.5 \times B$	$4.0 \times B$

注:B 为隧道开挖断面的宽度。

其是从工程技术管理的角度对小净距隧道进行定义的。从严格意义上讲,应该在"显著的隧道工程力学相互影响范围"和"可行的中间岩柱加固技术"这两个前提下,对小净距隧道进行定义,即对广义的小净距隧道按不同围岩级别、不同埋深、不同间距等具体情况进行分类。

中间岩柱需要进行加固的隧道,即狭义小净距隧道,是指隧道间保留较小范围原岩的一种隧道结构形式,这个"较小范围"的上限是相邻隧道在围岩中力学扰动影响范围,下限是通过采取经济合理的工程技术措施使中间岩柱能够满足安全施工的最小距离。提出这一隧道结构形式的出发点是充分利用中间围岩的承载能力,在中间岩柱加固技术可行、经济合理的前提下,尽量减小隧道之间的距离,从而减少隧道两端接线工程的规模,增加隧道展线的自由度,降低工程造价。所以说,狭义的小净距隧道在工程上更有现实意义。

6.3 无支护时净距影响分析

6.3.1 不同净距下围岩塑性区大小

小净距黄土隧道塑性区的状况与隧道的变形密切相关,直接影响着隧道围岩的稳定性,而塑性区的分布状况又与围岩级别、隧道埋深及两洞的间距有关。本节研究重点是特定围岩级别及无支护条件下围岩塑性区随净距的变化状况，以此作为判别合理净距的重要指标。以先行洞埋深32m，后行洞埋深38m为例，分析净距分别为2m、4m、6m、8m、10m、12m和14m共7种工况（图6-3～图6-9），数值分析中围岩土体参数的取值与表4-1相同。

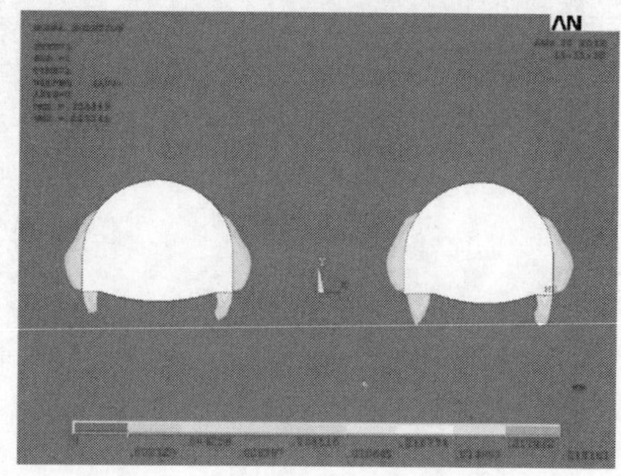

图6-3　净距14m时围岩的塑性区

小净距黄土隧道开挖后，在无支护状态下，围岩均产生塑性区，其范围主要分布在拱脚、拱肩、边墙和墙脚范围内。净距较大时（大于1倍隧道跨度），双洞开挖后洞周的塑性区分布接近于单洞开挖后的塑性区分布。随着净距的减少，后行洞的开挖将在不同程度上加剧塑性区的发展。当净距为4m时，后行洞下台阶开挖时，计算出现不收敛状况，后行洞的开挖将引起塑性区的显著发展，在中间岩柱位置形成较大范围的塑性区，表明围岩已开始产生失稳破坏。至净距进一步缩小到2m时，后行洞开挖完毕后，在中间岩柱位置形成了贯通的塑性区，此时围岩已失稳破坏。

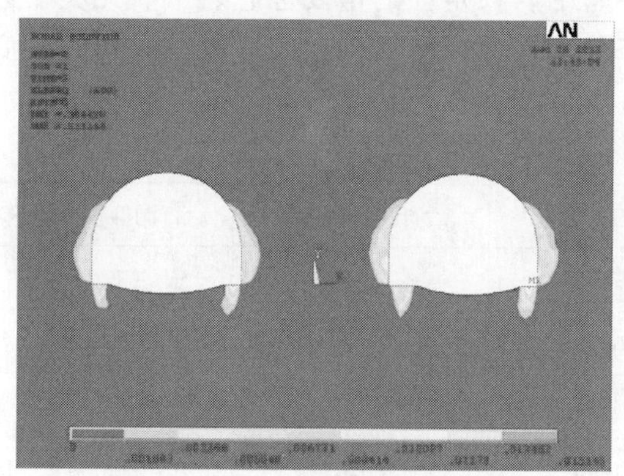

图6-4　净距12m时围岩的塑性区

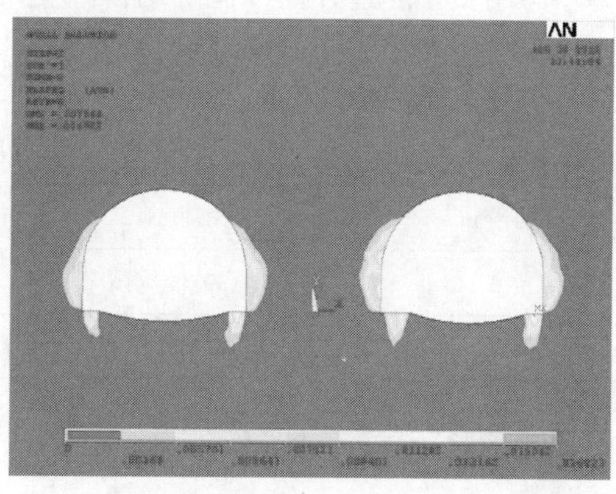

图6-5　净距10m时围岩的塑性区

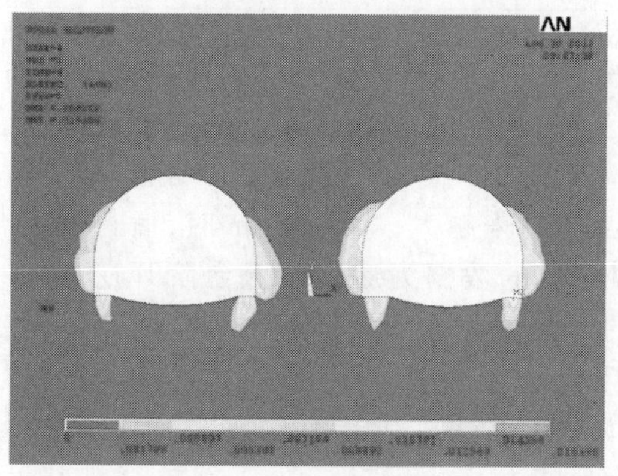

图6-6　净距8m时围岩的塑性区

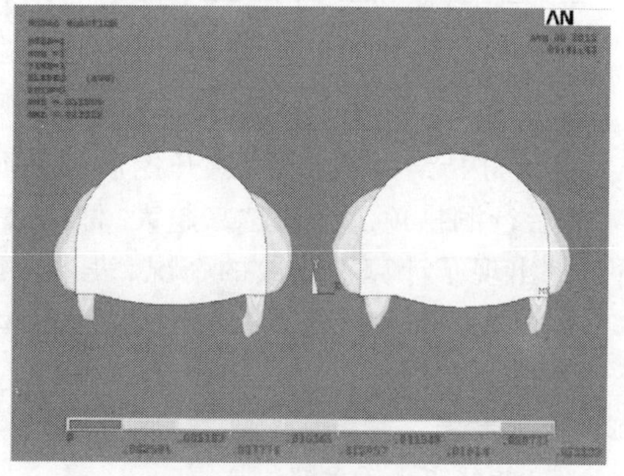

图6-7　净距6m时围岩的塑性区

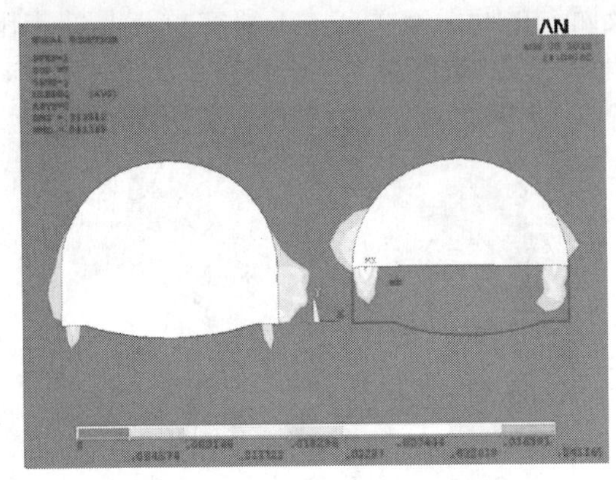

图 6-8 净距 4m 后行洞上台阶开挖后塑性区

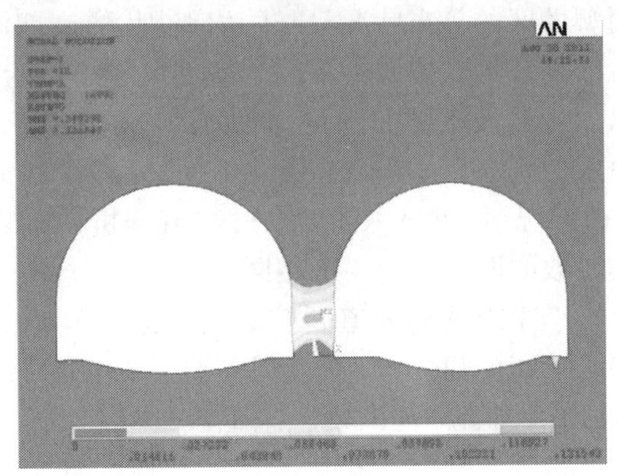

图 6-9 净距 2m 双洞开挖后塑性区

6.3.2 不同净距下围岩变形分析

(1)特征点竖向位移

小净距黄土隧道开挖过程中，围岩变形大小是围岩稳定性的重要标志之一。无支护条件下待后行洞开挖完毕，分析得到了不同净距条件下，先行洞拱顶、拱底，后行洞拱顶、拱底特征点位移值，如表 6-2 所示。

不同净距下洞周特征点竖向位移　　表 6-2

净距(m)	先行洞拱顶 N12	先行洞仰拱底 N31	后行洞拱顶 N60	后行洞仰拱底 N79
2	130.1	-79.56	133.23	-79.29
4	87.14	-66.76	93.28	-47.62
6	85.99	-63.54	90.69	-65.02
8	80.11	-61.45	86.6	-63.17
10	76.84	-60.41	83.92	-62.20
12	74.27	-59.81	82.23	-61.54
14	72.39	-59.79	80.79	-61.03

数值分析结果表明，隧道开挖后，拱顶产生沉降，仰拱底产生隆起。随着净距的减小，先后行洞拱顶沉降值越来越大，仰拱底隆起值越来越大；净距为 4m 时，后行洞下台阶开挖出现了计算不收敛的情况，表中净距为 4m 的数据为后行洞上台阶开挖后的结果；至净距为 2m 时，先后行洞洞周各特征点的沉降值突然增大，表明此时围岩已失稳，不同净距下洞周特征点竖向位移如表 6-2 所示。说明随着净距的减少，两洞之间的影响越来越显著。

(2)特征点水平位移

以先后行洞内侧边墙中间位置的特征点为研究对象，分析了后行洞开挖完毕不同净距下其水平位移的大小,如表 6-3 所示。

先后行洞内侧边墙中部特征点水平位移　　表 6-3

净距(m)	先行洞内侧边墙中点 N46	后行洞内侧边墙中点 N89
2	-88.49	77.76
4	-33.38	3.14
6	-22.25	20.63
8	-20.05	17.69
10	-19.06	17.23
12	-17.80	16.18
14	-17.59	14.64

数值分析结果表明,随着净距的减小,先行洞内侧边墙中点和后行洞内侧边墙中点向临空面的位移越来越大;净距 4m 时,因后行洞下台阶开挖时计算出现不收敛情况,表中给出的结果是上台阶开挖后的位移值;至净距为 2m 时,先后行洞内侧边墙中点向临空面的位移值明显变大,中间岩柱出现了侧壁失稳的情况。

6.4 有支护时净距影响分析

6.4.1 不同净距下围岩塑性区大小

本节研究重点是特定围岩级别及有支护条件下,围岩塑性区随净距的变化状况。数值分析中,围岩土体参数的取值与表 4-1 相同。以先行洞埋深 22m,后行洞埋深 26m 为例,分析净距分别为 4m、6m、8m、10m、12m 和 14m 共 6 种工况,此处仅给出净距 4m 和净距 14m 时的围岩塑性区大小,如图 6-10 及图 6-11 所示。

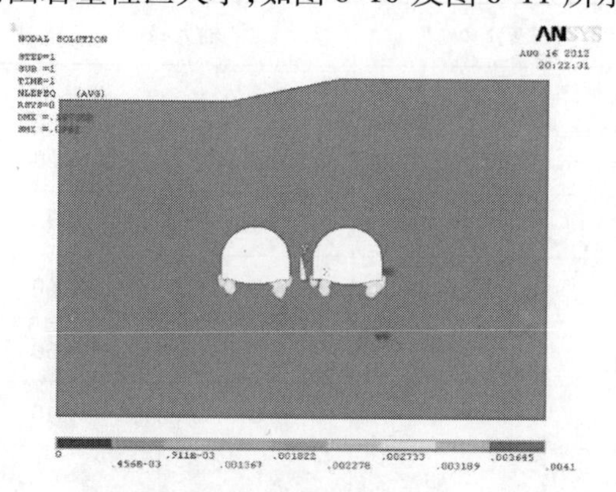

图 6-10　净距 4m 时围岩的塑性区

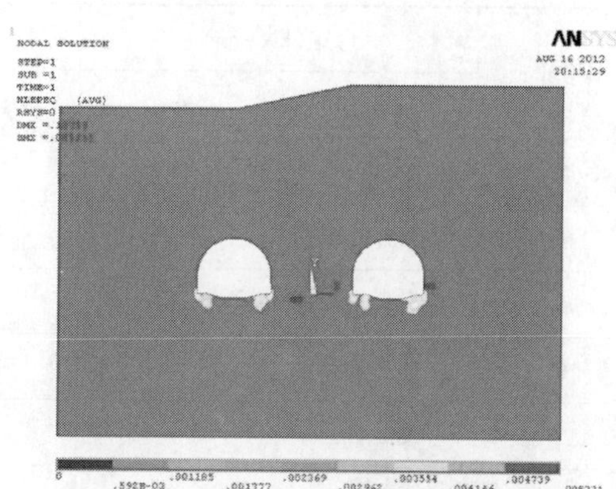

图 6-11　净距 14m 时围岩的塑性区

数值分析结果表明,有初期支护时后行洞开挖完毕后,围岩塑性区的分布明显不同于毛洞时的情形,在抑制围岩变形方面初期支护发挥了很好的作用。净距4m时的围岩最大塑性应变值较净距14m时为小,但前者先行洞的塑性区范围较后者先行洞的塑性区范围稍大,如图6-10和图6-11所示。在净距小于8m时,围岩最大塑性应变值随净距的增大而增大;当净距大于8m时,围岩最大塑性应变值随净距的增大规律性不明显,如图6-12所示。

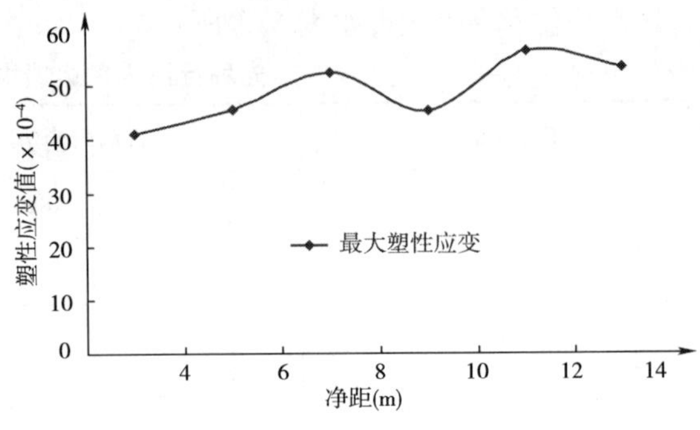

图6-12 不同净距下围岩最大塑性应变值变化图

6.4.2 不同净距下初期支护内力大小

不同净距下,两洞开挖支护完毕后,初期支护结构内力值如表6-4所示。此处仅给出净距为4m和14m时初期支护结构的弯矩分布图,如图6-13及图6-14所示。

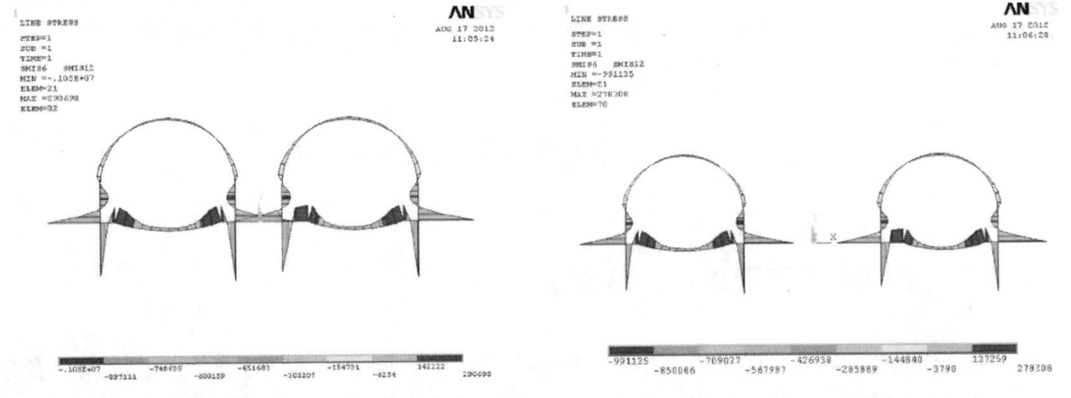

图6-13 净距4m时初期支护弯矩图　　图6-14 净距14m时初期支护弯矩图

不同净距下初期支护内力值　　表6-4

净距(m)	弯矩(kN·m)		剪力(kN)		轴力(kN)	
	最大值	最小值	最大值	最小值	最大值	最小值
4	290.698	-1050	1380	-1490	-446.613	-4020
6	285.635	-1030	1370	-1470	0	-4040
8	284.633	-1010	1360	-1450	0	-4060
10	281.028	-1000	1360	-1440	0	-4030
12	280.498	-996.563	1360	-1430	0	-4010
14	278.308	-991.135	1350	-1430	0	-4020

表6-4中分析结果表明,随净距的变化,初期支护结构弯矩变化较剪力和轴力变化明显,净距越小,初期支护结构所受的弯矩和剪力越大。

6.4.3　不同净距下中间岩柱特征点位移分析

以先行洞内侧边墙和后行洞内侧边墙处的土体特征点(图6-15)为研究对象,分析在支护情况下其水平位移随净距的变化规律。

分析结果表明,先行洞内侧边墙位置各特征点的水平位移随净距的减小而不断减小,且相同净距下由上到下各特征点的水平位移在不断减小,如图6-16所示。同时也间接地说明,先行洞内侧边墙与起拱线连接处的支护结构受力较大,右侧拱脚向中间岩柱产生较大的推力,沿内侧边墙位置向下支护结构受力逐渐减少。

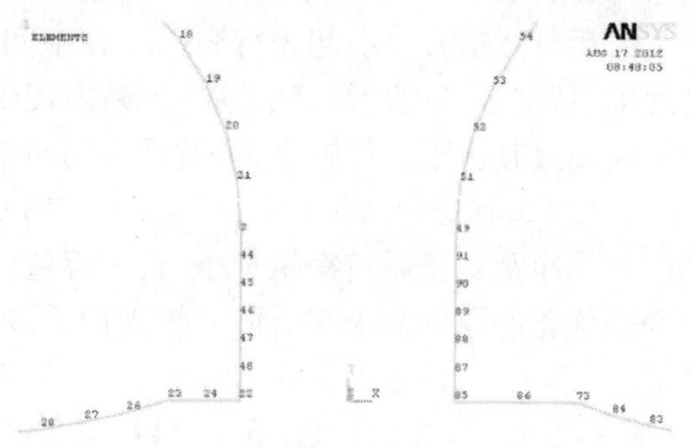

图6-15　中间岩柱临空面特征点示意图

分析结果表明,后行洞内侧边墙位置各特征点的水平位移随净距的减小而不断增大(量值在不断减少);且相同净距下后行洞内侧边墙下部各特征点(N89、N88、N87)的水平位移在不断减小(量值在不断增大),边墙上部各特征点(N91、N90)的水平位移在净距大于6m时不断增大(量值在不断减小),小于6m时量值在不断增大,如图6-17所示。说明后行洞的受力较先行洞复杂。

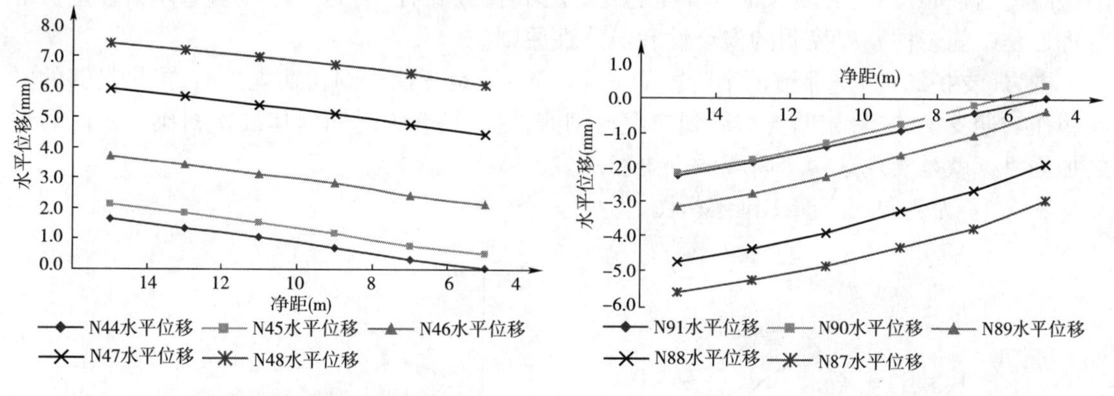

图6-16　先行洞内侧边墙位置特征点位移图　　图6-17　后行洞内侧边墙位置特征点位移图

6.5　合理净距评价准则

影响小净距黄土隧道净距的因素较多,合理净距研究的实质就是相邻隧道的相互影响程度问题,其影响因素主要有围岩级别、施工因素和支护因素。其中,围岩级别是最主要的因素,而合理的支护措施和施工方法则可为净距的优化提供条件。

合理净距的评价准则主要有以下几点。

(1)塑性区准则:中间岩柱塑性区不连通

隧道开挖后会引起围岩应力的重分布,当中间岩柱出现了塑性区时,岩柱就进入了破坏状态,而塑性区的连通则可能引起隧道的整体失稳。因此,小净距黄土隧道中间岩柱塑性区不能连通。

(2)围岩应力准则:洞周围岩不出现张应力破坏

后行隧道开挖引起先行洞围岩和中间岩柱应力的叠加,其是造成隧道围岩失稳的主要原因,特别是对质量较好的围岩容易出现张性破裂。因此,小净距黄土隧道开挖后围岩应力不应超过其极限抗拉强度,也就是我们通常说的不出现张应力破坏。

(3)工程造价准则:不显著增加工程造价

小净距黄土隧道净距过小时,工程造价与施工难度均显著加大。因此,小净距黄土隧道净距优化的原则是采用一般常规支护手段即可加固中间岩柱,确保工程造价不显著增加。

6.6 中间岩柱加固原理和措施

6.6.1 中间岩柱加固原理

由于选择小净距隧道的出发点是解决洞外接线地形困难、适当节省公路用地,所以尽量减小中间岩柱厚度,拓展隧道展线空间是中间岩柱厚度控制的最终目标。中间岩柱处于小净距隧道的核心位置,必须保证其安全稳定,中间岩柱加固技术的可行性和整体工程造价的合理性是中间岩柱厚度控制的安全性和经济性原则。

围岩(支护结构)应保证两个阶段的安全稳定:一是开挖后到初期支护前,提供足够的时间施作初期支护;二是初期支护后到二次衬砌前,提供足够的时间施作二次衬砌。中间岩柱的加固目标就是实现这两个阶段的安全稳定。

图6-18为侧向约束摩尔圆解析图。

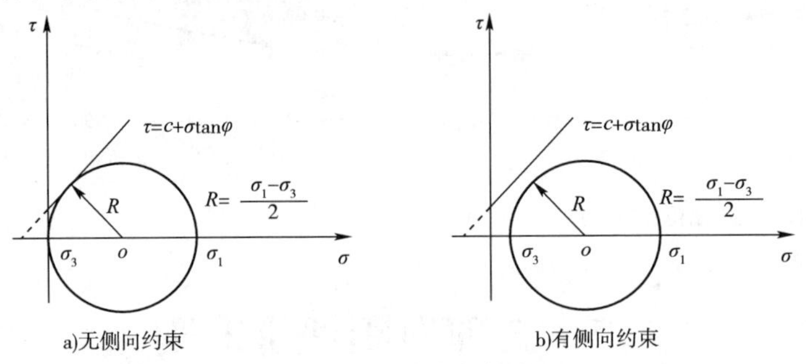

图6-18 摩尔圆解析图

由摩尔准则可知,岩体中任意一点的剪应力大小可以表示为:

$$\tau_{max} = \frac{\sigma_1 - \sigma_3}{2}$$

式中:σ_1、σ_3——小净距中间岩柱某点的第一和第三主应力;

τ_{max}——中间岩柱内某点的最大剪应力。

中间岩柱如果侧壁不施加约束，在围岩表面处 $\sigma_3=0,\tau_{max}=\sigma_1/2$；而施加约束后，在围岩表面 $\sigma_3>0,\tau_{max}=(\sigma_1-\sigma_3)/2$。无论中间岩柱施加侧向约束与否，$\sigma_1$（竖向围岩压力）始终不变，所以必然有 $\tau_{无约束max}>\tau_{约束max}$。因此，中间岩柱施加了侧向约束后处于三维受压状态，土体的抗压强度随着侧压的增加而提高，这样不但减弱了围岩拉应力区，避免了拉伸破坏，也大大降低了围岩内部的剪应力。因此，施加侧向约束改善了中间岩柱的受力状态，提高了围岩承载力，为隧道的长期稳定提供了有力支撑。

6.6.2 中间岩柱加固措施

壁不损则水不泄，称之为"水袋原理"。在小净距隧道中，即使中间岩柱局部出现塑性区，甚至是塑性区出现连通，成为了"水"，只要其初期支护衬砌结构是完好的，隧道也是安全的。以"水袋原理"为指导思想，把注意力集中到如何及时有效地加强中间岩柱侧壁的初期支护衬砌上来，而不是只把精力用在寻找加固中间岩柱的办法上，从而实现上述两个阶段的安全稳定，中间岩柱的加固同样要坚持安全性与经济性原则。

在施工过程中如何确保中间岩柱的稳定，是小净距隧道设计与施工的最关键技术。根据已有的工程实践，针对中间岩柱所采用的加固措施有：超前注浆预加固、长锚杆及对拉锚杆加固。超前注浆预加固是广泛采用的一种方法，既可以单独应用于较大净距隧道（净距大于1倍开挖跨度）中间岩柱的加固，也可以应用于近距离的小净距黄土隧道。对于质量较差的围岩，注浆可以起到较好的效果，注浆后围岩的抗拉、抗剪强度显著提高。

水平对拉锚杆通常用于净距在6m以下的中间岩柱的加固，且可适当施加预应力，超过6m时可用长系统锚杆代替。水平预应力对拉锚杆对土体裂隙和节理可起到闭合的作用，并可有效阻止土体内部质点的相对位移，避免造成拉伸破坏，提高其抗拉和抗剪强度。但对于质量较差的黄土围岩，由于其变形较大，采用预应力锚杆会产生较大的预应力损失，与普通锚杆效果相差不大，可视情况采用。

6.7 结　　论

本章采用数值分析的方式，探讨了特定埋深和围岩级别下小净距黄土隧道的受力和变形随净距的变化规律。对于小净距隧道来说，由于双洞之间的相互影响，围岩受力情况比较复杂，施工中的现场监控量测显得尤为重要，既是对先行洞结构安全性的检测，也是对后行洞施工方法妥当性及加固措施有效性的评价。只有理论研究和工程实践相结合，针对小净距黄土隧道的技术特点，不断创新，才能不断取得突破，从而完善我国黄土公路隧道设计技术和施工技术体系。

7 浅埋小净距黄土隧道初期支护拱架选型分析

7.1 概　　述

黄土隧道初期支护拱架的选型是目前争论的焦点之一，涉及隧道施工安全、效率及经济性等一系列问题。在修建黄土隧道时，我国公路部门较多采用型钢拱架，铁路部门则型钢拱架和格栅拱架都有使用（图 7-1 和图 7-2）。有的学者认为，型钢拱架初期刚度大，应选用型钢拱架；有的学者则认为，格栅拱架和喷射混凝土共同受力效果好，应选用格栅拱架。

图 7-1　格栅拱架支护

图 7-2　型钢拱架支护

格栅拱架与型钢拱架的力学作用完全不同，前者只有与喷射混凝土并用，才能发挥其支护作用，而且不能立即发挥承载作用；后者可以立即、独立地发挥承载作用。两者的比较如表 7-1 所示。

合理的初期支护设计方案既要保证一定的安全储备，又要加快施工进度、提高施工效率和减少工程造价。关于黄土隧道初期支护拱架的选型问题，可查阅的参考文献很少，曲海锋等以广州龙头山单洞四车道隧道为依托工程，给出了格栅拱架和型钢拱架的适用条件。本章以在建中的岢临高速公路某小净距黄土隧道为例，采用数值分析方法，探讨浅埋偏压小净距黄土隧道初期支护拱架的选型问题。

型钢拱架与格栅拱架的比较 表7-1

拱架形式	优　点	缺　点
型钢拱架	①架设后能够立即承载,充分发挥其力学作用; ②加工比较容易,但需要较大的加工设备; ③安装及构件连接比较简洁、方便	①背后的混凝土不易填充密实,留有空隙; ②质量大,架设安装较困难; ③型钢的变形与混凝土的变形不协调,混凝土易开裂
格栅拱架	①喷混凝土完全包裹格栅,整体性好,背后不易留下空隙; ②加工容易,不需要大型加工设备; ③质量小,易于架设安装; ④具有一定的柔性,能够适应围岩的变形	①必须与喷射混凝土配合,才能发挥其力学作用; ②在围岩变形大的场合,不能有效控制围岩的变形

7.2 力学参数的选取

在初期支护拱架选型问题模拟分析中,围岩土体参数的取值与表4-1相同,为与型钢拱架的支护效果做对比分析,格栅拱架采用主筋为四根ϕ25mm($S_{总}=\pi d^2=19.63\text{cm}^2$)的二级钢筋,辅筋为$\phi$14mm的二级钢筋。计算分析中两种类型的拱架间距均为50cm,初期支护的厚度均为25cm。参照《公路隧道设计规范》(JTG D70—2004)5.2.6和5.2.13,钢筋弹性模量和喷射混凝土的弹性模量分别取为210GPa和21GPa。两种支护类型的横截面如图7-3和图7-4所示,等效弹性模量和等效密度分别按式(7-1)和式(7-2)计算。对比计算中采用的土体及支护结构力学参数如表7-2所示。

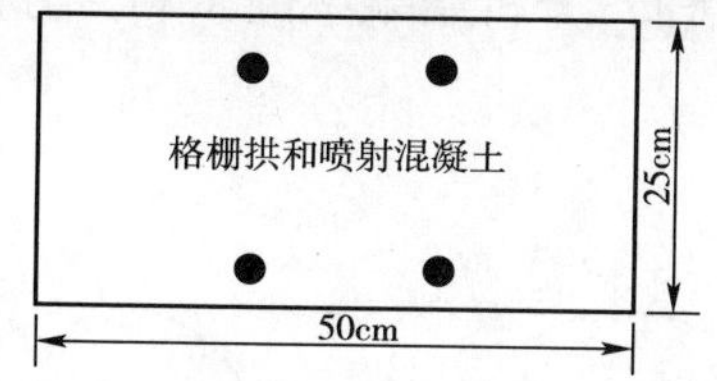

图7-3 只考虑主筋和喷混凝土作用效果

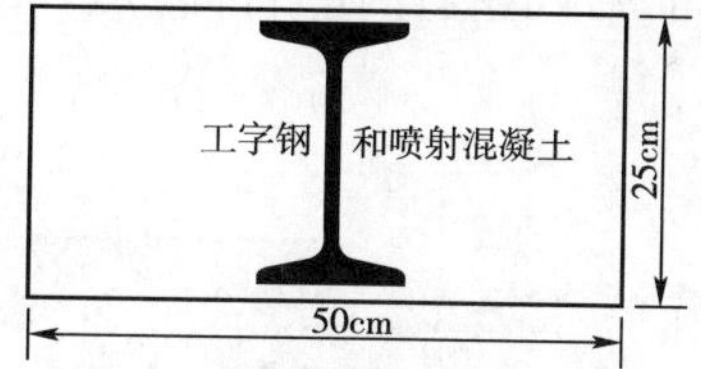

图7-4 只考虑工字钢和喷混凝土作用效果

$$E=\frac{E_g\cdot S_g+E_c\cdot S_c}{S_{g+c}} \tag{7-1}$$

$$\rho=\frac{\rho_g\cdot S_g+\rho_c\cdot S_c}{S_{g+c}} \tag{7-2}$$

式中:E_g、E_c——分别为工字钢、格栅和喷混凝土弹性模量;

S_g、S_c——分别为研究对象中工字钢、格栅和喷混凝土横截面面积;

ρ_g、ρ_c——分别为工字钢、格栅和喷混凝土密度。

不考虑纵向连接筋的作用,则型钢拱架研究对象的等效弹性模量及等效密度为:

$$E_{型钢}=\frac{E_g\cdot S_g+E_c\cdot S_c}{S_{g+c}}=\frac{210\times35.5+21\times(25\times50-35.5)}{25\times50}=26.37(\text{GPa})$$

$$\rho_{型钢}=\frac{\rho_g\cdot S_g+\rho_c\cdot S_c}{S_{g+c}}=\frac{7.8\times35.5+2.2\times(25\times50-35.5)}{25\times50}=2.36(\text{g/cm}^3)$$

不考虑纵向连接筋及箍筋作用，忽略辅筋对计算结果的影响，则格栅拱架研究对象的等效弹性模量及等效密度为：

$$E_{格栅} = \frac{E_g \cdot S_g + E_c \cdot S_c}{S_{g+c}} = \frac{210 \times 19.63 + 21 \times (25 \times 50 - 19.63)}{25 \times 50} = 23.968(\text{GPa})$$

$$\rho_{格栅} = \frac{\rho_g \cdot S_g + \rho_c \cdot S_c}{S_{g+c}} = \frac{7.8 \times 19.63 + 2.2 \times (25 \times 50 - 19.63)}{25 \times 50} = 2.288(\text{g/cm}^3)$$

数值对比分析中采用的土体和支护结构力学参数表 表 7-2

类 别	弹性模量(GPa)	泊 松 比	密度(kg/m^3)	黏聚力(kPa)	内摩擦角(°)
土体	0.15	0.3	2 120	91.81	35.24
I_{20a}型钢支护(25cm 厚)	26.37	0.2	2 360	—	—
格栅支护(25cm 厚)	23.968	0.2	2 288		

7.3 有限元模型

围岩采用 Plane42 单元模拟，设置为平面应变模式，按照经典 Drucker – Prager 准则计算；喷射混凝土采用 Beam3 单元模拟，建立的有限元模型如图 7-5 所示。

数值对比计算分析中，先后行洞洞周土体特征点如图 7-6 所示，其中 A 点为先后行洞拱顶处特征点，B 点为先后行洞左侧起拱线处特征点，C 点为先后行洞右侧起拱线处特征点，D 点为先后行洞仰拱处特征点；参考相关的研究成果，本节分析中依然采取先开挖左洞（先行洞）上下台阶，后开挖右洞（后行洞）上下台阶的顺序进行；分析结果中的 + 和 – 方向与有限元坐标一致。

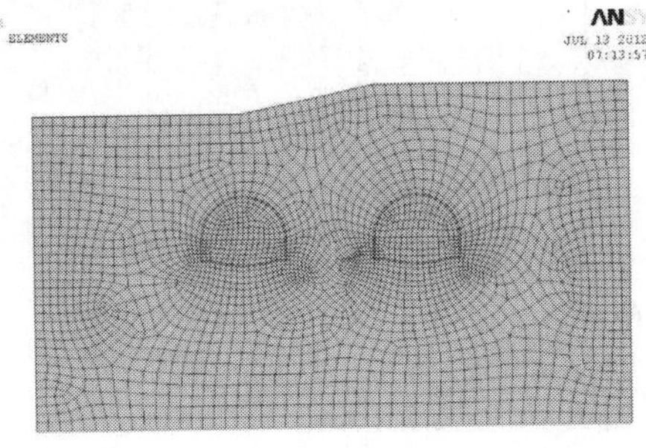

图 7-5 分析中采用的有限元模型

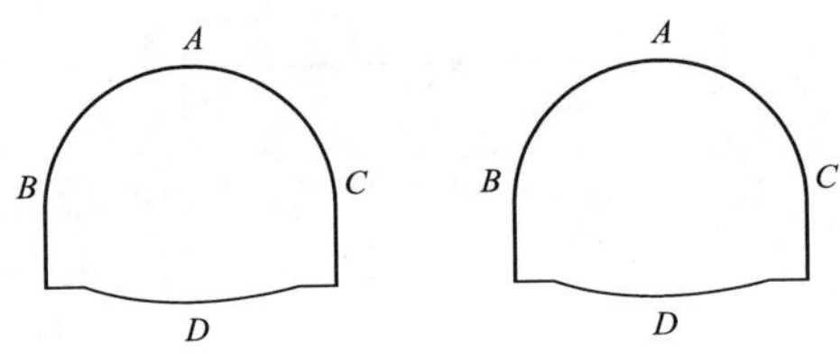

图 7-6 先后行洞洞周土体特征点

7.4 特征点土体位移

7.4.1 先行洞特征点土体位移

格栅、型钢两种支护类型下，先行洞洞周土体各关键点的竖直位移分析结果如表 7-3 和

表 7-4 所示。图 7-7 为先行洞洞周土体节点示意图。

格栅支护下先行洞特征点土体位移表(单位:mm) 表 7-3

开挖顺序	先行洞拱顶 N34	先行洞左脚 N18	先行洞右脚 N24	先行洞仰拱底 N10
左上	9.68	12.296	13.096	-19.63
左下	-2.08	-0.474	0.435	-25.169
右上	-1.73	0.144	2.392	-23.97
右下	-3.12	-0.427	-0.313	-24.806

型钢支护下先行洞特征点土体位移表(单位:mm) 表 7-4

开挖顺序	先行洞拱顶 N34	先行洞左脚 N18	先行洞右脚 N24	先行洞仰拱底 N10
左上	9.64	12.476	13.226	-19.645
左下	-2.34	-0.562	0.333	-25.021
右上	-0.29	-0.097	-0.139	0.146
右下	-3.45	-0.542	-0.474	-24.676

从表 7-3 中可以看出,格栅支护情况下,先行上台阶开挖支护完毕后,其拱顶、左右拱脚处特征点土体均产生了竖直向下的位移,且左右拱脚处位移较大;仰拱底则产生了较显著的底鼓现象。待后行洞开挖支护完毕后,受浅埋偏压的影响,先行洞拱顶、左右拱脚处特征点土体均产生了竖直向上的位移,拱顶处量值较左右拱脚处量值稍大,底鼓现象进一步加剧,量值达到了 -24.806mm。施工中应注意左右拱脚处锁脚锚杆的施工质量,增强锁脚力度,保证施工期间的安全。

数值分析结果表明,型钢支护情况下,先行洞上台阶开挖支护完毕后,其拱顶、左右拱脚处特征点土体均产生了竖直向下的位移,且左右拱脚处位移较大,其值和格栅支护情况下相比差值不大;仰拱底则产生了较显著的底鼓现象。待后行洞开挖支护完毕后,受浅埋偏压的影响,先行洞拱顶、左右拱脚处特征点土体均产生了竖直向上的位移,拱顶处量值较左右拱脚处量值稍大,底鼓现象进一步加剧,量值达到了 -24.676mm,其值和格栅支护情况下相比差值不大。施工中应注意左右拱脚处锁脚锚杆的施工质量,增强锁脚力度,保证施工期间的安全。

图 7-8 为右洞洞周土体节点示意图。

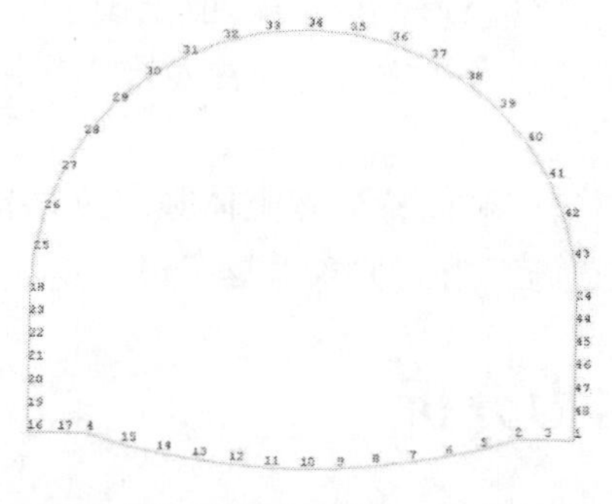

图 7-7 先行洞洞周土体节点示意图

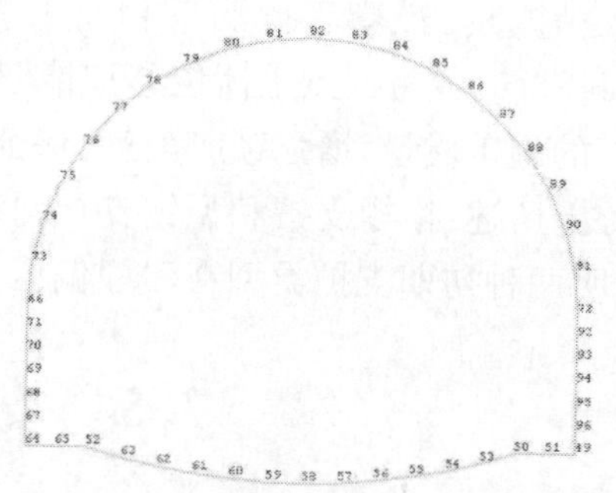

图 7-8 右洞洞周土体节点示意图

7.4.2 后行洞特征点土体位移

格栅、型钢两种支护类型下后行洞洞周土体各关键点的竖直位移分析结果如表7-5和表7-6所示。

格栅支护下后行洞特征点土体位移表(单位:mm)　　表7-5

开挖顺序	后行洞拱顶N82	后行洞左脚N66	后行洞右脚N72	后行洞仰拱底N58
左上	0.85	1.29	0.68	1.021
左下	-0.4	-0.725	0.14	-0.063
右上	12.93	15.52	16.05	-22.479
右下	-0.37	0.03	1.61	-27.599

数值分析结果表明,格栅支护情况下,先行洞上台阶开挖支护完毕后,后行洞拱顶、左右拱脚处及仰拱底特征点土体均产生了竖直向下的位移,且量值较小;先行洞下台阶开挖支护后,后行洞各特征点土体均产生了轻微的底鼓现象。后行洞上台阶开挖支护后,拱顶、左右拱脚处各特征点土体则产生了明显的竖直向下位移;仰拱处特征点土体则产生了明显地底鼓现象,待后行洞下台阶开挖支护完毕后,底鼓现象进一步加剧,其值达到了-27.599mm。施工中应注意左右拱脚处锁脚锚杆的施工质量,增强锁脚力度,保证施工期间的安全。

型钢支护下后行洞特征点土体位移表(单位:mm)　　表7-6

开挖顺序	后行洞拱顶N82	后行洞左脚N66	后行洞右脚N72	后行洞仰拱底N58
左上	0.85	1.3	0.68	1.025
左下	-1.29	-2.057	-0.56	-22.575
右上	12.64	15.25	16.09	-22.45
右下	-0.74	-0.138	1.46	-27.448

数值分析结果表明,型钢支护情况下,先行洞上台阶开挖支护完毕后,后行洞拱顶、左右拱脚处及仰拱底特征点土体均产生了竖直向下的位移,且量值较小;先行洞下台阶开挖支护后,后行洞各特征点土体均产生了底鼓现象,其中仰拱处最为明显。后行洞上台阶开挖支护后,拱顶、左右拱脚处各特征点土体则产生了明显的、竖直向下的位移;仰拱处特征点土体底鼓现象稍微减弱,待后行洞下台阶开挖支护完毕后,底鼓现象进一步加剧,其值达到了-27.448mm;各特征点土体位移和格栅支护情况下相差不大。施工中应注意左右拱脚处锁脚锚杆的施工质量,增强锁脚力度,保证施工期间的安全。

综上所述:格栅支护和型钢支护两种情况下,先后行洞洞周特征点土体竖向位移相差不大,说明两种初期支护类型在浅埋偏压小净距黄土隧道施工中支护效果基本相当。

7.5 支护结构内力分析

本节重点对格栅、型钢两种支护类型下,从初期支护结构所受的弯矩角度进行分析,结果如表7-7和表 7-8 所示。

格栅支护下初期支护弯矩表 表 7-7

开挖顺序	max 负弯矩(kN·m)	max 正弯矩(kN·m)
左上	-45.183	159.41
左下	-625.281	179.421
右上	-673.765	187.980
右下	-648.002	186.498

型钢支护下初期支护弯矩表 表 7-8

开挖顺序	max 负弯矩(kN·m)	max 正弯矩(kN·m)
左上	-49.062	17.458
左下	-654.525	185.982
右上	-705.254	194.342
右下	-678.408	193.434

表 7-7 中分析结果数据显示,随着施工步序的进行,格栅支护下初期支护结构所受的正负弯矩都不断增大;待后行洞开挖支护施工完毕,初期支护所受弯矩如图 7-9 所示,拱圈部位所示的弯矩较小;拱脚和仰拱处所受弯矩较大。

表 7-8 中分析结果数据显示,随着施工步序的进行,型钢支护下初期支护结构所受的正负弯矩都不断增大;待后行洞开挖支护施工完毕,初期支护所受弯矩如图 7-10 所示,拱圈部位所受的弯矩较小;拱脚和仰拱处所受弯矩较大。表 7-7 和表 7-8 显示型钢支护下初期支护结构所受的弯矩较格栅支护下为大。

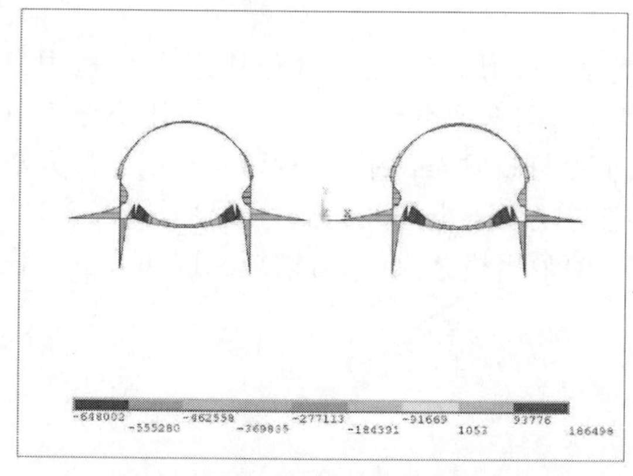

图 7-9 格栅支护下初期支护弯矩图

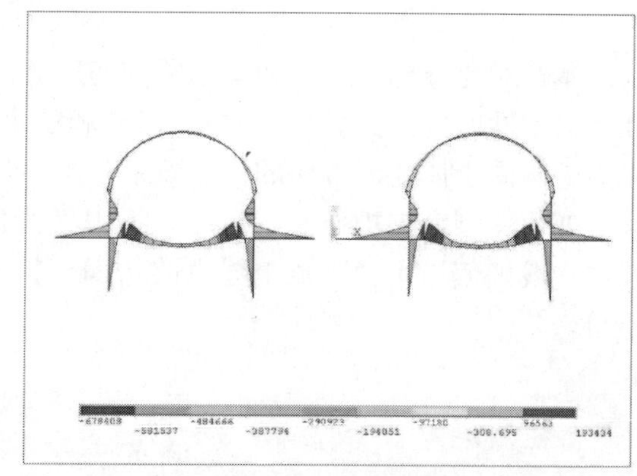

图 7-10 型钢支护下初期支护弯矩图

综上所述,格栅支护和型钢支护两种情况下,拱圈部位所受的弯矩较小,拱脚和仰拱处所受弯矩较大;型钢支护下初期支护结构所受的弯矩较格栅支护下为大。说明在浅埋偏压小净距黄土隧道施工中,格栅拱架支护结构受力状态比型钢拱架支护结构受力状态好。

7.6 围岩塑性区大小分析

图 7-11 和图 7-12 为型钢和格栅支护下围岩塑性区大小图,其应变值见表 7-9。

两种支护类型下围岩塑性应变值　　表 7-9

支护类型	左 上	左 下	右 上	右 下
格栅	25.906×10^{-3}	6.70×10^{-4}	34.054	1.877×10^{-3}
型钢	26.467×10^{-3}	7.33×10^{-4}	35.537	2.063×10^{-3}

图 7-11 和图 7-12 显示,两种支护类型下,后行洞初期支护施工完毕后,围岩塑性区的分布范围大体相同;从表 7-9 可以看出,格栅支护下,围岩的塑性应变值均小于型钢支护下围岩的塑性应变值。

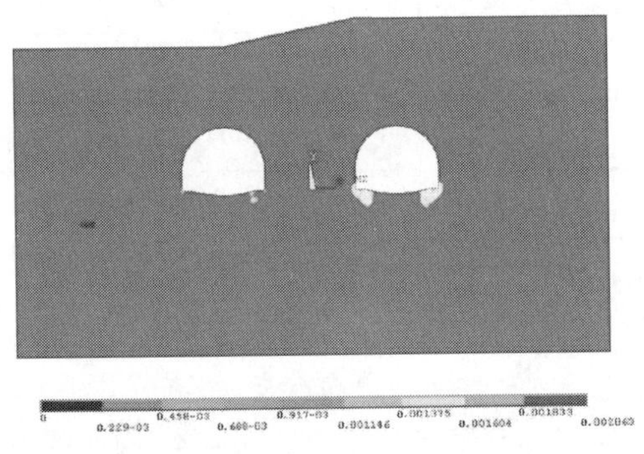

图 7-11　型钢支护下围岩塑性区大小

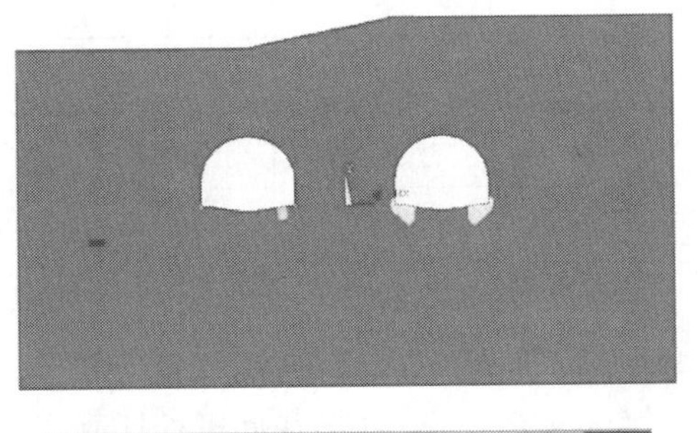

图 7-12　格栅支护下围岩塑性区大小

7.7 结　　论

本章对比分析了格栅和型钢两种初期支护类型下,洞周特征点土体位移、支护结构内力和围岩塑性区的大小。结果表明,格栅和型钢两种初期支护类型在控制浅埋偏压小净距黄土隧道洞周土体变形方面的作用效果基本相当;而格栅支护条件下,结构弯矩和围岩最大塑性应变值比型钢支护条件下为小。考虑格栅拱架与喷混凝土的共同受力效果及其经济性,建议在浅埋偏压小净距黄土隧道的初期支护设计中采用格栅拱架,可缩短工期和节省工程造价。

8 小净距黄土隧道系统锚杆受力特性分析

8.1 概　述

我国是世界上黄土面积分布最多的国家，在山西、陕西、甘肃、青海、宁夏及河南西北部等地分布着大约 64 万 km^2 的黄土。随着国家西部大开发战略政策的不断推进和“十二五”规划的具体要求，黄土地区将修建大量的高等级公路。为适应地形条件和节约工程造价，不可避免地会出现越来越多的小净距黄土隧道。系统锚杆是初期支护系统的重要组成部分，是指在隧道的周边按照一定规律统一布置的径向锚杆。其作用为：提供支承洞壁围岩变形的抗力；改善洞壁围岩的两向受力状态，使之变为三向受力状态，并形成承载拱；提高围岩的强度。

系统锚杆在岩质隧道中的应用取得了很大的成功。大量的现场试验结果表明，无论从作用效果还是费效比的角度来看，在软弱围岩地带均不宜设置密集的系统锚杆。因黄土的强度低，大跨度及大断面隧道开挖时围岩稳定性差、变形大，使得系统锚杆的设计成为关键性问题。但在黄土隧道中系统锚杆的设计没有理论与经验可循，常常依靠工程类比法。尽管我国在西部黄土地区修建了众多的铁路隧道，但多为单线及普通的双线隧道，开挖断面面积不到 $120m^2$。而在黄土地区修建的跨度超过 15.1m，开挖断面面积达 $170m^2$ 的超大断面铁路客运专线隧道在我国尚属首次，相关的设计理论及经验均较为欠缺，尤其是系统锚杆在黄土隧道中的锚固效果及作用机制还不清楚。

拉拔试验得到的系统锚杆剪应力分布及轴力分布与现场隧道锚杆剪应力及轴力分布不同，从理论解析角度来分析拉拔荷载作用下黄土隧道系统锚杆的受力特性还比较少。以及目前对系统锚杆的监测分析中，大多数仅仅是对其监测数据的分析，缺乏进一步通过由锚杆轴力反分析围岩塑性区大小的研究。

本章通过现场试验、数值分析及理论推导等多种手段，深入研究了浅埋小净距黄土隧道中系统锚杆的锚固机制及其受力情况、拉拔荷载作用下系统锚杆的轴力及剪应力分布及影响因素以及基于实测锚杆轴力反分析围岩塑性区大小的研究。相关研究成果对小净距黄土隧道的设计和施工具有重要的指导意义和参考价值。

8.2　锚杆荷载传递和受力分析

8.2.1　锚杆荷载传递机制

相关研究指出,锚杆中性点两侧的剪应力方向相反,整个锚杆受到的剪力应为零,可用如下公式表示:

$$\int_0^l F\mathrm{d}x = 0 \tag{8-1}$$

锚杆对于围岩的相对位移可以用下式表示:

$$\Delta u = u - u_\rho - \delta \tag{8-2}$$

式中:u——某点处围岩的位移;

u_ρ——中性点的位移;

δ——锚杆各点相对于中性点的伸长量。

由于黄土和锚杆两者的弹性模量相差很大,δ 可忽略不计。则式(8-2)简化为:

$$\Delta u = u - u_\rho \tag{8-3}$$

而锚杆和围岩界面的单位剪力 F 与相对变形呈线性比例关系:

$$F = K\Delta u \tag{8-4}$$

其中,$K=\dfrac{K_1K_2}{K_1+K_2}$,$K_1$ 和 K_2 分别表示围岩和注浆体的剪切刚度。

联立式(8-3)和式(8-4),则式(8-1)可以表示为:

$$\int_0^l K(u - u_\rho)\mathrm{d}x = 0 \tag{8-5}$$

即

$$\int_0^l u\mathrm{d}x = u_\rho l \tag{8-6}$$

采用 Boltzmann 函数拟合,隧道径向不同深度上点的位移为:

$$u = A_2 + \frac{A_1 + A_2}{1 + \exp\left(\dfrac{x - x_0}{d_x}\right)} \tag{8-7}$$

则中性点的位移可表示为:

$$u_\rho = A_2 + \frac{A_1 + A_2}{1 + \exp\left(\dfrac{\rho - x_0}{d_x}\right)} \tag{8-8}$$

式(8-8)中,A_1、A_2、x_0 和 d_x 均为拟合常数。

将式(8-7)和式(8-8)代入式(8-6)积分得:

$$\rho = x_0 + d_x\ln\frac{d_x[\ln(\mathrm{e}^{\frac{l-x_0}{d_x}} + 1) - \ln(\mathrm{e}^{\frac{-x_0}{d_x}} + 1)]}{l + d_x[\ln(\mathrm{e}^{\frac{-x_0}{d_x}} + 1) - \ln(\mathrm{e}^{\frac{l-x_0}{d_x}} + 1)]} \tag{8-9}$$

式(8-9)即为中性点到锚杆近端长度。

8.2.2 锚杆受力分析

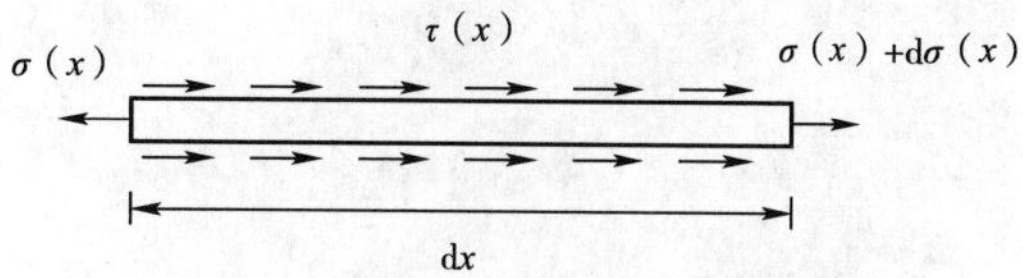

图8-1为锚杆微元体受力分析图。

图8-1 锚杆微元体受力分析图

根据锚杆微元体的受力平衡有：

$$\sigma(x)\pi R^2-[\sigma(x)+\mathrm{d}\sigma(x)]\pi R^2-\tau(x)2\pi R\mathrm{d}(x)=0 \tag{8-10}$$

即

$$\frac{\mathrm{d}\sigma(x)}{\mathrm{d}x}=-\frac{2\tau(x)}{R} \tag{8-11}$$

而

$$\tau(x)=\frac{F}{2\pi R},\text{从而}\frac{\mathrm{d}\sigma(x)}{\mathrm{d}x}=-\frac{K(u-u_\rho)}{\pi R^2} \tag{8-12}$$

将拟合式(8-7)和式(8-8)代入式(8-12)积分得：

$$\sigma(x)=\frac{K}{\pi R^2}(u_\rho-A_1)x+\frac{K}{\pi R^2}(A_1-A_2)x_0+\frac{K}{\pi R^2}(A_1-A_2)d_x\ln(\mathrm{e}^{\frac{x-x_0}{d_x}}+1)+C \tag{8-13}$$

由 $\sigma(0)=0$ 得到：

$$C=-\frac{K}{\pi R^2}(A_1-A_2)x_0-\frac{K}{\pi R^2}(A_1-A_2)d_x\ln(\mathrm{e}^{-\frac{x_0}{d_x}}+1) \tag{8-14}$$

从而

$$\sigma(x)=\frac{K}{\pi R^2}(u_\rho-A_1)x+\frac{K}{\pi R^2}(A_1-A_2)d_x[\ln(\mathrm{e}^{\frac{x-x_0}{d_x}}+1)-\ln(\mathrm{e}^{-\frac{x_0}{d_x}}+1)] \tag{8-15}$$

锚杆轴力为：

$$N=\sigma(x)\pi R^2=K(u_\rho-A_1)x+K(A_1-A_2)d_x[\ln(\mathrm{e}^{\frac{x-x_0}{d_x}}+1)-\ln(\mathrm{e}^{-\frac{x_0}{d_x}}+1)] \tag{8-16}$$

所以

$$\tau(x)=\frac{K}{\pi D}(u_\rho-A_1)x+\frac{K}{\pi D}(A_1-A_2)d_x[\ln(\mathrm{e}^{\frac{x-x_0}{d_x}}+1)-\ln(\mathrm{e}^{-\frac{x_0}{d_x}}+1)] \tag{8-17}$$

式中： D——锚杆的直径；

A_1、A_2、d_x、x_0——拟合常数。

8.3 黄土隧道中系统锚杆力学状态分析及作用机制

8.3.1 黄土隧道中系统锚杆力学状态分析

(1)现场试验及分析

系统锚杆在黄土隧道中的作用问题，一直是学术界和工程界争论的焦点。目前存在

图 8-2 边墙系统锚杆施工

两种观点，有些学者认为黄土隧道系统锚杆对隧道稳定性不起作用，可以取消；有学者则认为黄土隧道系统锚杆对隧道稳定性起关键性作用，应该设置。

不同学术观点的争议给黄土隧道的设计和施工造成了混乱。因此，为了进一步验证系统锚杆在黄土隧道支护中的作用效果，依托岢临高速公路某小净距黄土隧道，在其 K113 + 110 断面和 K113 + 135 断面的拱顶、拱肩和边墙部位分别布设了锚杆轴力计，实测结果如表 8-1 所示。图 8-2 为边墙系统锚杆施工。

某隧道监测断面不同位置锚杆轴力表 表 8-1

断　　面	位　　置	近至远端测点读数（kN）			
K113 + 110	拱顶	-2.061	0.827	-1.215	-0.928
	左拱肩	-1.288	-0.247	-1.013	0.044
	右拱肩	-3.326	-1.387	-0.635	-1.523
	左边墙	-2.128	0.038	0.041	-0.247
	右边墙	12.846	9.348	4.239	0.015
K113 + 135	拱顶	-4.894	-0.418	-0.324	-0.406
	左拱肩	-12.443	-1.986	-0.851	-0.319
	右拱肩	-11.491	-2.66	-0.54	-0.725
	左边墙	12.369	1.131	1.418	0.189
	右边墙	10.623	4.6075	1.890	0.957

注：负值表示锚杆受压，正值表示锚杆受拉。

从表 8-1 中可以看出，拱部锚杆受拉压情况均有，但大部分受压且量值较小，说明拱部系统锚杆的作用效果不明显；边墙部位锚杆大部分受拉，且量值较大，说明边墙锚杆的设置效果显著。每根锚杆最大轴力位于靠近隧道临空面的测点处。

下面根据土体的变形分析黄土隧道拱部系统锚杆的力学状态。黄土隧道开挖后，周围土体要产生变形，其中包括：

①土体应力状态发生了变化，产生了弹性、塑性、黏性变形。

②超挖情况下，初期支护背部回填不密实，存在空洞或空隙，诱发了土体下沉。

③采用型钢拱架支护时，其背部混凝土喷射不到，存在空隙，诱发了土体下沉。

④施工过程中，土体被扰动后，后期产生压密沉降。

⑤地下水位线以下的隧道，开挖后地下水要向隧道位置迁移，地下水位降低，土体中有效应力增大，土体会产生次固结沉降。

隧道开挖后，由钢架、系统锚杆、钢筋网、喷射混凝土形成的组合结构共同抑制土体的变形。相比之下，钢架、钢筋网、喷射混凝土是在围岩外部约束土体变形，而系统锚杆是锚固到初期支护上，伸入到土体中，从土体内部约束变形。

在初期支护施作后，相对于土体的后续变形，锚杆是固定不动的，因此在浅埋黄土隧道或塑性区大的深埋黄土隧道,拱部系统锚杆受到了土体向下的摩阻力,相当于桩承受负摩阻力,因而拱部系统锚杆受压。

(2)数值模拟结果

结合依托工程小净距黄土隧道数值模拟的结果,对拱部和边墙部位不同深度的径向位移分别采用 Boltzmann 函数进行拟合,拟合结果如下。

拱顶的拟合函数:

$$u = 58.726 + \frac{12.183}{1 + \exp\left(\frac{x - 4.569}{2.632}\right)} \tag{8-18}$$

边墙的拟合函数:

$$u = -14.572 + \frac{78.827}{1 + \exp\left(\frac{x - 2.562}{1.684}\right)} \tag{8-19}$$

浅埋黄土隧道在开挖后,围岩因自承载能力低而发生较大的变形,虽然拱顶和边墙部位的位移模式均符合倒指数函数形式的规律,但其向围岩深处衰减的程度不同。

拱部围岩的位移沿深度方向衰减平缓,梯度很小,即一定深度范围内的拱部围岩存在整体下沉移动的趋势;而边墙部位的围岩位移沿深度方向衰减很快,梯度很大,即边墙部位围岩不发生整体移动。锚杆对于围岩的相对位移 $\Delta u_{边墙} > \Delta u_{拱顶}$,进而剪力 $F_{边墙} > F_{拱顶}$,所以轴力 $N_{边墙} > N_{拱顶}$。

(3)围岩压力分布

王明年等通过对大断面黄土隧道围岩压力计算方法的研究,指出大断面黄土隧道垂直方向上的围岩压力的计算图式可以采用如图 8-3 所示的两种模式。

模式 1:按对称于隧道中心线考虑,设拱顶处压力为 q,则左右侧 30°处的压力为 $(1.5 \sim 2.0)q$,左右侧 60° ~90°范围内压力为 $0.75q$,假定压力为线性分布,则压力分布图形为尖峰型。

模式 2:同样按对称于隧道中心线考虑,虽然实测围岩压力表明其分布并不均匀,但差异不大,理论上可以近似按均匀压力分布 q 考虑。

同时,通过研究指出大断面黄土隧道水平方向上围岩压力的计算图式可以采用如图 8-4 所示的模式。

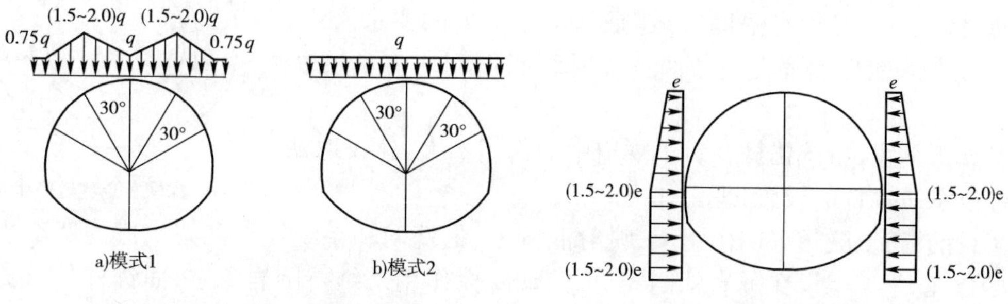

图 8-3 垂直方向围岩压力分布

图 8-4 水平方向围岩压力分布

依据王明年等对大断面黄土隧道围岩压力计算方法的研究成果,拱部围岩压力的垂直分量不大,边墙围岩压力的水平分量不小,且拱脚至墙脚的水平压力是拱顶部位水平压力的

1.5～2.0 倍。因此,不同的土体位移模式和水平压力分布形式是导致拱部和边墙系统锚杆受力存在较大差异的原因。

8.3.2 黄土隧道中系统锚杆的作用机制

众所周知,锚杆对不稳定岩体有很好的加固效果。在岩石隧道中,锚杆一端要锚固在稳定的岩体中,即要有锚固段,而另一端与不稳定的围岩黏结在一起可产生共同变形,起到锚固作用,如图 8-5 所示。

这里有两个前提条件:一是要有锚固段,二是锚杆与围岩要有良好的相互黏结。对于浅埋两车道黄土隧道,大量的现场调查发现,即便是在埋深 40m 的情况下,地表也会产生沉降或裂缝。以上工程现象说明浅埋黄土隧道拱部发生了整体沉降,如图 8-6 所示。大量的现场隧道变形测试也已证明了这一点。显然,在这种情况下,对拱部系统锚杆而言,并不存在锚固段。

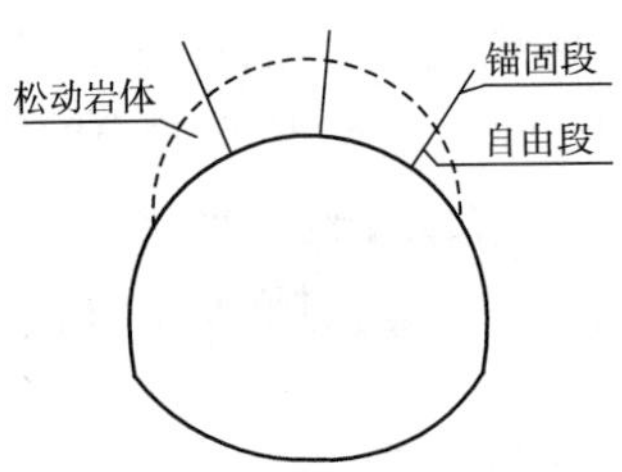

图 8-5 隧道锚杆作用示意图

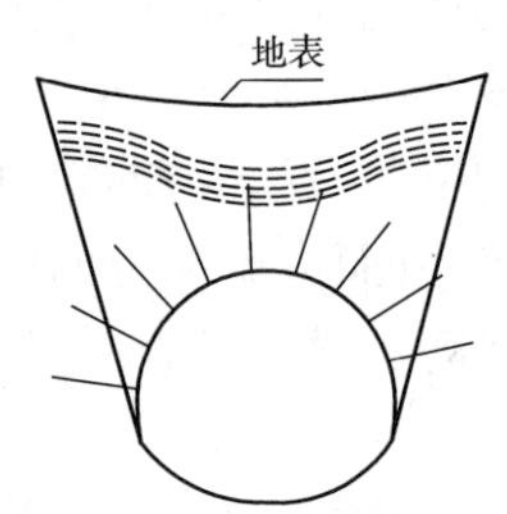

图 8-6 浅埋黄土隧道地表产生沉降

对深埋黄土隧道而言,现场位移实测数据表明,两车道黄土隧道Ⅳ级围岩条件下,仅边墙部位的塑性区就大于 3m,说明开挖后土体产生了较大的塑性区。目前,以“短而密”为设置原则采用的系统锚杆并未穿过塑性区,如图 8-7 所示。

因此,对深埋黄土隧道而言,也不存在锚固段。此外,锚杆与土体采用水泥砂浆或卷式锚固剂黏结效果差。大量的现场锚杆拉拔试验结果表明,黄土隧道中锚杆拉拔力很小,根本达不到设计要求。

总之,无论从必须有锚固段,还是从黏结效果的要求来讲,黄土隧道中系统锚杆都达不到要求,因而起不到应有的支护效果。

经分析认为,系统锚杆在黄土隧道中的作用不大,建议取消拱圈部位系统锚杆的设置,理由如下。

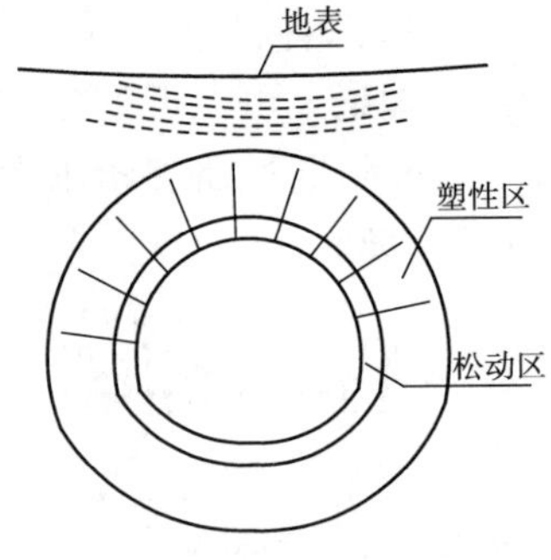

图 8-7 深埋黄土隧道产生塑性区

①目前,黄土隧道采用由钢架、喷射混凝土、钢筋网和系统锚杆共同组成的联合支护结构不尽合理,钢架架设在围岩外侧,发挥被动支撑作用来维持围岩稳定,而锚杆伸入到围岩内部,具有主动加固围岩、充分利用围岩承载力的特点。二者对隧道支护的机制截然不同。

②锚杆发挥作用的前提:一是锚杆锚固材料与围岩要有足够的黏结力;二是要有足够的锚固段。此外,对大断面小净距黄土隧道而言,围岩的塑性区较大,但目前的设计规范仍以

“短而密”的原则进行系统锚杆的设计，其锚杆长度往往未穿过松弛区，更未伸入到稳定岩体，即根本没有锚固段。

③锚杆受力的计算分析难度很大，往往人为地假定锚杆支护的效果提高了围岩的弹性模量 E，黏聚力 c 和内摩擦角 φ。对于黄土隧道来说并不是很合理，打入的锚杆反而破坏了黄土结构，降低了围岩的强度和稳定性。

④目前在黄土隧道施工过程中，通常采用的支护顺序是：开挖→初喷混凝土→立拱架→挂钢筋网片→安设锚杆→复喷混凝土至设计厚度。由于安设锚杆是在架立钢架之后，因此钢架对围岩变形的制约必然会影响到锚杆作用效果的发挥。

⑤黄土隧道施工多采用分部开挖，锚杆施工难度大，特别是拱部锚杆，往往不能及时径向施作。因此，在围岩已松动、强度已降低的情况下，再安设锚杆根本发挥不了锚固作用。此外，当锚杆钻孔上仰，特别是垂直向上时，锚杆孔很难注满锚固材料，这也使锚杆在围岩中的抗拔力大大降低。

⑥在黄土中锚杆施工成孔困难，加之注浆不易，这些因素都会影响施工进度。所以，在黄土隧道中若能取消系统锚杆，不仅可以大幅度节省工程造价，节省施作时间，减少施工工序，缩短工期，还可以及时闭合初期支护，有利于隧道施工安全和结构稳定。

若单洞两车道黄土隧道Ⅴ级围岩隧道衬砌结构设 3.5m/根的系统锚杆共 42 根/延米，按锚杆 46 元/m 的单价计，若取消系统锚杆可节省工程造价 6 762 元/延米；若单洞两车道黄土隧道加宽段衬砌结构设 4m/根的系统锚杆共 42 根/延米，按锚杆 46 元/m 的单价计，若取消系统锚杆可节省工程造价 7 728 元/延米。可见取消系统锚杆的设置，可缩短工期，明显降低工程造价，具有很好的经济效益和社会效益。

8.4　拉拔荷载作用下系统锚杆的受力特性分析

国内外岩土工作者采用数值分析、相似模型试验和现场实测等手段就系统锚杆的受力特征和设置问题作了大量的研究，对认识其受力特征起到了积极的推动作用。但从理论解析角度来分析拉拔荷载作用下黄土隧道系统锚杆的受力特性还比较少。拉拔试验得到的锚杆剪应力分布及轴力分布与现场隧道锚杆剪应力及轴力分布不同。本节基于岢临高速公路某黄土隧道边墙系统锚杆的实测极限拉拔力，从理论解析角度分析其在拉拔荷载作用下的受力特性，并探讨了不同土体性质下砂浆锚杆在拉拔荷载作用下的剪应力及轴力的分布形式，分析结果为黄土隧道系统锚杆的设计和优化提供了理论依据，具有一定的指导意义。

8.4.1　锚杆体剪应力分布的理论解

锚杆作用的土体可视为半无限平面，在平面半空间内部深度为 h 处作用一集中力 Q，在 $B(x,y,z)$ 处的垂直位移 ω 可由 Mindlin 的位移解确定。Mindlin 解的计算简图如图 8-8所示。

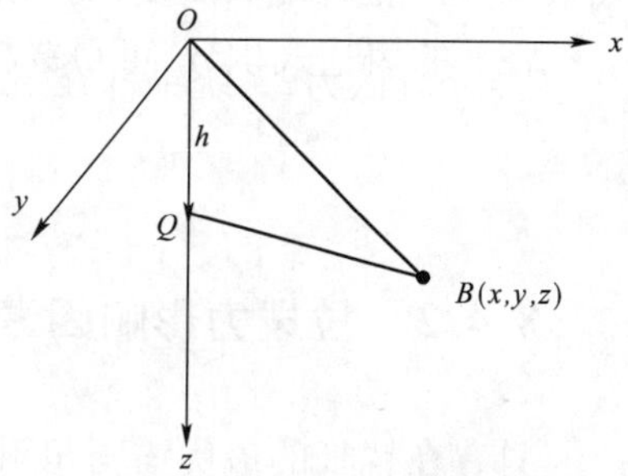

图 8-8　Mindlin 解的计算简图

$$\omega = \frac{Q(1+\mu)}{8\pi E(1-\mu)}\left[\begin{array}{l}\dfrac{3-4\mu}{R_1}+\dfrac{(z-h)^2}{R_1^3}+\dfrac{8(1-\mu)^2-(3-4\mu)}{R_2}+\\ \dfrac{(3-4\mu)(z+h)^2-2hz}{R_2^3}+\dfrac{6hz(z+h)^2}{R_2^5}\end{array}\right] \tag{8-20}$$

式中：E、μ——分别为土体的弹性模量和泊松比。

$$R_1 = \sqrt{x^2+y^2+(z-h)^2} \tag{8-21}$$

$$R_2 = \sqrt{x^2+y^2+(z+h)^2} \tag{8-22}$$

在孔口处有 $x=y=z=0$，式(8-20)可简化为：

$$\omega = \frac{Q(1+\mu)(3-2\mu)}{2\pi Eh} \tag{8-23}$$

假设埋入岩体中的锚杆为半无限长，锚杆与黏结材料之间的变形处于弹性状态，在孔口处岩体的位移值与锚杆杆体的总伸长量相等。

$$\int_0^\infty \frac{(3-2\mu)a}{2G}\frac{\tau}{z}\mathrm{d}z = \int_0^\infty \frac{1}{E_aA}\left(Q-2\pi a\int\tau\mathrm{d}z\right)\mathrm{d}z \tag{8-24}$$

通过简化，上式可化为二阶变系数齐次常微分方程：

$$\tau'' + kz\tau' + 2k\tau = 0 \tag{8-25}$$

$$k = \frac{4\pi G}{(3-2\mu)E_aA} \tag{8-26}$$

式中：a——锚杆杆体半径；

G——土体的剪切模量；

E_a——锚杆杆体的弹性模量；

A——锚杆杆体的截面面积；

τ——锚杆杆体所受的剪应力。

上式常微分方程通过适当的变换，可得韦伯方程，考虑边界条件 $\tau|_{z\to\infty}=0$，可得锚杆所受的剪应力沿杆体分布为：

$$\tau = \frac{P}{\pi a}\left(\frac{1}{2}tz\right)\exp\left(-\frac{1}{2}tz^2\right) \tag{8-27}$$

$$t = \frac{1}{(1+\mu)(3-2\mu)a^2}\left(\frac{E}{E_a}\right) \tag{8-28}$$

式中：P——锚杆端头所受的拉拔力。

将 τ 的表达式积分，可得锚杆轴力沿锚杆杆体分布为：

$$N = P\exp\left(-\frac{1}{2}tz^2\right) \tag{8-29}$$

8.4.2 拉拔力影响因素

只有在锚杆的最优锚固角附近才能达到最大拉拔力，关于锚杆最佳安装角目前并没有统一的认识，也缺乏一种普遍认同的估算公式。就已有的试验及理论成果，考虑各种因素，锚固土体截面抗剪强度可写为：

$$
\begin{aligned}
\tau_{bj} &= \tau_j + \tau_{bd} + \tau_{bt} + \tau_{bs} \\
\tau_j &= c_j + \sigma_j \tan\varphi \\
\tau_{bd} &= \tau_b \eta(\sin\beta - \cos\beta\tan\varphi) \\
\tau_{bt} &= \sigma_b \eta \sin\beta \tan\varphi, \tau_{bs} = \eta\sigma_b \cos\beta
\end{aligned}
\tag{8-30}
$$

式中：τ_j——土体本身的抗剪强度；

τ_{bd}——由于锚固体作用所引起的换算抗剪强度；

τ_{bt}、τ_{bs}——由锚杆轴向力相对土体的法向分量和切向分量引起的换算抗剪强度；

σ_b——锚杆轴向应力；

τ_b——锚杆的平均剪应力；

σ_j——土体平均法向应力；

c_j——土体黏聚力；

φ——土体内摩擦角；

η——锚杆横截面面积与含单根锚杆的土体面积比；

β——锚固体与埋入土体斜面的夹角。

基于式(8-30)关于β求极值，可得：

$$
\beta = \arctan\left(\frac{\sigma_b + \tau_b \tan\varphi}{\sigma_b - \tau_b \tan\varphi}\right) \tag{8-31}
$$

由此得最优锚固角的估算公式为：

$$
\alpha_{opt} = f(\tau_b, \sigma_b, \varphi) = 90° - \arctan\left(\frac{\sigma_b + \tau_b \tan\varphi}{\sigma_b - \tau_b \tan\varphi}\right) \tag{8-32}
$$

由式(8-32)可知，锚杆的最佳安装角不仅与界面自身的摩擦角有关，而且与锚杆内的轴向应力及锚固体剪应力值有关。此外，黄土的强度破坏较符合 Mises 屈服条件。

$$
\tau_s = \frac{\sigma_s}{\sqrt{3}} \tag{8-33}
$$

将式(8-33)代入式(8-32)，得出黄土地层中锚杆最佳安装角度公式：

$$
\alpha_{opt} = f(\varphi) = 90° - \arctan\left(\frac{1 + \sqrt{3}\tan\varphi}{\sqrt{3} - \tan\varphi}\right) \tag{8-34}
$$

假设已知原状黄土的内摩擦角，则由式(8-34)计算可知锚杆的最佳锚固角。将式(8-34)的结果表示如图 8-9 所示，图形基本接近直线状，可以表示为：

$$
\alpha_{opt} = 60° - \varphi \tag{8-35}
$$

影响黄土隧道中系统锚杆拉拔力的大小有三个因素：

①锚杆杆体本身的强度；

②锚杆杆体与砂浆之间的抗剪强度大小；

③砂浆锚固体与周围土体之间的抗剪强度大小。

其中，砂浆锚固体与周围土体之间的抗剪强度最小，所以砂浆锚杆的破坏形式大多为孔中滑移。图 8-10 显示，边墙系统锚杆破坏时，锚杆杆体基本不受影响，砂浆锚固体之间的强度和锚固体与周围土体之间的锚固强度直接影响着系统锚杆的作用效果。施工中应注意其施工质量,加大锚固体与周围土体之间的锚固力度,提高系统锚杆的拉拔力。

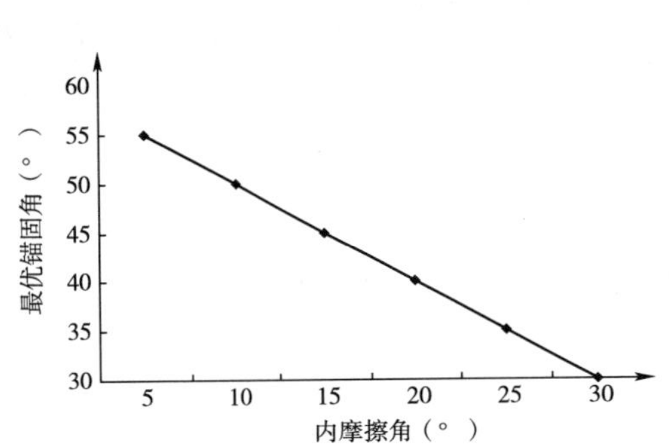

图 8-9　土体内摩擦角与锚固最优角之间的关系图

图 8-10　黄土隧道施工中破坏的系统锚杆

8.4.3　工程算例分析

岢临高速公路某黄土隧道位于临县侯家岩村,设计为小净距短隧道。右洞全长 259m,起点桩号 K112 +989,终点桩号 K113 +248,洞体最大埋深 57.7m;左洞全长 274m,起点桩号 ZK112 +984,终点桩号 ZK113 +258,洞体最大埋深 64.3m。隧道平纵线形、隧道几何尺寸净空断面标准均按 80km/h 行车速度设计;隧道建筑限界:净宽 10.25m,净高 5.00m。

隧道围岩由第三系上新统静乐组粉质黏土和第四系上更新统马兰组粉土组成。考虑锚杆杆体和土体的弹性模量分别为 $E_a = 210\text{GPa}$,$E = 150\text{MPa}$,$\mu = 0.3$,锚杆直径 25mm,边墙系统锚杆的拉拔力经实测为 $P = 56.72\text{kN}$。参照式(8-27)和式(8-29),砂浆锚杆杆体的剪应力分布和轴力分布分别如图 8-11 和图 8-12 所示。

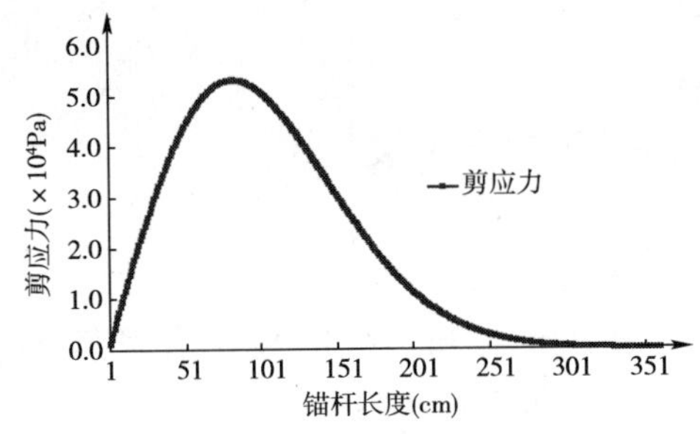

图 8-11　砂浆锚杆杆体剪应力分布曲线

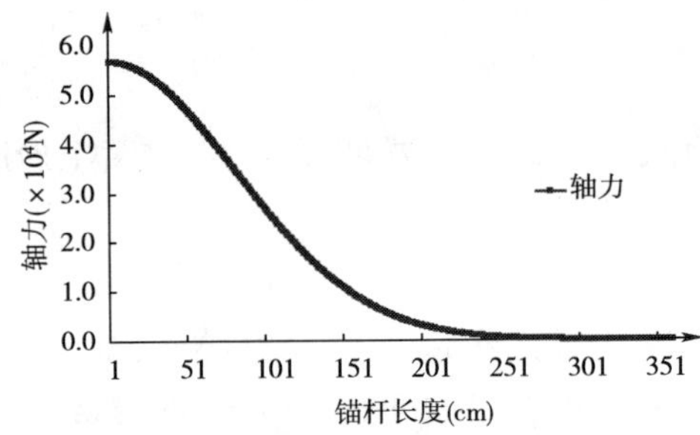

图 8-12　砂浆锚杆杆体轴力分布曲线

①在孔口处,锚杆所受的剪应力为零,孔口以内剪应力急剧增大并在 103cm 处达到最大值 501kPa,随之逐渐减少,在 460cm 处剪应力减少至零。

②当锚杆的拉拔力达到一定量值时,在孔口附近的剪应力首先超过黏结材料的弹性极限而进入塑性流动状态。

③在孔口处锚杆所受的轴力最大,随之锚杆轴力不断减少,至 200cm 处杆体轴力仅有 3kN,至 400cm 处杆体的轴力仅有 0.46kN。

以上分析说明，超出 400cm 的处的锚杆杆体基本上发挥不了应有的锚固效果。

8.4.4　锚杆杆体剪应力及轴力与 E/E_a 的关系

从解析式(8-27)可以看出，系统锚杆所受的剪应力大小与锚杆拉拔力成正比，拉拔力越大，锚杆杆体的剪应力就越大，但其分布形式相同。另外，剪应力的大小及分布形式还受 E/E_a 的影响。图 8-13 和图 8-14 分别描述了砂浆锚杆杆体剪应力分布及轴力分布与 E/E_a 之间的关系。

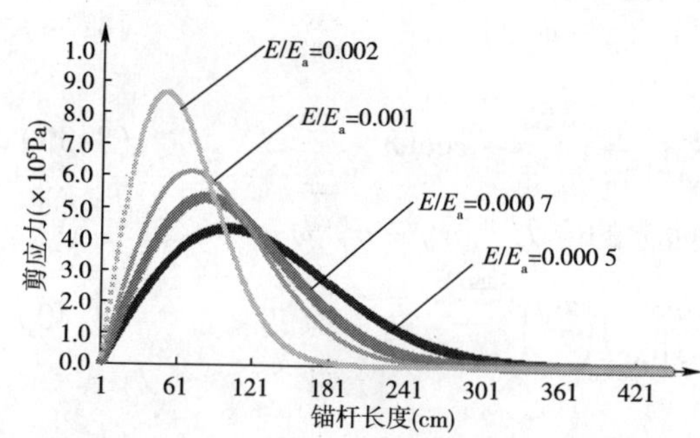

图 8-13　锚杆杆体剪应力分布与 E/E_a 的关系图

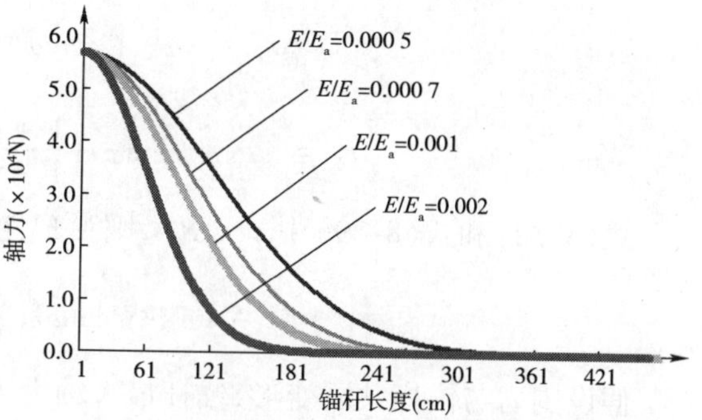

图 8-14　锚杆杆体轴力分布与 E/E_a 的关系图

从图 8-13 和图 8-14 中可以看出，E/E_a 值越小，也即土体越松软，锚杆所受剪应力的最大值就越小，但剪应力分布越均匀，范围越大；锚杆杆体轴力沿杆长衰减越慢。E/E_a 越大，即土体越坚硬，则锚杆剪应力的最大值就越大，剪应力分布越集中，范围越小；锚杆杆体轴力沿杆长衰减越快。同时，也验证了在地质条件相对较好的围岩中施工的隧道，其系统锚杆的设置应遵循“短而密”的原则。

8.5　基于锚杆轴力反算围岩塑性区大小

通过对锚杆轴力的监测，可以掌握锚杆的实际支护效果；然而，目前对锚杆的监测分析中，大多数仅仅是对锚杆监测数据的分析，缺乏进一步通过由锚杆轴力对围岩塑性区的分析和判断。

本节将小净距黄土隧道围岩视为弹塑性介质，在依托工程岢临高速公路某小净距黄土隧道现场实测系统锚杆的受力，以其值为基本参量，进一步推导和分析初期支护情况下小净距黄土隧道围岩的塑性区大小，结论对拱圈部位系统锚杆的设计和施工具有重要的指导意义。

8.5.1　塑性区半径计算方法

为简化计算，本节分析以圆形隧道为例，假设围岩为弹塑性均质土体，其为轴对称的平面应变问题，图 8-15 为一圆形隧道的弹塑性区示意图。

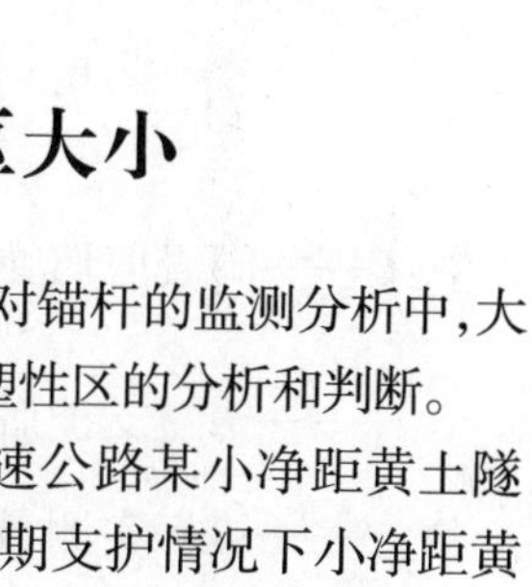

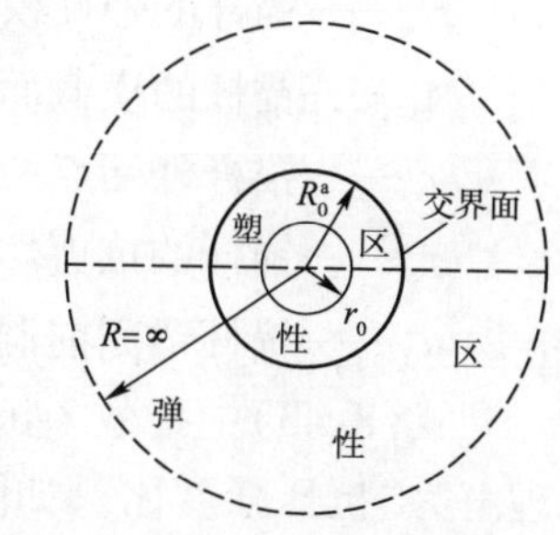

图 8-15　围岩弹塑性区示意图

在锚喷支护下，围岩塑性区应力满足的平衡方程为：

$$\frac{d\sigma_r}{dr}+\frac{\sigma_r-\sigma_\theta}{r}=0 \tag{8-36}$$

Morh-Coulomb 塑性方程为：

$$\frac{\sigma_r^p+c\cot\varphi}{\sigma_\theta^p+c\cot\varphi}=\frac{1-\sin\varphi}{1+\sin\varphi} \tag{8-37}$$

当支护抗力为 p_i 时，结合支护与围岩界面（$r=r_0$）的应力边界条件（$\sigma_r^p=P_i$），由式（8-36）和式（8-37）可求得塑性区的应力为：

$$\sigma_r^p=(P_i+c\cot\varphi)\left(\frac{r}{r_0}\right)^{\frac{2\sin\varphi}{1-\sin\varphi}}-c\cot\varphi \tag{8-38}$$

$$\sigma_\theta^p=(P_i+c\cot\varphi)\left(\frac{1+\sin\varphi}{1-\sin\varphi}\right)\left(\frac{r}{r_0}\right)^{\frac{2\sin\varphi}{1-\sin\varphi}}-c\cot\varphi \tag{8-39}$$

式（8-38）和式（8-39）中 $r=R_0^a$，则弹塑性界面上的应力差 $\sigma_\theta^p-\sigma_r^p$ 为：

$$M=(p_i+c\cot\varphi)\left(\frac{2\sin\varphi}{1-\sin\varphi}\right)\left(\frac{R_0^{\mathrm{a}}}{r_0}\right)^{\frac{2\sin\varphi}{1-\sin\varphi}} \tag{8-40}$$

假设围岩与锚杆共同变形，锚杆最大轴力为：

$$N_{\max}=\frac{k}{2}\left(\frac{M(R_0^{\mathrm{a}})^2}{4G}-r_0u_0^{\mathrm{a}}\right)E_{\mathrm{a}}A_{\mathrm{s}}\left(\frac{1}{r_0^2}-\frac{1}{r_c^2}\right) \tag{8-41}$$

将式（8-40）代入式（8-41）并整理可得支护后塑性区的半径公式如下：

$$R_0^{\mathrm{a}}=\left[\frac{Ar_0^t}{t(p_i+c_1\cot\varphi)}\right]^{\frac{1}{t+2}} \tag{8-42}$$

式中：

$$A=4G\left[\frac{2N_{\max}}{kE_{\mathrm{a}}A_{\mathrm{s}}\left(\frac{1}{r_0^2}-\frac{1}{r_{\mathrm{c}}^2}\right)}+r_0u_0^{\mathrm{a}}\right];t=\frac{2\sin\varphi}{1-\sin\varphi} \tag{8-43}$$

式中：G——围岩剪切弹性模量，$G=\dfrac{E}{2(1+\mu)}$；

c_1——锚喷支护后围岩的黏聚力，$c_1=c+\dfrac{\tau_{\mathrm{a}}A_{\mathrm{s}}}{e\cdot i}$；$e$、$i$ 为锚杆的间距；

$N_{\max}$——锚杆实测最大轴力；

E_{a}——锚杆的弹性模量；

A_{s}——锚杆的横截面面积；

r_{c}——锚杆外端点的半径；

τ_{a}——锚杆的抗剪切强度；

u_0^{a}——锚杆锚固前洞壁的变形值。

式（8-43）中指数 $2\sin\varphi/(1-\sin\varphi)$ 的物理意义，可近似理解为“抗压强度比”，如图 8-16 所示。

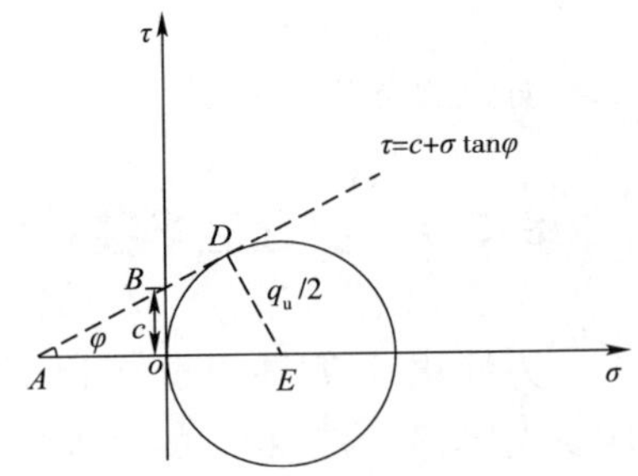

图 8-16　库仑准则

斜直线与横轴交点为莫尔圆点圆，代表三轴等拉抗拉强度，即 $c\cot\varphi$；而单轴抗压强度 $q_u = 2c\cos\varphi/(1-\sin\varphi)$；二者之比 $1-\sin\varphi/2\sin\varphi$ 为拉压强度比。同理，指数 $2\sin\varphi/(1-\sin\varphi)$ 可理解为"压拉强度比"。

8.5.2　拱圈系统锚杆可行性分析

岢临高速公路某小净距黄土隧道拱圈开挖半径为6.04m，围岩力学参数如下：变形模量 $E=150\text{MPa}$，$\mu=0.32$，$c=91.81\text{kPa}$；$\varphi=35.24^\circ$；初期支护采用锚喷支护措施，系统锚杆为 $D=22\text{mm}$，$L=3\text{m}$，环纵向间距为1m的全长黏结式锚杆，其弹性模量 $E_a=210\text{GPa}$，$r_c=9.04\text{m}$，锚固前实测的洞壁位移值为 $u_0^a=30\text{mm}$。现场实测的喷射混凝土和围岩之间的最大接触应力为94KPa。

在锚杆的中性点位置$\left(r_{中}=\sqrt{\dfrac{2r_c^2r_0^2}{r_c^2+r_0^2}}\right)$布置测点，测得其最大轴力为12.443kN。

按照式(8-42)计算出的围岩塑性区半径 R_0^a 为 $7.11\text{m}<6.04\text{m}+3\text{m}$，计算结果表明其拱圈部位理论计算的塑性区半径小于锚杆的外端点半径，因此在此黄土隧道拱圈部位采用3m长的系统锚杆支护是可行的，但前已陈述在拱圈部位设置的系统锚杆可以取消。

8.5.3　围岩参数对塑性区的影响

为探讨围岩参数 E、μ、c、φ 的变化对塑性区范围的影响(图8-17～图8-20)，本节假定在探讨某一参数变化时，其他各参数保持原值不变。

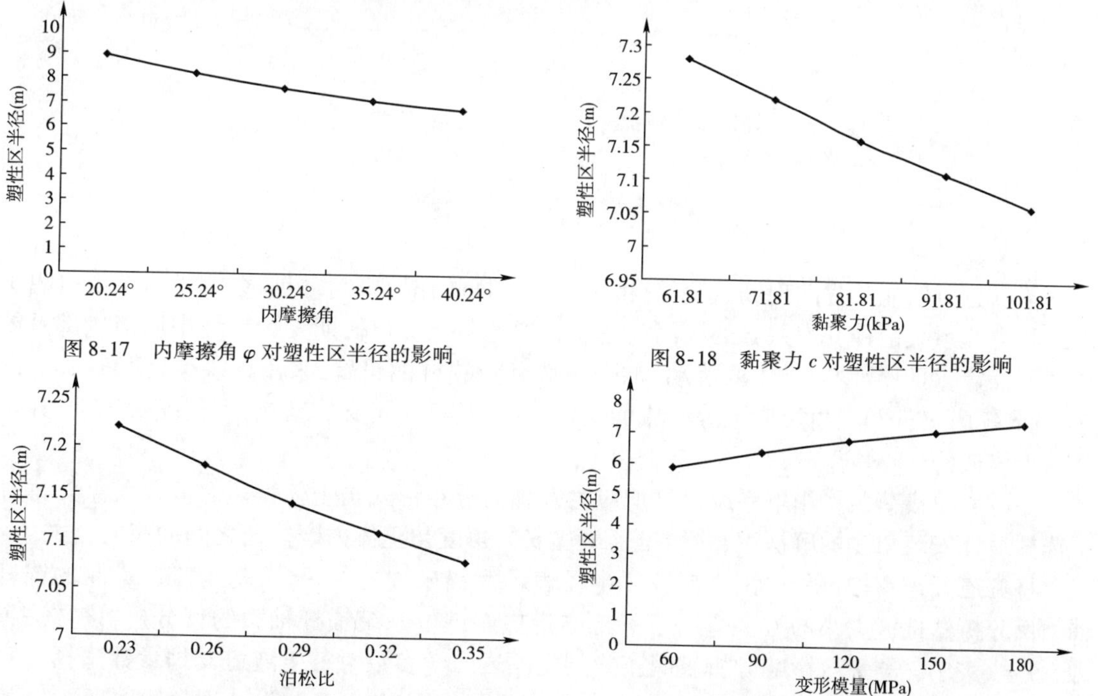

图8-17　内摩擦角 φ 对塑性区半径的影响

图8-18　黏聚力 c 对塑性区半径的影响

图8-19　泊松比 μ 对塑性区半径的影响

图8-20　变形模量 E 对塑性区半径的影响

图8-17和图8-18表明，随着土体内摩擦角φ和黏聚力c的增加，围岩塑性区半径在不断减小，说明结构强度好的围岩本身就对塑性区的抑制起到一定作用，不同c和φ值下，塑性区范围计算有差别，因此正确地确定围岩的c和φ值对隧道支护设计的优化具有一定的指导作用。

图8-19和图8-20表明，随着土体泊松比μ的增加，围岩塑性区半径在不断减小，而随着变形模量E的增加，围岩塑性区半径则在不断增加；在单一参数影响因素下，塑性区半径由$\mu=0.23$时的7.22m变为$\mu=0.35$时的7.08m，而塑性区半径则由$E=60$MPa时的5.86m变为$E=180$MPa时的7.39m，变形模量的变化对塑性区半径的影响较泊松比μ的变化影响为大。

8.5.4 支护抗力对塑性区的影响

支护抗力对塑性区的影响见图8-21。

图8-21表明，在支护抗力$p_i=0$时，也就是围岩和初期支护间的接触应力为零时，塑性区半径最大为7.51m；待施作锚杆支护后，随着围岩和初期支护间支护抗力的增大，塑性区半径逐渐减少，待支护抗力为124kPa时，塑性区半径已降至7.00m，说明支护在抑制围岩塑性区发展方面起到很好的作用效果。

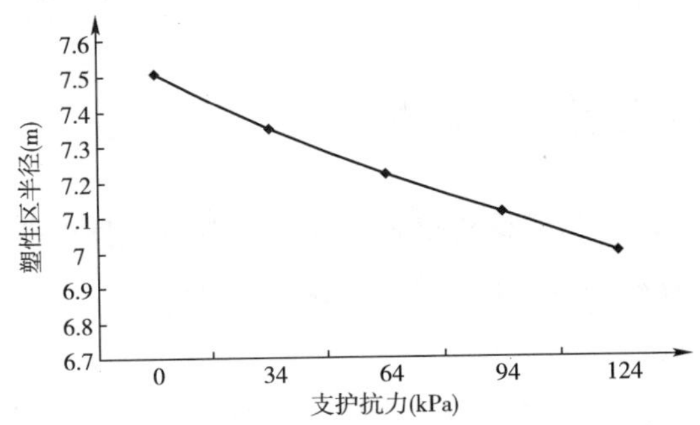

图8-21 支护抗力P_i对塑性区半径的影响

8.6 结　　论

本章通过依托工程的现场试验，分析了系统锚杆的作用机制，根据数值模拟结果得出了拱圈和边墙系统锚杆受力差异的原因。建议在浅埋黄土隧道初期支护设计中取消拱部系统锚杆的设置，可以减少对土体的扰动；加强边墙部位锚杆的设置，采用钢拱架、钢筋网、纵向连接筋、锁脚锚杆和喷射混凝土等组成的支护体系，及早封闭支护结构，不仅缩短工期，并可节省工程造价。

探讨了拉拔荷载作用下系统锚杆剪应力及轴力分布形式与土体性质之间的关系。推导了锚杆最佳安装角度的解析解，并给出了最优安装角度与土体内摩擦角之间的简易公式。

将隧道开挖支护过程中围岩塑性区半径表示为锚杆轴力的函数，基于监控量测的锚杆轴力反分析塑性区大小的方法适用于黄土隧道拱圈部位系统锚杆轴力的反分析，该方法可行、科学、实用。塑性区影响分析表明正确判定围岩力学参数对黄土隧道支护参数选择具有重要作用，适时支护对抑制围岩塑性区大小具有重要作用，是新奥法设计理念的体现。

9 小净距黄土隧道监控量测及支护受力特性分析

9.1 概 述

由于岩土工程的复杂性和特殊性,采用新奥法设计和施工的隧道,为了掌握施工过程中围岩和支护的力学动态及稳定程度,以及确定施工工序,保证施工安全,必须搞好监控量测。

新奥法中的监控量测是隧道施工不可或缺的一部分。新奥法的实质在于首先对围岩变形建立监控设计手段,而围岩变形能够综合反映隧道开挖后围岩性能的变化,故围岩监控量测在新奥法施工中具有重要的作用。它与喷射混凝土和锚杆并列为新奥法三大支柱,量测是监控的手段,监控是量测的目的。

利用现场监测的数据信息,在分析现场监测数据的基础上,对隧道施工中有可能出现的灾害或病害进行预测或控制,对隧道的受力和变形进行动态反馈预测,对隧道的安全性进行评价,并进而对隧道的施工进行指导,用以有效指导施工,修改施工参数,合理安排施工工序,实现真正的信息化施工,从而大大降低隧道施工中的风险,保证隧道的施工安全,具有很重要的现实意义。

对于大断面小净距黄土隧道施工来说,更要加强地质超前预报,加强对地表、围岩和支护的监控量测,及时对量测信息进行分析,以科学的设计、合理的施工方法进行动态设计和施工。

9.2 监 控 量 测

9.2.1 监控量测目的和意义

①通过对围岩与支护的观察和量测,达到合理安排隧道施工工序、确保施工安全、修改支护参数和积累资料的目的。

②通过对围岩和支护的变位、应力量测,掌握围岩和支护的动态信息并及时反馈,指导隧道施工作业。

③对监测数据进行科学的分析处理,及时预测和反馈,以保证施工安全和隧道围岩及支护结构的稳定。

④监控量测的结果可以应用到其他类似工程中,作为指导复合式衬砌设计和施工的重要参考依据。

9.2.2 监控量测项目

量测项目根据其重要程度可分为必测项目和选测项目。必测项目是必须进行的常规测量,是判断围岩稳定状态、支护结构工作状态,指导设计施工的经常性量测,是新奥法监测的重点项目。主要包括:①地质及支护状况观察;②拱顶下沉量测;③周边收敛量测;④地表沉降。

选测项目是对一些具有特殊意义和具有代表性意义区段进行的补充量测,用来判断隧道围岩松动状态和锚喷支护效果,可为以后设计积累资料。主要包括:①围岩内部位移量测;②围岩和初期支护间接触压力;③初期支护与二次衬砌间接触压力;④钢拱架应力(或格栅拱架应力);⑤支护结构内力;⑥锚杆轴力量测;⑦衬砌裂缝量测;⑧锚杆拉拔力。

在依托工程的监控量测中,根据研究需要选择必要的监测项目,现场监控量测使用到的仪器如表9-1所示。

现场监控量测使用仪器一览表　　表9-1

序　号	仪器设备名称	功能作用	使用项目名称
1	地质罗盘仪	观察掌子面	地质素描
2	佳能数码相机	观察支护结构状况	支护状况观察
3	精密水准仪	监测绝对位移值	地表及拱顶沉降
4	数显收敛计	监测周边收敛量	周边收敛量测
5	智能综合测试仪	测量各应力计和应变计的变化数值	锚杆内力、钢支撑内力、二次衬砌内力、围岩压力、初期支护与二次衬砌接触应力

9.3 位移监测管理及分析

9.3.1 位移监测及保证措施

位移数据是分析隧道开挖后围岩动态的重要数据,也是量测的主要对象。其"质"和"量"决定了对出现问题判断的正确性和可靠性。因此,在位移量测中,必须规范我们的量测"行为"。

(1)位移量测方法

随着测量仪器的进步,以钢尺和塔尺、数显收敛计等方法进行的拱顶、拱脚下沉及净空位移测定的方法,已经逐步向实用化的三维测点系统改进。日本在2009年《公路隧道观察、量测指南》中规定位移量测都要采用三维测定系统的位移测定方法。

所谓三维测定系统,就是采用全站仪根据视准间距和角度,求出视准位置的坐标的测定系统。可得出每个测点的垂直方向和水平方向的坐标变化量。拱顶测点垂直方向的坐标变化量就是拱顶下沉值,拱脚部位测点垂直方向的坐标变化量就是拱脚部位的下沉值,水平方向的坐标变化量就是净空位移值。

(2)初始值的测定

在通常的位移量测中,量测值都不包括先行位移。因此,在小净距黄土隧道的施工中,尽可能早地量测初始值是非常必要的。初始值的量测,不管位移大小,正确了解其值是很重要的。初始值原则上应在出渣后3h以内量测,因施工原因而不得已的场合,也要控制在6h以内,并且在下一开挖循环以前进行测定。量测开始越晚,遗失的量测数据越多,量测结果指导施工的效果也越差。在隧道施工中,随掌子面的不断推进,位移增大而后收敛。因此,初期值量测越晚,得到的量测位移值就比实际位移值小,就可能对围岩动态作出过小的评价。因此,初期值的量测要尽可能早地进行。

(3)位移量测精度

位移量测,特别是在黄土隧道中,因为变形量一般较大,对其精度的要求不高。日本在《公路隧道观察、量测指南》中规定测量精度应采用能够确保±2mm以下的测量仪器。因此,在黄土围岩或软弱围岩的隧道施工中,不要求很高精度的量测,但要求高可靠性的量测。

(4)位移量测保证措施

①坚持按计划、有步骤地进行监测,监控量测前应编制工程监控量测实施计划,包括使用仪器、监控量测精度、测点布置及监控量测的频率和周期。

②在施工监控量测过程中,要保证使用的仪器及传感器的精度和可靠性,组织有经验的监控量测工程技术人员参与,确保监测的质量。

③必须保证所监控量测的数据真实、可靠,监控量测人员要对监控量测数据负责。

④根据施工具体情况确定监控量测项目,设定变形值、内力值及其变化速率预警值。当发现以上各值变化速率超过预警值时,应及时报告总工程师和监理工程师,并采取应急补救措施。

⑤安排有经验的工程技术人员按要求进行现场观察,并做好记录。对施工中可能存在的隐患,应高度重视、及时处理,消除可能出现的工程事故。

⑥监控量测资料应包括完整清晰的监控量测记录、图表、曲线和文字报告,并报监理人员审查。

⑦采用回归分析,求出测点变形与时间回归方程,将结果及时反馈,以便指导设计和施工。

9.3.2　位移管理

众所周知,隧道结构体系是由围岩和支护结构组成的,即隧道结构体系=围岩+支护结构。隧道施工是一个应力释放、转移和控制、调整的动态过程。施工过程就是控制和调整围岩动态变形的过程。位移状态的变化是围压应力变化的直观表现,隧道开挖后必然会引起各种变形的发生,但如果仅仅是弹性变形则是容许的,即使发生塑性变形,只要不造成围岩松弛,也是容许的。容许这些变形的发生,也就是利用了围岩自身的支护效应。

小净距黄土隧道安全管理的一个基本理念就是在施工过程中将隧道围岩的变形控制在容许变形值之内。容许变形值是指各种支护手段实施后的容许变形值,包括:掌子面先行位移最大值、挤出位移最大值、开挖后拱顶下沉量、净空收敛值及拱脚部位下沉量的收敛值、位移收敛距离等。

一般来说,围岩的全位移值包括掌子面到达前的先行位移和掌子面通过到量测开始间的初始位移以及掌子面通过后的量测位移,如图 9-1 所示。这三部分位移是相伴而生的,并且是“动态”的。在小净距黄土隧道的施工中,支护的主要目的就是要抑制这些位移量及其发展,以此来制约这些位移所引起的围岩松弛乃至失稳。

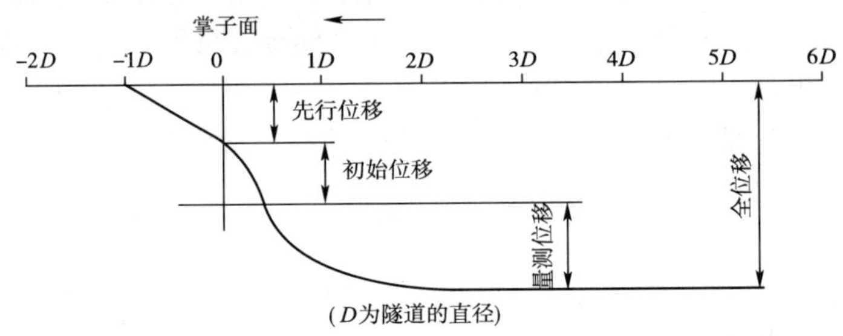

图 9-1　掌子面的推进和位移概念图

全位移值也就是在隧道开挖后无支护条件下的最大可能变形值。也就是说,支护(包括初期支护和超前支护)设置后必须把全位移值控制在容许变形值范围之内。因此,必须建立全位移值和量测位移值之间的关系,才能够根据量测位移值来控制全位移值。

从图 9-1 中可以看出,目前我们能量测到的位移值仅仅是全位移值中的一部分,如何从量测位移转换为全位移值是目前量测中需要解决的问题之一,也是理论上和应用上要解决的一个问题。

全位移值 = 先行位移值 + 初始位移值 + 量测位移值

容许位移值 = 全位移值 /k (k 为安全系数)

要确定容许值,首先必须知道先行位移值和初始位移值的大小。在目前的量测方法中,这两个位移值是无法量测到的。因此,只能通过大量量测数据的统计分析加以确定,但离散性也是很大的,此种方法是日本采取的主要方法;另一种方法,就是采用理论解析方法确定,该法虽然可以预计出全位移值,但是其可信性比用统计方法更离散;最后就是用经验方法,但也要有统计数据和理论解析的支持。

9.3.3　位移分析

由于土体的流变特性,土体的变形曲线可分为三个区段:

①基本稳定区。主要标志是变形速率不断下降,即 $d^2u/dt^2 < 0$,也称为一次蠕变区。

②过渡区。变形速率长时间保持不变,即 $d^2u/dt^2 = 0$,也称为二次蠕变区。

③破坏区。变形速率不断增长,即 $d^2u/dt^2 > 0$,也称为三次蠕变区。

与之相应,现场监控量测位移—时间曲线也可能出现以上三种形态,对于小净距黄土隧道开挖后的实测位移—时间曲线:

当 $d^2u/dt^2 < 0$,表明变形速率不断下降,可认为围岩趋于稳定。

当 $d^2u/dt^2 = 0$,表明位移—时间曲线直线上升,围岩进入第二蠕变状态,必须发出警告,及时加强支护系统的强度和刚度。

当 $d^2u/dt^2 > 0$,表明变形速率逐渐增长,曲线出现反弯点时,表明围岩已进入危险状态,必须立即停工,妥善处理。

为确保小净距黄土隧道施工的安全,对安全监控量测和预报必须认真统筹规划,避免临时被动应付。国内外对安全监控量测和预报工作实行分级管理办法,参照铁路隧道相关技术规范,要求在小净距黄土隧道的施工中采用三级变形监测管理等级指导施工(表9-2)。将容许值的2/3作为警告值,容许值的1/3作为基准值。将警告值和容许值之间称为警告范围,实测值落在此范围,应提出警告并采取对策,预防最终位移值超限。警告值和基准值之间称为注意范围,实测值落在基准值以下,说明隧道和围岩是稳定的。

小净距黄土隧道三级变形监控量测管理等级表　　表9-2

管理等级	管理位移	施工状态
Ⅲ	$U_0 < U_n/3$	可正常施工
Ⅱ	$U_n/3 \leqslant U_0 \leqslant 2U_n/3$	加强监控量测
Ⅰ	$U_0 > 2U_n/3$	采取加强支护措施

注:U_0 为实测位移值,U_n 为容许位移值。

各级监测管理指标是在安全基准值的基础上,乘以适当的安全系数后确定的,同时要考虑相似的工程实例、室内试验和计算分析结果,并且应在施工过程中通过监控量测资料予以修正,使其尽可能符合具体工程实际。

9.4 支护结构受力现场试验

9.4.1 传感器测试原理

钢弦式测试元件的基本原理是由元件内钢弦的应力变化转变为钢弦的振动频率变化,根据下式计算:

$$f = \frac{1}{2L}\sqrt{\frac{\sigma}{\rho}} \tag{9-1}$$

式中:f——钢弦的振动频率;

L——钢弦的长度;

ρ——钢弦的密度;

σ——钢弦所受的张拉应力。

L 和 ρ 是定值,所以钢弦的频率只取决于钢弦上的张拉应力。从弹性理论可知,钢弦上产生的张拉应力与承压面压力呈线性关系,钢弦频率与压力 P 的关系如下:

$$f^2 - f_0^2 = kP \tag{9-2}$$

式中:f——受压后钢弦的频率;

f_0——未受压钢弦的频率;

P——所受压力;

k——标定系数。

9.4.2 监测点布设

为更好地了解小净距黄土隧道施工过程中支护结构的受力特性，在依托工程岢临高速公路某小净距黄土隧道 K113 +110 断面的拱顶位置、左右拱腰位置、左右拱脚位置及左中导和右下导位置分别布设了喷混凝土埋入式智能弦式应变传感器和双膜土压力盒，用以测试初期支护喷射混凝土的受力状况和初期支护与围岩之间的接触应力；在 K113 +095 断面的仰拱底位置、仰拱左右腰位置及左右脚位置分别布设了仰拱混凝土埋入式智能弦式应变传感器和双膜土压力盒，用以测试仰拱混凝土的受力状况和仰拱与围岩之间的接触应力；在 K113 +115 断面拱顶内外侧位置、左右拱脚内外侧位置、左右墙脚内外侧位置分别布设了二次衬砌智能弦式应变传感器，以了解小净距黄土隧道二次衬砌的受力状态。

图 9-2 初期支护喷混凝土受力监测

9.4.3 初期支护喷混凝土受力监测

(1)拱顶喷混凝土受力监测

如图 9-3 所示，拱顶位置的喷射混凝土处于受压状态，混凝土喷射完毕后的 10d 左右，其受力变化幅度较大，说明上台阶环形开挖后，初期支护的承载效果明显；待仰拱开挖后其压应变值出现了突变，说明仰拱开挖对拱部初期支护的受力影响较大；仰拱施工完毕后，初期支护形成了一个环形的封闭体系，围岩应力重分布的结果使得拱顶位置初期支护应力有减小的趋势；随着掌子面的不断推进，其受力仍有不断增大的趋势，但是变化幅度较小，最后其值稳定在 $-548\mu\varepsilon$，约为 16.166MPa，小于 C25 混凝土的极限抗压强度。

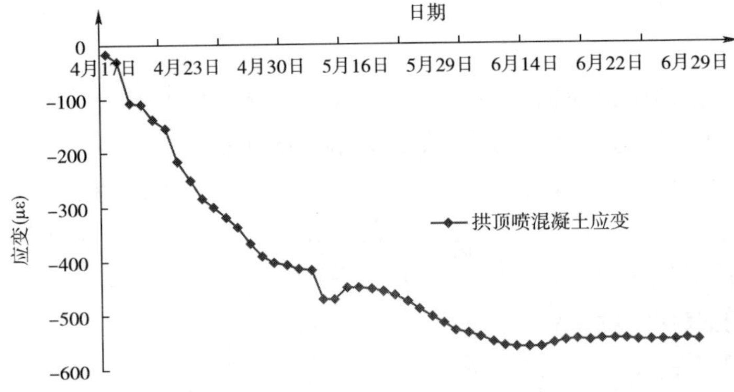

图 9-3 拱顶位置喷混凝土应变时程曲线

(2)拱腰喷混凝土受力监测

如图9-4所示,拱腰位置的喷射混凝土处于受压状态,混凝土喷射完毕后的10d左右,其受力变化幅度较大,待仰拱开挖后其压应变值出现了突变,说明仰拱的开挖对拱腰位置初期支护受力影响较大;仰拱施工完毕后,初期支护形成了一个环形的封闭体系,围岩应力重分布的结果使得拱腰位置初期支护应力有减小的趋势;随着掌子面的不断推进,其受力整体上看仍有增大的趋势。左拱腰位置喷混凝土应变值稳定在$-993\mu\varepsilon$,而右拱腰位置喷混凝土应变值稳定在$-626\mu\varepsilon$,说明偏压对初期支护拱腰位置的混凝土受力影响较大。

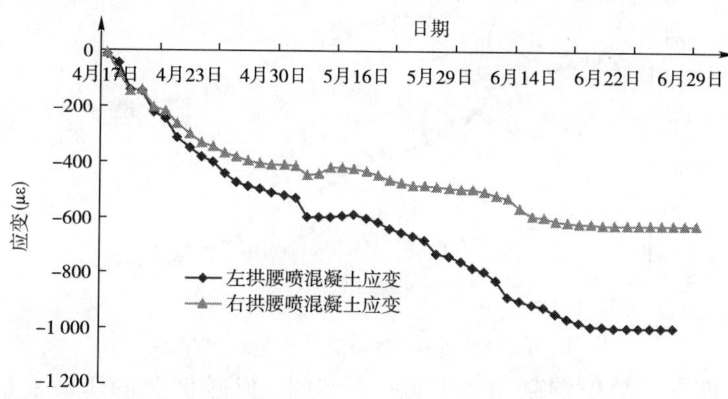

图9-4　拱腰位置喷混凝土应变时程曲线

(3)拱脚喷混凝土受力监测

如图9-5所示,拱脚位置喷射混凝土整体上处于受压状态,混凝土喷射完毕后的5d左右,其受力变化幅度不大,此时钢拱架是主要的承载结构,随后拱脚位置的压应变值急剧增大;待仰拱开挖后其压应变值则出现了突变,其值继续增大,说明仰拱的开挖对拱脚初期支护受力影响很大;仰拱施工完毕后,初期支护形成了一个环形的封闭体系,围岩应力重分布的结果使得拱脚位置初期支护应力有稍微减小的趋势;随着掌子面的不断推进,其受力整体上看仍有增大的趋势。左拱脚位置喷混凝土应变值稳定在$-552\mu\varepsilon$,而右拱脚位置喷混凝土应变值稳定在$-756\mu\varepsilon$,说明偏压对先行洞内侧拱脚位置的初期支护混凝土受力影响也较大。

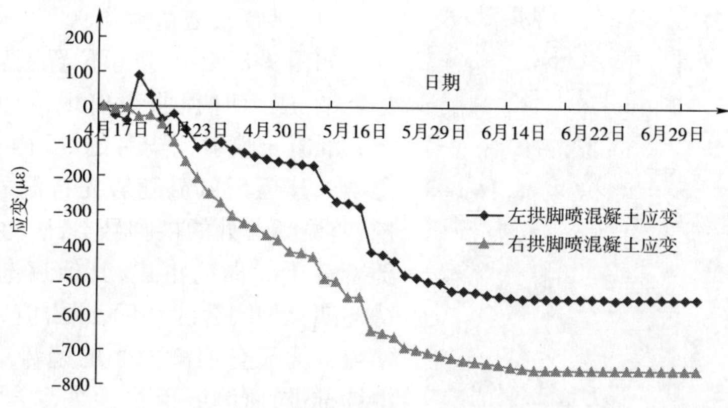

图9-5　拱脚位置喷混凝土应变时程曲线

(4)边墙喷混凝土受力监测

如图9-6所示,导坑边墙位置的喷射混凝土整体上处于受压状态,下导坑的开挖使得边墙位置的喷混凝土应变发生突变,随后其值呈现出不断增大的趋势;仰拱的开挖同样使得其值发生了突变,待初期支护封闭成环后在应力重分布的作用下,其值虽有增大但变化幅度很小。右边墙下导喷混凝土应变值稳定在-265με,其值明显低于左边墙中导喷混凝土应变的稳定值-646με。

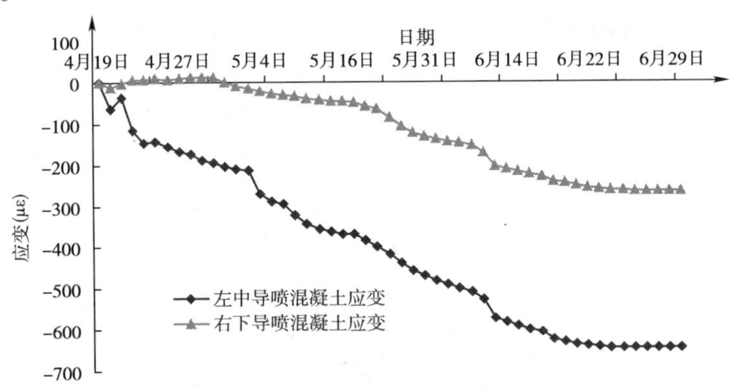

图9-6　导坑边墙位置喷混凝土应变时程曲线

综上所述,初期支护喷射混凝土主要以受压为主,拱腰位置的压应变值大于拱脚位置,拱顶次之;受偏压的影响,左边墙中导应变值明显高于右边墙下导应变值。参照《公路隧道设计规范》(JTG D70—2004)中C25混凝土的弹性模量,初期支护喷射混凝土所受压力的最大值为29.294MPa,但考虑初期支护钢拱架的作用效果,其在一定程度上阻止了喷射混凝土压裂现象的出现,即整体上来看初期支护是安全的。

9.4.4　围岩压力监测

围岩压力监测如图9-7所示。

监测断面的拱顶、左右拱腰、左右拱脚及左右边墙位置处的围岩压力如图9-8~图9-11所示。

图9-7　围岩压力监测

(1)拱顶围岩压力监测

如图9-8所示,拱顶位置围岩压力的变化较为复杂,压力时程曲线出现了明显的波峰和波谷。混凝土喷射完毕后的3d内,压力值由3kPa急剧上升至53kPa,随着先行洞外侧中导坑的开挖,监测断面处的拱脚悬空,压力值则逐渐降低。随着掌子面向前推进,其值逐渐增大至75kPa,待初期支护闭合成环后,围岩应力重分布的结果使得其值又有逐渐减小的趋势。随着掌子面的继续推进,监测断面拱顶处围岩压力虽有增长,但影响减弱。受二次衬砌施工的影响,其值逐渐稳定在 52kPa 左右。

(2)拱腰围岩压力监测

如图 9-9 所示,整体上来看,左右拱腰处围岩压力均经历了一个由小到大,再逐渐减小的过程。混凝土喷射完毕后的 3d 内,左拱腰处围岩压力值很小,监测的最大值只有 6kPa,随着先行洞外侧中导坑的开挖,监测断面处的拱脚悬空,随后 3d 其压力值急剧增大至 73kPa,变化较右拱腰处围岩压力显著。随着掌子面的不断向前推进,左右拱腰处的围岩压力都有不断增大的趋势,前者最大值达到了 91kPa,后者最大值达到了 87kPa。待仰拱开挖支护完毕,初期支护形成闭合承载环,围岩应力重分布的结果使得左右侧拱腰处的围岩压力都有减小的趋势。受二次衬砌施工的影响,其值都进一步减小,但右侧拱腰处围岩压力值大于左侧,最后分别稳定在 51kPa 和 42kPa。

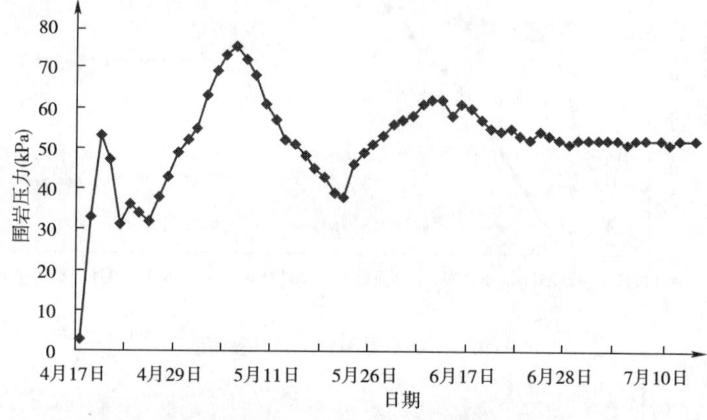

图 9-8　拱顶位置围岩压力时程曲线

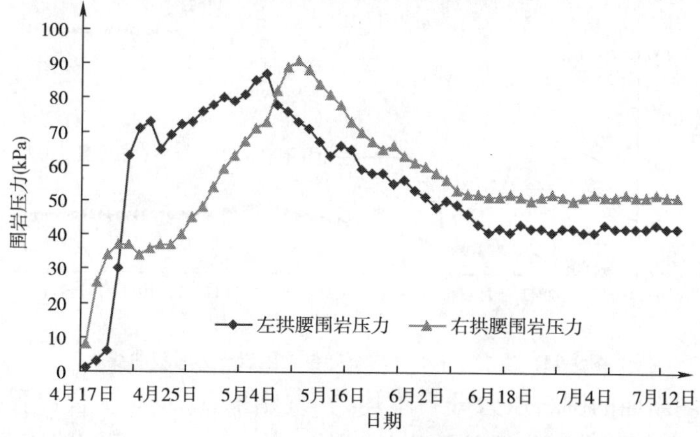

图 9-9　拱腰位置围岩压力时程曲线

(3)拱脚围岩压力监测

如图 9-10 所示,整体上来看左拱脚处围岩压力的变化较右侧拱脚复杂。混凝土喷射完毕后的 3d 内,围岩压力值左拱脚处明显大于右拱脚处,随着先行洞外侧中导坑的开挖,监测断面处的拱脚悬空,随后 7d 左拱脚处围岩压力迅速降低,而右拱脚处围岩压力则急剧上升。随着掌子面的不断向前推进,左右拱脚处的围岩压力都有不断增大的趋势,前者最大值达到了 72kPa,后者最大值达到了 55kPa。受二次衬砌施工的影响,其值都进一步减小,但左侧拱脚处围岩压力值大于右侧,最后分别稳定在 42kPa 和 16kPa。

(4)边墙围岩压力监测

如图 9-11 所示,左边墙中导位置围岩压力整体上来看经历了一个由小到大,最后渐趋稳定的过程,围岩压力的最大值为 61kPa;而右边墙下导位置的围岩压力变化幅度较大,压力曲线出现了明显的拐点,围岩压力的最大值为 275kPa。分析右边墙下导位置压力急剧变大的原因是受地形偏压的影响,后行洞的施工对先行洞内侧边墙围岩压力的影响明显大于外侧边墙。

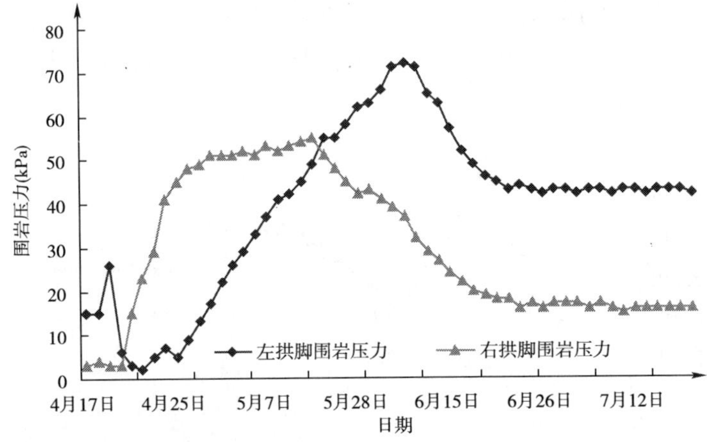

图 9-10　拱脚位置围岩压力时程曲线

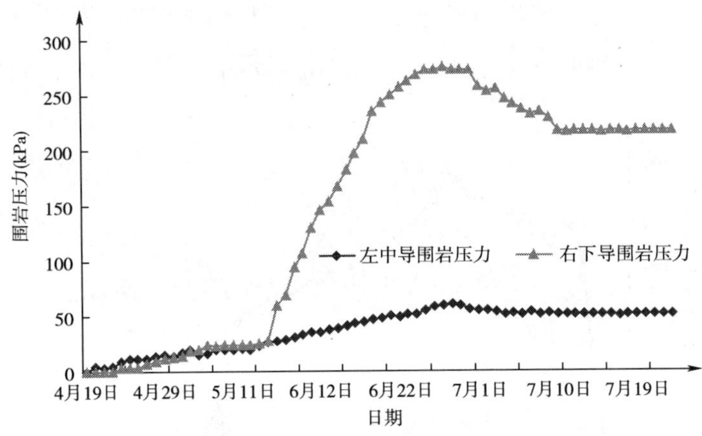

图 9-11　边墙左中导和右下导位置围岩压力时程曲线

综上所述,监测断面的围岩压力分布不均匀,整体来看,左右拱腰位置处围岩压力的最大值大于拱顶位置和左右拱脚位置处围岩压力的最大值。受后行洞施工的影响,先行洞内侧边墙即靠近中间岩柱侧的围岩压力较其他监测点处的值明显偏大。可在施工时,增加此处系统锚杆的数量,加大边墙与仰拱连接处锁脚锚杆的锚固力度。

9.4.5　仰拱接触应力监测

监测断面的仰拱底、左右仰拱腰及左右仰拱脚位置处的接触应力如图 9-12 ~ 图 9-14

所示。

(1)仰拱底接触应力监测

如图9-12所示,在仰拱及其填充混凝土浇筑完毕后,仰拱底部的接触应力最大,达到了99kPa,随着混凝土强度的不断提高,接触应力则迅速下降,这一过程持续了10d左右;之后随着掌子面的不断向前推进和施工影响,其值整体上来看有不断上升的趋势,最后稳定在92kPa,其值大于按 $P = \gamma h$ 计算的应力值。说明仰拱底部不仅承受仰拱及其填充混凝土的压力,而且要承受仰拱底鼓现象带来的形变压力,仰拱底部围岩应力的不断释放是其值较大的根本原因。

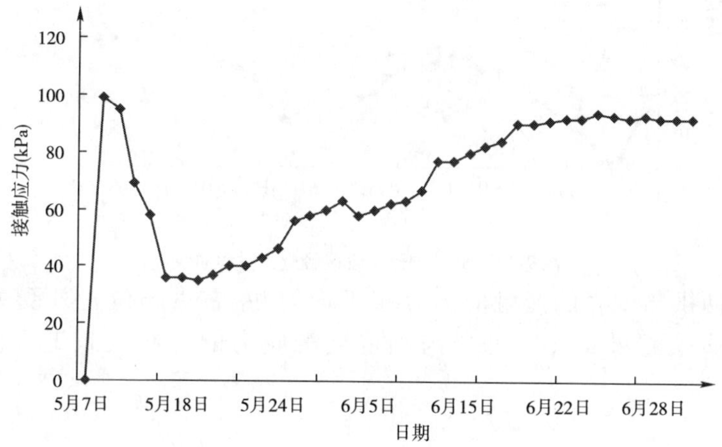

图9-12 仰拱底位置接触应力时程曲线

(2)仰拱腰部接触应力监测

如图9-13所示,仰拱左腰位置监测点的接触应力随时间有不断增大的趋势,其值最终稳定在171kPa;而仰拱右腰位置监测点的接触应力则呈现出先减小后增大的趋势,其值最终稳定在138kPa,较仰拱左腰位置接触应力值为小。

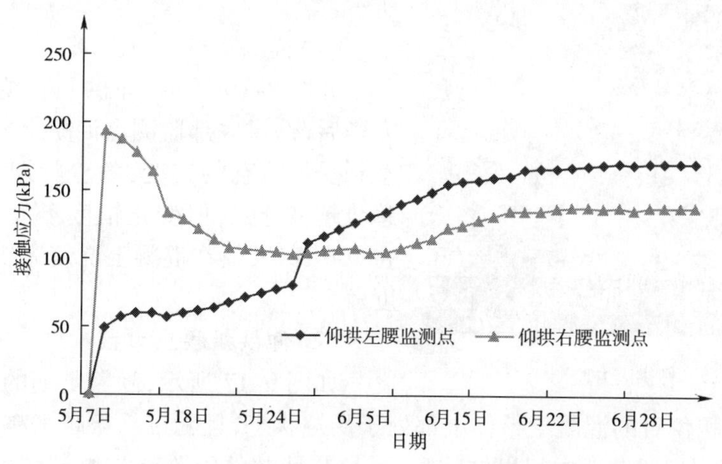

图9-13 仰拱腰部位置接触应力时程关系

(3)仰拱脚部接触应力监测

如图9-14所示,仰拱左右脚位置的接触应力变化较为复杂,均经历了先减小后增大,再减小后继而再增大的变化，其值变化起伏较大；仰拱右脚位置监测点接触应力最终稳定在81kPa，而左脚位置监测点接触应力则稳定在35kPa，其值明显小于仰拱右脚位置的接触应力。

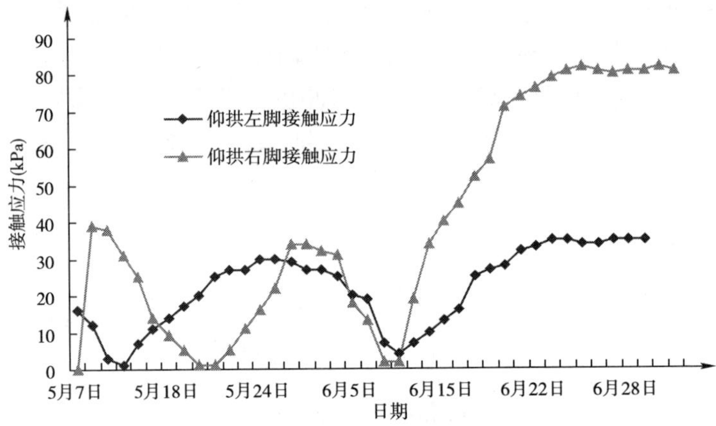

图9-14　仰拱脚部位置接触应力时程曲线

综上所述，仰拱与围岩的接触应力分布不均匀，左右拱腰位置处受力最大，仰拱底部次之，左右拱脚位置处最小。仰拱与围岩接触应力的分布大致上呈倒“猫耳朵”型分布。

9.4.6　仰拱应力监测

仰拱应力监测见图9-15。

图9-15　仰拱应力监测

监测断面的仰拱底、左右仰拱腰及左右仰拱脚位置处的应力监测结果如图9-16～图9-18所示。

(1)仰拱底部应力监测

如图9-16所示，仰拱及其填充混凝土浇筑完毕后，仰拱底部监测点混凝土经历了由受压状态到受拉状态的转变，随着龄期的增长，其受拉趋势越来越强，但变化幅度不大，最后其值稳定在106με，其值在混凝土浇筑完毕的初期变化幅度较大。

(2)仰拱拱腰应力监测

如图9-17所示，随着龄期的增长，仰拱左腰位置混凝土和右腰位置的混凝土整体上都处于受拉状态，且受拉趋势越来越强；受偏压的影响，右腰位置混凝土(即靠近中间岩柱一侧)受拉趋势整体上强于左腰位置混凝土。左腰位置混凝土拉应变值稳定在115με；右腰位置混凝土拉应变值则稳定在124με，稍大于左侧。两者在量值上均大于仰拱底部混凝土的应变值。

(3)仰拱拱脚应力监测

如图9-18所示,随着龄期的增长,仰拱左脚部位混凝土和右脚部位混凝土整体上都处于受拉状态,整体来看拉应变值经历了由小到大,再逐渐减少的过程;受偏压的影响,右脚部位混凝土(即靠近中间岩柱一侧)受拉趋势整体上强于左脚部位混凝土。左脚混凝土拉应变值稳定在56με;右脚混凝土拉应变值稳定在64με,其值稍大于左脚监测值。

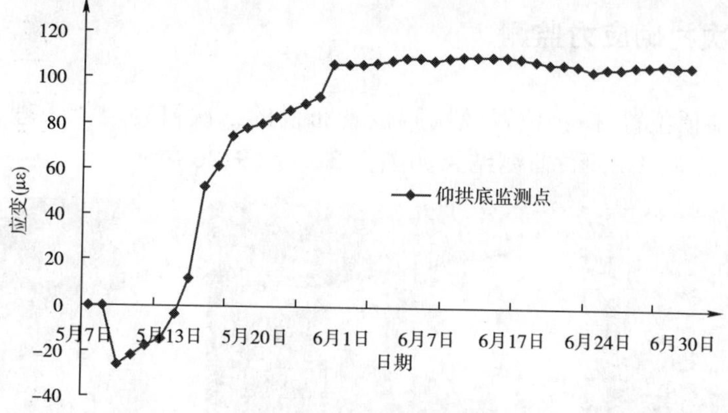

图9-16　仰拱底位置混凝土应变时程关系

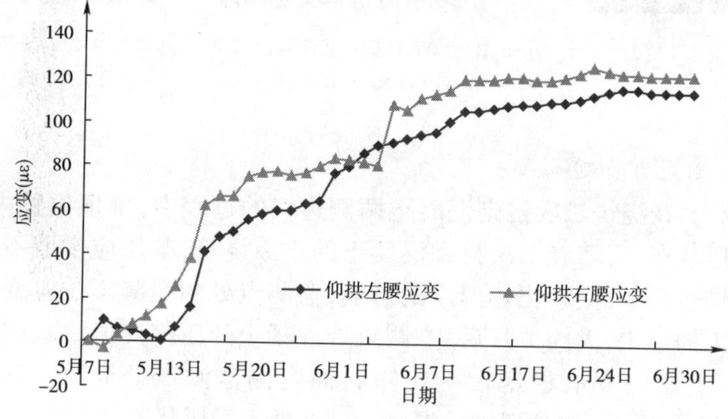

图9-17　仰拱拱腰位置混凝土应变时程关系

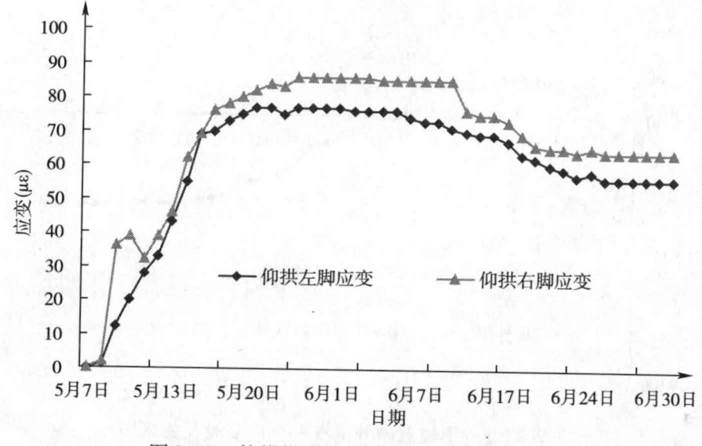

图9-18　仰拱拱脚位置混凝土应变时程关系

综上所述,仰拱混凝土主要以受拉为主,参照《公路隧道设计规范》(JTG D70—2004)中C25 混凝土的弹性模量,仰拱混凝土所受拉力的最大值为 3.658MPa,其值超过了 C25 喷射混凝土的极限拉应力。但考虑仰拱为钢筋混凝土结构,布设的双层钢筋在一定程度上阻止了混凝土拉裂缝的出现和发展,即整体上看,浇筑的仰拱是安全的。

9.4.7 二次衬砌应力监测

监测断面的拱顶位置、拱脚位置及墙脚位置布设的二次衬砌混凝土埋入式智能弦式应变计如图 9-19 ~ 图 9-21 所示;监测结果如图 9-22 ~ 图 9-26 所示。

图 9-19 拱顶位置布置的埋入式应变计

图 9-20 拱脚位置布置的埋入式应变计

图 9-21 墙脚位置布置的埋入式应变计

(1)拱顶内外侧应力监测

如图 9-22 所示,在浇筑二次衬砌混凝土两侧边墙的过程中,拱顶位置内外侧监测点处的混凝土处于受压状态,但随着二次衬砌混凝土的不断浇筑,其压应变值不断减少;在二次衬砌浇筑完毕养护过程中,受水化热温度的影响,监测点处的混凝土拉应变先逐渐增大,后逐渐减少。受施工的影响,大约 1 月后,监测点处混凝土的压应变值一直在不断地增大;外侧监测点处混凝土压应变值稳定在 $-104\mu\varepsilon$,而内侧监测点处混凝土压应变值稳定在 $-244\mu\varepsilon$,明显高于外侧。拱顶位置处的混凝土后期处于受压状态。

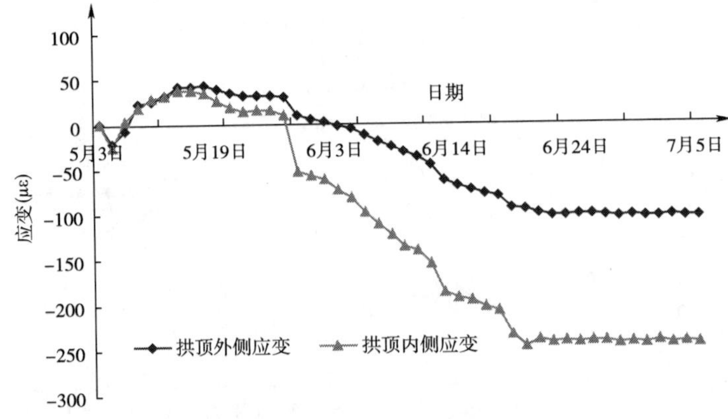

图 9-22 拱顶位置内外侧混凝土应变时程关系

(2) 左拱脚内外侧应力监测

如图 9-23 所示,左拱脚内外侧监测点均经历了由受拉状态到受压状态的转变,内侧监测点拉压状态的转变时间迟于外侧监测点 1 周左右;内侧监测点处的混凝土前期拉应变值明显高于外侧监测点处混凝土拉应变值,而后期压应变值要低于外侧监测点处压应变值。60d 后内外侧监测点数据变化基本稳定,内侧监测点压应变值稳定在 $-68\mu\varepsilon$,而外侧监测点压应变值稳定在 $-122\mu\varepsilon$。

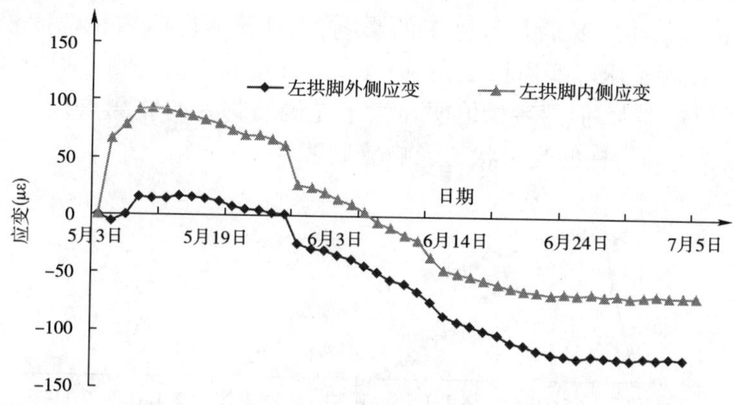

图 9-23 左拱脚位置内外侧混凝土应变时程关系

(3) 右拱脚内外侧应力监测

如图 9-24 所示,右拱脚内外侧监测点同样均经历了由受拉状态到受压状态的转变,内侧监测点拉压状态的转变时间迟于外侧监测点 1 周左右;内侧监测点处的混凝土前期拉应变值稍高于外侧监测点处混凝土拉应变值,量值变化不及左拱脚明显,而后期压应变值要低于外侧监测点处压应变值。60d 后内外侧监测点数据变化基本稳定,内侧监测点压应变值稳定在 $-76\mu\varepsilon$,而外侧监测点压应变值稳定在 $-140\mu\varepsilon$。右拱脚内外侧监测点稳定值比左拱脚内外侧监测点稳定值大,说明偏压也影响着左右拱脚处二次衬砌的受力状态。

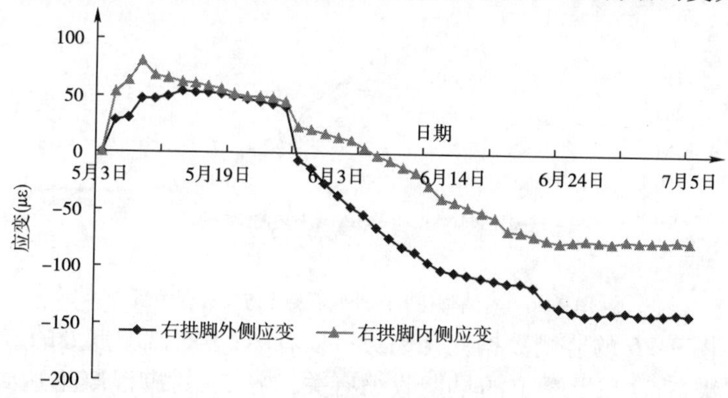

图 9-24 右拱脚位置内外侧混凝土应变时程关系

(4) 左墙脚内外侧应力监测

如图 9-25 所示,浇筑二次衬砌混凝土两侧边墙的过程中,左墙脚位置内外侧监测点处的混凝土处于受拉状态,但二次衬砌混凝土浇筑完毕后,其拉应变值不断减少,内侧监测点处混凝土拉应变变化幅度高于外侧监测点。内外侧监测点均经历了拉压状态的转变,外侧监测点拉压状态的转变时间迟于内侧监测点3周左右。60d后内外侧监测点数据变化基本稳定，内外侧监测点处混凝土受压，压应变值分别稳定在$-52\mu\varepsilon$和$-40\mu\varepsilon$。两者在量值上都较拱顶和拱脚处为小。

(5)*右墙脚内外侧应力监测*

如图9-26所示，右墙脚内外侧监测点位置处混凝土在二次衬砌混凝土浇筑完毕后的10d左右就均经历了拉压状态的转变，时间明显早于其他监测点，外侧监测点处拉压应变值稍大于内侧，但相差很小。受后行洞施工的影响，内外侧压应值增长幅度较大，60d后基本稳定，内侧监测点混凝土压应变值稳定在$-338\mu\varepsilon$，稍大于外侧监测点混凝土压应变的稳定值$-324\mu\varepsilon$，两者相差不大，但两者量值明显大于左侧墙脚处的监测点量值。说明受偏压影响后行洞的施工对中间岩柱的受力状态影响较显著。

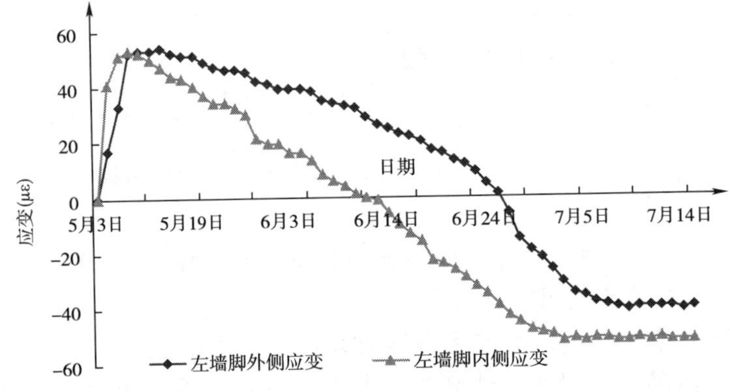

图9-25　左墙脚位置内外侧混凝土应变时程关系

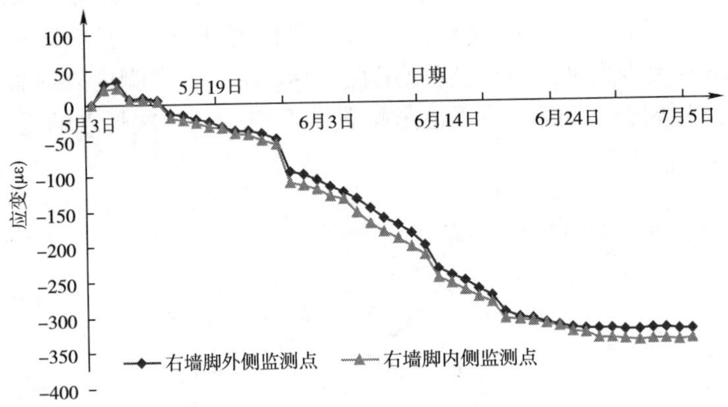

图9-26　右墙脚位置内外侧混凝土应变时程关系

从图9-22～图9-26的监测数据变化趋势可以看出，不同监测点处的二次衬砌混凝土早期基本均为受拉状态，这与混凝土的早期收缩有关；当二次衬砌混凝土达到初凝之后，混凝土拉应变值减少，大部分监测点混凝土则转至受压状态。不同位置二次衬砌混凝土的受力差异较大，其压应变最大值为$-338\mu\varepsilon$，出现在先行洞的右墙脚内侧位置；拉应变最大值为$93\mu\varepsilon$，出现在先行洞左拱脚的内侧位置。参考《公路隧道设计规范》(JTG D70—2004)中不同强度等级的混凝土弹性模量，可以验证二次衬砌混凝土最大压应力值为10.478MPa，其值小于混凝土的容许应力值；而最大拉应力值为2.883MPa，稍大于C30混凝土的极限抗拉强度值2.2MPa,但考虑二次衬砌为钢筋混凝土结构,布设的双层钢筋在一定程度上阻止了混凝土拉裂缝的出现和发展,即整体上看,二次衬砌混凝土结构是安全的。

9.5 小　结

隧道施工是先有荷载,后有结构,结构的受力是不确定的。以新奥法为代表的现代工法的核心是充分发挥围岩的自承能力,其从力学角度出发,提出了保持围岩稳定的思路,围岩与支护系统共同作用达到稳定平衡状态是隧道围岩稳定性的关键。实际工程中,由于地质条件的复杂性,隧道开挖过程中围岩力学性能发生变化,土体力学参数具有很大的不确定性;构造应力的影响导致围岩初始应力场具有不均匀性,隧道开挖后应力产生重分布,很难把握围岩应力的集中区分布以及围岩稳定性可能出现突变点的位置,更无法用应力控制手段来实现围岩稳定性的判断。因此,小净距黄土隧道的设计应以工程类比为主,计算为辅,施工中应通过加强监控量测,及时反馈信息调整支护参数,达到动态设计与动态施工的完美结合,实现控制围岩变形,充分利用围岩自承载能力的目的,预防和严控黄土隧道局部失稳引发整体失稳的问题。

10 小净距黄土隧道施工技术及质量控制

10.1 概　　述

黄土具有不同方向的原生和构造节理，尤其是垂直节理发育，多孔隙、结构疏松，遇水易崩解、剥落。隧道开挖时，围岩土体极易沿节理面张开或剪断，破坏区域大，隧道埋深较浅时，常伴随隧道开挖产生地表纵向及环向裂缝；并且围岩变形释放快、具有突然性。因此，黄土隧道施工应严格按照“短开挖、严控水、强支护、早封闭、快成环、紧仰拱、勤量测、速反馈”的原则组织施工。本章涉及的小净距黄土隧道施工技术主要包含洞口工程施工、隧道开挖方法、初期支护施工、防排水系统及二次衬砌施工技术等。

10.2 黄土隧道洞口工程措施

10.2.1 洞口防排水

黄土隧道施工前应认真进行地表普查，对冲沟、陷穴、暗穴等首先采用灌浆或挖土回填，对松软的地表土和积水坑要整平、夯实并设置一定的排水坡，有条件的话，可以对隧道浅埋段的地表进行覆盖防水。

为防止地表水流入陷穴以及陷穴内的水流入塌方漏斗松散体，恶化其物理指标，并根据地形地貌，可以在穴底夯填黏土做成隔水层。隧道洞口开挖前，首先完成洞顶的截水沟和排水沟，能及时将边、仰坡及周围地表水顺利引流、汇集并排入远离隧道的沟渠内，保证洞口地面干燥，防止地表水进入洞内和渗入洞口地表中。施作浆砌片石水沟时，每隔 15 ~ 20m 设置一道沉降缝，并用沥青麻筋紧密做好防水。

10.2.2 洞口边仰坡开挖防护

受工程地质条件及人为因素的影响，黄土隧道洞口边仰坡容易出现开裂、失稳等病害。洞口段埋深往往较浅，一般处于受地表水侵蚀严重、风化裂隙发育的斜坡面上，结构上部土体难以形成承载拱。所以，洞口边仰坡坡面容易受拉开裂、经地表水浸入后其稳定性很难保证。由于洞口的稳定性在很大程度上直接影响工程建设及运营的安全，因此做好黄土隧道洞口的边仰坡防护非常重要。

为避免高大边坡开裂、滑塌对隧道建设及运营安全带来不利影响，在黄土隧道洞口设计时应尽量避免高边坡的开挖。洞口边仰坡防护结构主要表现为封闭式和开放式两种主要的防护形式。

①封闭式防护结构，主要有浆砌片石护坡与喷射混凝土等灰色圬工防护形式。

②开放式防护结构，主要采用人字行骨架护坡+植物防护的结构形式。

黄土隧道洞口边仰坡的开挖防护可按下述要求进行，边仰坡防护流程如图10-1所示。

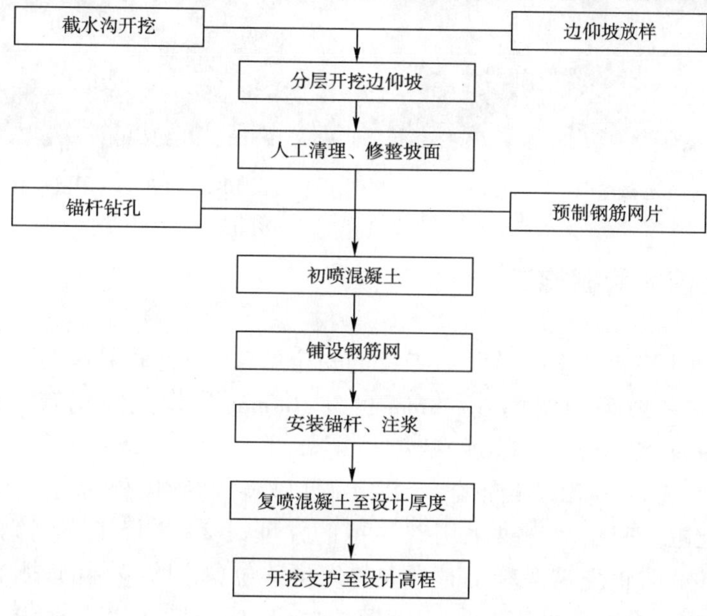

图10-1 边仰坡防护流程图

a. 边坡封闭。用挖掘机按设计坡度，自上而下进行刷坡，对局部松散体人工夯实，边刷边喷5cm厚C20混凝土，做到开挖一层，防护一层，直至达到所确定的钻机平台高程。

b. 边坡打注浆钢花管。注浆花管采用ϕ42mm×3.5mm热压无缝钢管，长6m，间距1.5m×1.5m梅花形布置，顺边坡法线方向打入花管，边坡外预留25cm以备接注浆软管，钢花管尖头电焊封闭。

c. 边坡挂网喷混凝土。边坡注浆钢花管施作成片后，采用ϕ8mm钢筋绑25cm×25cm钢筋网，当钢筋网遇到注浆花管时与其焊牢，自上而下补喷5cm厚C20混凝土，使坡面混凝土喷层厚度达到10cm。

d. 双液注浆。注浆材料采用水泥浆和水玻璃浆混合而成的双液浆，掺磷酸氢二钠作缓凝剂，自下而上逐管注浆，注浆参数如表10-1所示，注浆最终达到边坡稳定，为漏斗松散体深孔注浆创造条件。

双液注浆参数表

表10-1

水泥浆水灰比	水玻璃浆		水泥浆与水玻璃浆体积比	Na_2HPO_4 掺水泥质量(%)	注浆终压(MPa)	稳压时间(min)
	浓度B′e	模数				
1:1	35	2.4	1:0.5	2.0	1.5	20

图10-2、图10-3为龙王庙1号、2号隧道边仰坡防护。

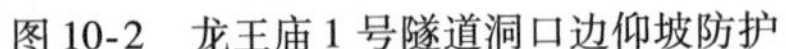
图10-2　龙王庙1号隧道洞口边仰坡防护

图10-3　龙王庙2号隧道洞口仰坡防护

10.2.3　超前大管棚施工

为保证大断面小净距黄土隧道洞口工程的安全施工，一般采用套拱配合大管棚的形式进洞。超前大管棚一般采用壁厚6～8mm的ϕ108mm热轧无缝钢管，视情况也有采用ϕ127mm和ϕ159mm节长为4～6m的钢管。

混凝土套拱作为长管棚的导向墙，套拱在洞口外轮廓线以外施作。套拱采用掏槽开挖，以保证与黄土围岩密贴。套拱采用双层钢筋并埋设2～3榀工字钢钢拱架，拱架与管棚导向管焊成整体，防止浇筑混凝土时导向管发生移位（图10-4）。管棚导向管安设的平面位置、倾角、外插角的准确度直接影响管棚的质量，用经纬仪以坐标法在工字钢架上定出其平面位置，用地质罗盘设定导向管的外插角。待套拱模板加固稳定后，浇筑套拱混凝土（图10-5）。

图10-4　套拱中的导向管安装

图10-5　套拱模板安装

套拱分节施工时，需在拱部安设管棚钢管后进行套拱接长。套拱拱脚一般应长至隧道仰拱位置，有条件时及时使套拱形成封闭结构。套拱和管棚施作完成后，进行洞内上断面的开挖支护，待上断面开挖完成3～5m后，即可进行下断面的开挖支护。

超前大管棚施工工艺流程如图10-6所示。施工过程中有时会遇到孔位偏斜、不易进管等问题，相应的原因分析及处置对策如表10-2所示。

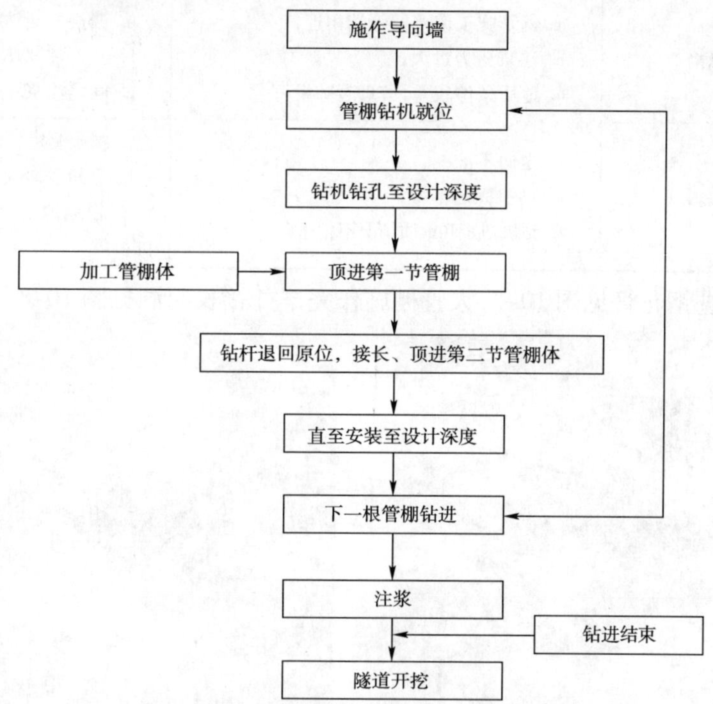

图10-6 超前大管棚施工工艺流程图

大管棚施工中常见的问题及处置对策 表10-2

编号	出现的问题	原因分析	处置对策
1	个别钢管侵入下一个管棚工作室	a. 钻机定位误差,外插角度不够; b. 钻杆自重及放置产生偏离; c. 钻机通过软硬差别大的地层,产生向软地层方向的偏斜	a. 适当增加管棚的外插角度; b. 软地层注浆加固
2	个别钢管与相邻钢管相交,致使钢管无法施工到设计深度	a. 相邻两管方向不平行; b. 钻机通过软硬差别大的地层,产生向软地层方向的偏斜; c. 钻机在操作过程中因移位而产生偏差	a. 严格控制钻机的水平方向; b. 牢固固定钻机; c. 软地层注浆加固
3	进管困难	a. 成孔不好; b. 进管不及时	a. 加大钻头直径; b. 及时进管; c. 借助大管棚钻机顶进
4	注浆不饱满	a. 浆液凝固收缩; b. 注浆时钢管内堵有空气	a. 二次注浆; b. 孔口设排气管

续上表

编号	出现的问题	原因分析	处置对策
5	隔孔窜浆	a. 钢管施工偏差使管端相近； b. 注浆压力过大； c. 地质条件较差，节理裂隙发育	a. 严格控制钻孔的水平角度； b. 控制注浆压力； c. 间隔注浆
6	孔位偏斜	a. 定向不准； b. 钻机固定不牢； c. 钻机扭矩和地质情况不相适合	a. 精确测定导向管的位置和方向； b. 钻机安装要牢固； c. 根据地层的软硬，随时调整钻机参数

管棚钻机顶进钢花管见图10-7，大管棚施作完毕并接长明洞见图10-8。

图10-7　管棚钻机顶进钢花管图

图10-8　大管棚施作完毕并接长明洞

10.3　小净距黄土隧道开挖方法

黄土隧道工程地质条件较差，施工断面大，确立施工方案必须遵循以下原则：重地质、管超前、短开挖、强支护、快封闭、早成环。针对黄土隧道，施工中采用哪种开挖方法，主要取决于以下两个方面：首先要确定隧道的主控项目。一般来说，城市地铁以控制沉降为主，山岭隧道则没有此限制。其次，施工方法的选择与掌子面岩体的稳定状况及节理产状有很大关系，级别较低的围岩整体性不一定特别差，水平节理发育和垂直节理发育区别也非常大。

黄土隧道主要开挖方法有台阶法、中隔壁法（CD法）、交叉中隔壁法（CRD法）、双侧壁导坑法、环形开挖预留核心土法，两台阶四步开挖法，三台阶七步开挖法等。

10.3.1　台阶法

台阶法是指正台阶二步开挖法，几乎可以用于所有地层，见图10-9。根据台阶长度的不同可以划分为长台阶法、短台阶法和超短台阶法三种。在施工中究竟采用哪一种台阶法，应根据以下两个条件来决定：

(1)对初期支护形成闭合断面的时间要求。围岩越差,要求闭合时间越短,台阶必须缩短。

(2)施工机械的效率高,则可以缩短支护闭合时间,故台阶可以适当加长。

10.3.2　CD 法

CD(Center Diaphragm)法即中隔壁法,其工法定义为:是在软弱围岩大跨度隧道中,先开挖隧道的一侧,并施作中隔壁,然后再开挖隧道另一侧的施工方法。此法一般将隧道断面分为4 块,适应于断面跨度较大、地表沉降难以控制的软弱松散围岩中的浅埋隧道(图 10-10)。当 CD 工法不能满足要求时,可在该法的基础上增设临时仰拱,即是 CRD 法。对于短隧道,可以先开通侧壁导坑再开挖后行导坑上、中、下三部分,各台阶间的距离可根据围岩情况采用短台阶法或超短台阶法。当围岩级别较好时,每侧导坑均可只设上、下台阶。

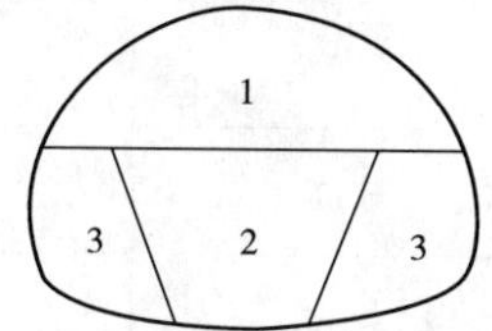

图 10-9　台阶法开挖示意图

1-上半部开挖;2-下半部中央开挖;3-边墙开挖

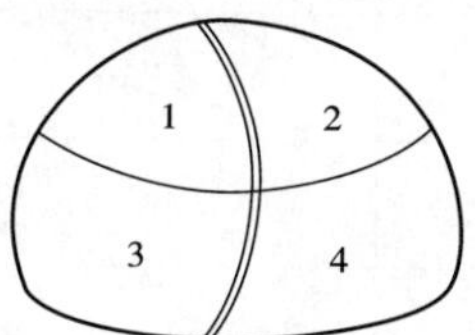

图 10-10　CD 法开挖示意图

1-左导坑上部开挖;2-右导坑上部开挖;

3-左导坑下部开挖;4-右导坑下部开挖

10.3.3　CRD 法

CRD(Cross Diaphragm)法即交叉中隔壁法,是解决大断面隧道施工的有效方法,是在 CD 工法的基础上增设临时仰拱,其最大特点是将大断面化成小断面,临时仰拱及时封闭成环组成有力的支护体系,结构受力明确,能非常有效地控制拱部下沉与周边收敛。采用 CRD 法施工必须坚持"管超前,严注浆,早成环,环套环"的施工方针,控制台阶长度(施工进尺),同时坚持及时量测,并根据量测信息调整施工进尺。但是,该法施工工艺复杂,隔墙拆除困难,成本高,速度较慢(图 10-11)。

10.3.4　双侧壁导坑法

双侧壁导坑法是用两个临时中隔壁将隧道整个开挖断面分割成左、中、右三部分,先开挖隧道两侧的上台阶和下台阶并施作相应的初期支护和临时支护,再开挖隧道中间部分的上、下台阶并施作相应的初期支护。施工中做到"短进尺、早支护、勤量测、速反馈",保证结构安全。该法是一种适用于大跨度或大断面,特别是软弱围岩的施工技术,此法虽然开挖断面分块较多,对围岩的扰动次数增加,且初期支护全断面闭合的时间长,但每个分块都是在开挖后立即各自封闭的,能有效控制大跨度隧道拱顶下沉和周边收敛,但同时增加了工序和临时支护,工程进度相对较慢,相应地提高了工程造价(图 10-12)。

以上各种施工方法,各有自己的优缺点,为便于综合比较列表见表 10-3,在具体的工程中还需要结合实际情况,并综合考虑多种因素,选择最佳的工法。

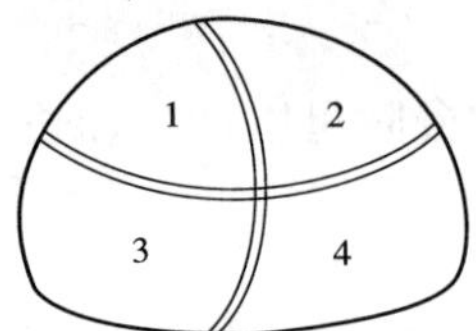

图 10-11　CRD 法开挖示意图

1-左导坑上部开挖;2-右导坑上部开挖;
3-左导坑下部开挖;4-右导坑下部开挖

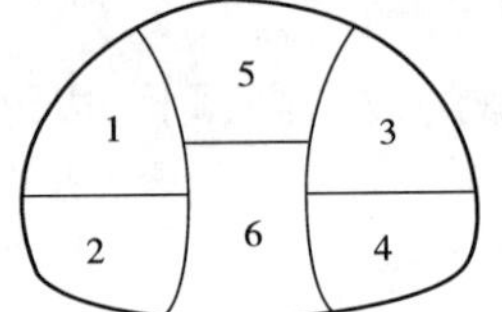

图 10-12　双侧壁导坑法开挖示意图

1-左导坑上部开挖;2-左导坑下部开挖;3-右导坑上部开挖;4-右导坑下部开挖;5-核心土岩柱上部开挖;6-核心土岩柱下部开挖

各施工方法技术指标比较　　表 10-3

项　　目	台　阶　法	双侧壁导坑法	CD 法	CRD 法
施工安全性	不够安全	安全	较安全	安全
施工技术难度	较低	高	较高	高
施工工序	简单	多	较多	多
工程造价	较高	高	较高	高
掌子面稳定性	较差	好	较好	好
地表沉降	较大	小	较小	小
周边收敛控制	较差	好	较好	好
适用范围	地质条件好	跨度大,安全要求高	地质条件较差,安全要求高	地质条件差,安全要求高

CD 法、CRD 法和双侧壁导坑法的各部开挖及支护自上而下,步步成环,及时封闭,虽各分部封闭成环时间短,但分部较多,施工速度慢,不利于机械化作业,后续的开挖和拆除支护对已施工形成的力学平衡体系产生影响,围岩应力状态多次改变,可能会出现较大的变形量,拆除临时支撑安全性差。其施工面多,作业干扰大,限制了大型施工机械的使用,基本靠人工开挖。

10.3.5　环形开挖预留核心土法

环形开挖预留核心土法(弧形导坑法)是以弧形导坑为基本模式,先上部弧形导坑环向开挖,施作拱部初期支护,再进行下台阶左右错开开挖,施作墙部初期支护,然后开挖中部预留核心土,最后进行隧底开挖,施作隧底初期支护,各部位的开挖与支护沿隧道纵向错开,平行推进的隧道施工方法(图 10-13)。其基于台阶法,不需要架设大量临时支撑,主要通过预留核心土及相应的辅助工法来施工,预留核心土对稳定开挖面具有重要作用,核心土和下部开挖都是在拱部初期支护保护下进行的,施工安全性好。该法施工进度比较快,施工中不需架设大量的临时支撑,工序相对较少,而且作业空间较大,有利于机械化施工(图 10-14)。该工法施工工艺流程见图 10-15。

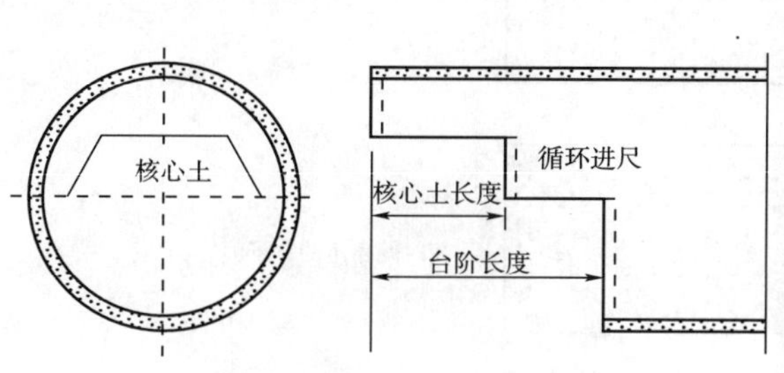

注:虚线部分表示隧道开挖循环进尺。

图 10-13 环形开挖预留核心土工法

图 10-14 工法在小净距黄土隧道中的应用

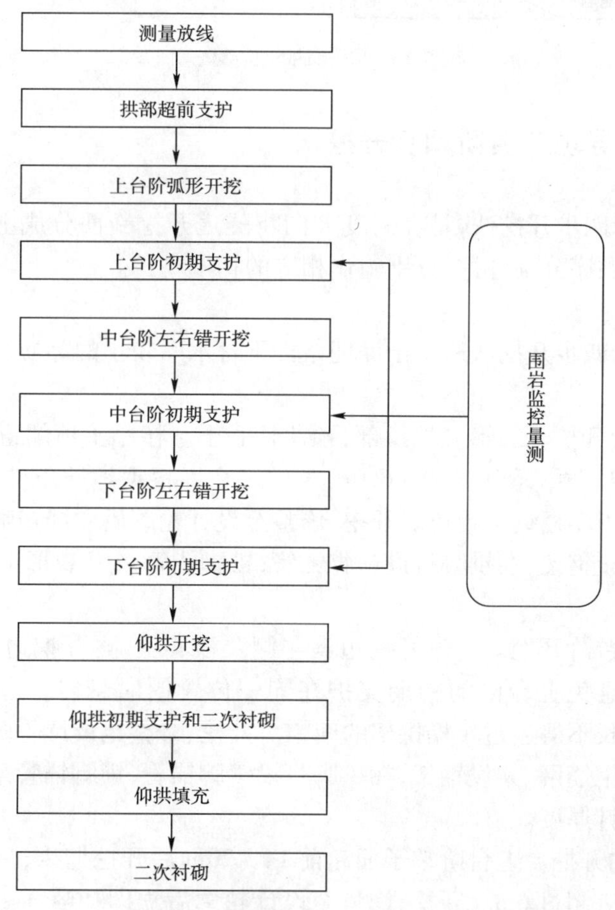

图 10-15 弧形导坑法施工工艺流程图

在实际黄土隧道的开挖过程中，掌子面会发生挤出的现象。掌子面挤出位移是评价掌子面稳定性的重要指标。当掌子面挤出位移超过一定量值时，掌子面将崩塌是不言而喻的。图 10-16 说明了掌子面挤出位移的基本概念。

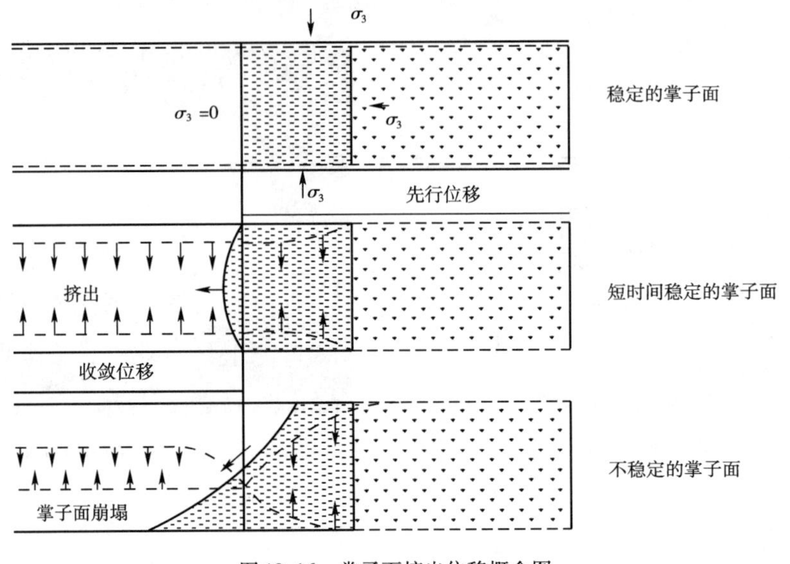

图 10-16　掌子面挤出位移概念图

10.3.6　弧形导坑二台阶四步开挖法

弧形导坑二台阶四步开挖法，是在高度方向将隧道开挖断面分成上、下两个台阶，并按上、下台阶和仰拱的顺序分别开挖，分别施作相应的初期支护。

(1)适用范围

弧形导坑二台阶四步开挖法适用于深埋条件下含水率较小的黏质黄土Ⅳ级围岩中。

(2)施工工艺

第一步是上台阶开挖。弧形开挖拱部，预留核心土。核心土顶部距仰拱 1.6～1.8m，两侧距边墙 3.0m，核心土顶部留有 4.0～6.0m 长的平台。根据地质条件每次掘进 1～2 榀钢架间距，最长不得大于 2 榀钢架距离。开挖、修整至设计轮廓后立即初喷 3～5cm 厚混凝土，及时铺设钢筋网、架设钢架，在拱脚打设锁脚锚管，锁脚锚管采用 U 形钢筋焊接牢固，复喷混凝土至设计厚度。

第二、三步是下台阶开挖。应先开挖边墙一侧及核心土，再开挖边墙的另一侧，并错开 2.0～3.0m 的距离，避免上台阶的初期支护在同一位置同时悬空。边墙每次开挖长度为 2～3榀拱架距离，最长不得超过 4 榀拱架的间距。开挖、修整至设计轮廓后立即初喷3～5cm 厚混凝土，及时铺设钢筋网、架设钢架，在拱脚打设锁脚锚管，锁脚锚管采用 U 形钢筋焊接牢固，复喷混凝土至设计厚度。

第四步是仰拱的开挖。上台阶掌子面超前 14～20m 后开挖仰拱，一次开挖长度为 4～6 榀钢架间距，最长不宜超过 6m。开挖、修整至设计轮廓后立即初喷 3～5cm 厚混凝土，及时架设钢架，复喷混凝土至设计厚度。仰拱初期支护长度达到 10～12m，施工仰拱二次衬砌和仰拱填充混凝土。

弧形导坑二台阶四步法开挖步序见图 10-17。

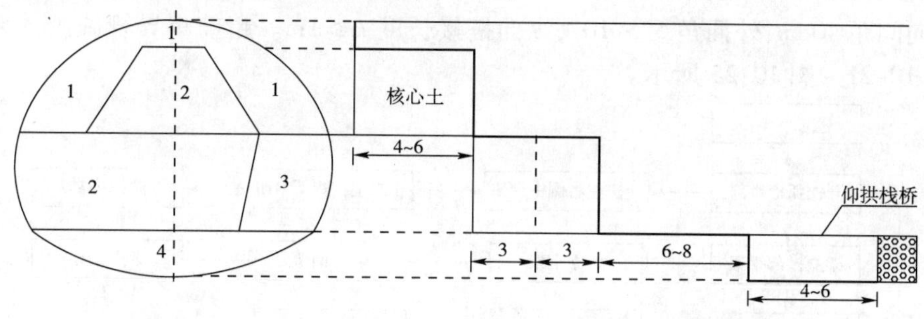

图 10-17　弧形导坑二台阶四步法开挖步序图(尺寸单位:m)

10.3.7　弧形导坑三台阶七步开挖法

三台阶七步开挖法在隧道开挖过程中分上、中、下台阶和仰拱四部分,前后左右七个不同的开挖面相互错开并同时开挖、同时支护,形成支护整体,缩短作业循环时间,逐步向纵深掘进。其实质是台阶开挖法的一种,拱部采用环形开挖预留核心土,利用核心土施压于掌子面,中部和下部也是先开挖两侧,保持中部土体不动,保证掌子面稳定。三台阶七步开挖法主要技术特点如下:

①施工空间大,大型施工机械可在多个作业面平行施工,工作效率高。可采用挖掘机直接开挖下半部断面,减少对围岩的扰动。

②适应不同跨度和多种断面形式,不需要拆除临时施工支护,节省投资。

③混凝土仰拱超前施作,便于初期支护及时闭合,改变洞内作业环境。

④全断面一次施作防水层和灌注混凝土衬砌,确保混凝土衬砌施工质量。

⑤无需增加特殊设备,投入少,操作性强,易于推广。

(1)施工原理及工艺

三台阶七步开挖法为平行流水作业,采用分步平行开挖和施作拱墙初期支护,仰拱超前施作及时闭合,构成稳固的初期支护体系,保护围岩的天然承载力,有效抑制围岩变形,并通过监控量测信息反馈,指导施工和及时调整支护参数与混凝土衬砌时间(图 10-18 ~ 图 10-20)。

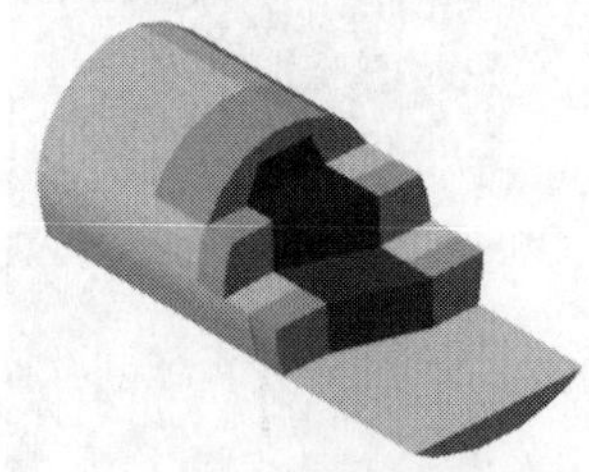

图 10-18　三台阶七步开挖法三维示意图

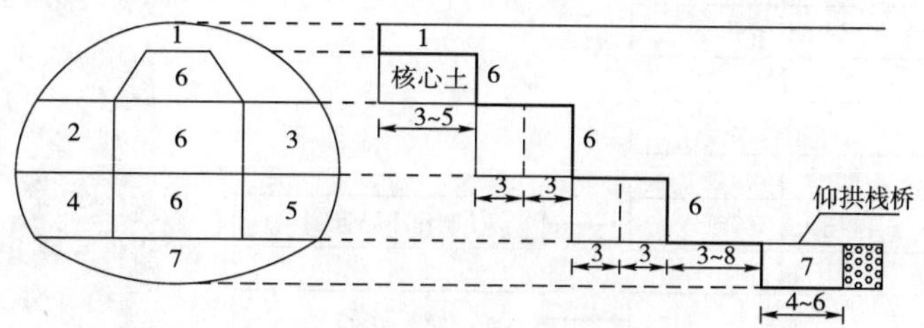

图 10-19　弧形导坑三台阶七步法开挖步序图(尺寸单位:m)

(2)施工步骤

①在隧道拱部150°范围内打设ϕ42mm超前小导管。相关施工参数:壁厚3.5mm,L=3.5m,环向间距40cm,外插角5°~10°,纵向搭接长度$L \geq 1$m。超前小导管施工效果及工艺流程如图10-21~图10-25所示。

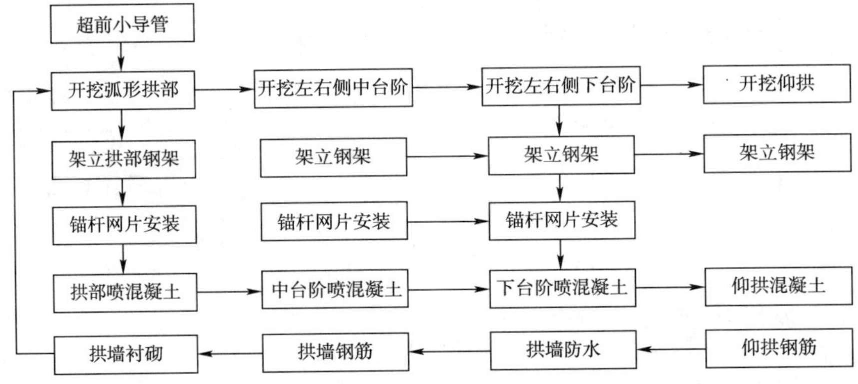

图10-20　三台阶七步开挖法工艺流程图

图10-21　钢拱架腹板钻设超前小导管定位孔

图10-22　超前小导管注浆成型后的效果

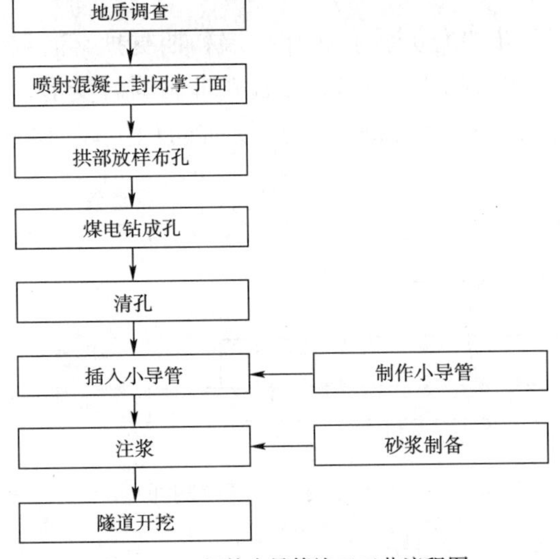

图10-23　超前小导管施工工艺流程图

图10-24　超前小导管的棚架效果

②利用挖掘机开挖上台阶，每循环进尺长度控制在1榀拱架距离，开挖后人工修边，及时喷4cm厚混凝土，封闭作业面。喷射混凝土施工工艺流程见图10-25。

③初喷后打设锚杆和挂设钢筋网片。锚杆采用ϕ22mm锚杆，长度3m，环纵向间距1m×1m，梅花形布置。锚杆施工工艺流程见图10-26。

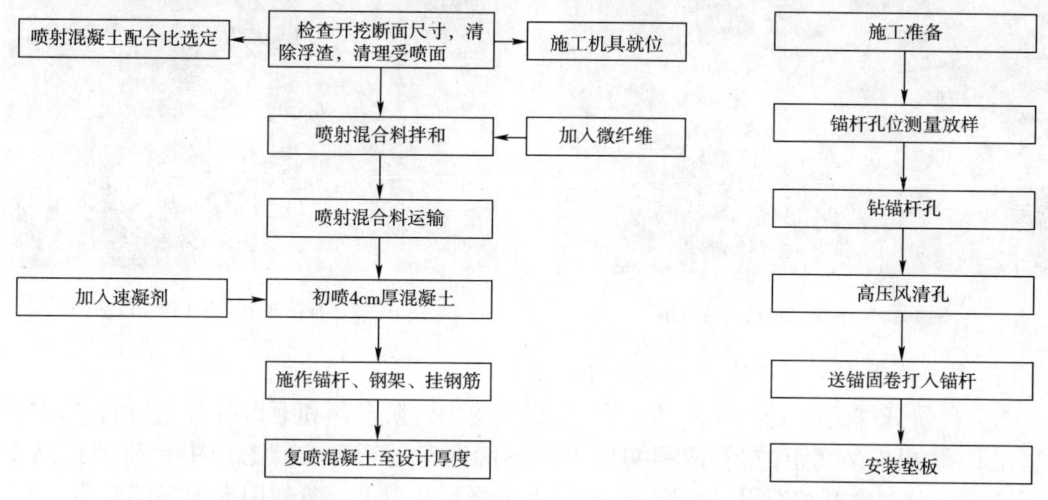

图10-25　喷射混凝土施工工艺流程图　　图10-26　锚杆施工工艺流程图

④架设I_{20a}型钢钢架，上台阶分3节安装，环向用钢板螺栓连接，纵向用ϕ22mm钢筋连接，环向间距为1m，超前小导管尾端焊接在钢架上。钢筋网片采用ϕ8mm，网格间距为15cm×15cm或20cm×20cm。钢架、钢筋网施工及工艺流程见图10-27和图10-28。

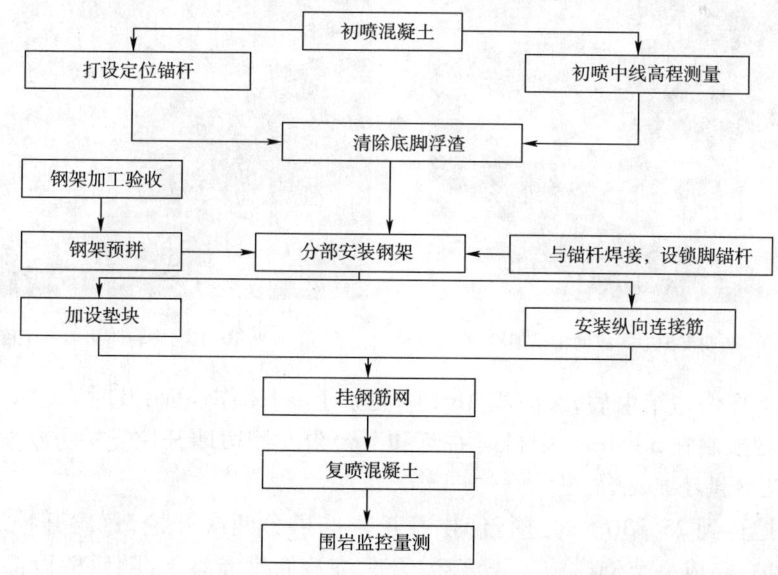

图10-27　钢架、钢筋网施工工艺流程图

⑤钢架安装完毕后进行锁脚锚杆施工，锁脚锚杆采用ϕ22mm钢筋，长度4m，每处设置2根或者4根(图10-29)；及时复喷C25混凝土，厚度达到设计要求，并要求喷射混凝土要均

匀，如图10-30所示的钢拱架裸露现象不得出现，上台阶施工完成后形成承载拱。

图10-28 钢架及钢筋网的施作

图10-29 每榀钢架安设4根锁脚锚杆

(3)中台阶左侧和下台阶右侧边墙开挖支护

①上台阶开挖超前中台阶3~5m后，交错开挖中台阶左侧和下台阶右侧边墙，每次开挖控制在1~2榀拱架间距，左右两侧初期支护不能同时处于悬空状态。中台阶开挖高度约2.5~3m，应分两次开挖至设计轮廓线，便于人工修边和对上台阶初期支护底部修凿，此期间挖掘机开挖下台阶。当中台阶上部修边和上台阶初期支护底部修凿结束后，继续开挖中台阶下部(图10-31~图10-33)。

图10-30 初期支护中裸露的钢拱架

图10-31 中台阶边墙人工修边

②中台阶下部修边结束后，及时喷4cm厚混凝土，封闭作业面；及时安装拱架，复喷混凝土。中台阶长度控制在3~4m。中台阶右侧和下台阶左侧边墙开挖支护方法类似。

(4)仰拱及仰拱填充施作

下台阶开挖达到25~30m时进行仰拱开挖。仰拱分两次开挖，每次开挖3m后立即进行仰拱初期支护，完成一个仰拱施工长度后，及时浇筑仰拱混凝土，随后搭设仰拱栈桥，继续开挖前方掌子面(图10-34)。施工注意事项如下：

①隧底开挖采用全幅分段施工，上面铺设仰拱栈桥(图10-35)，每循环开挖长度不易超过3m。隧底开挖后，及时清除虚渣、杂物、泥浆、积水，立即初喷3~5cm厚混凝土封闭岩面，

按照设计要求安装仰拱钢架,复喷混凝土至设计厚度,使初期支护及时闭合成环。

②仰拱超前拱墙衬砌,每循序浇筑长度宜为6m左右,仰拱采用浮放模板支架成型。仰拱混凝土分段全幅浇筑,一次成型,不留纵向施工缝,仰拱施工缝和变形缝设置止水带。仰拱表面平顺,不积水。

③仰拱填充混凝土在仰拱混凝土终凝后浇筑,浇筑前清除仰拱表面的杂物和积水,连续浇筑,一次成型,不留纵向施工缝。填充混凝土强度达到5MPa后允许行人通行,达到设计强度的100%后允许车辆通行。仰拱填充表面坡度符合设计要求,平顺、排水通畅、不积水。

图10-32 中台阶左侧和下台阶右侧交错开挖

图10-33 中台阶边墙开挖支护

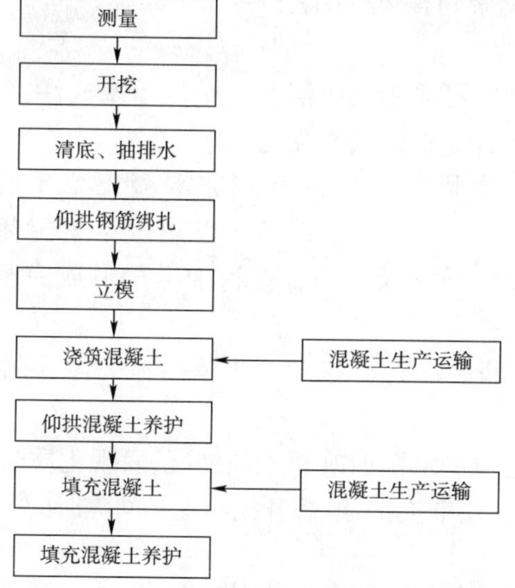

图10-34 仰拱及仰拱填充施工工艺流程图

图10-35 小净距黄土隧道施工中的仰拱栈桥

(5)施工注意事项

①为保证钢架设置稳固,钢架基脚部位地基应坚实,架立钢架时挖槽就位。

②钢架平面应垂直隧道中线,倾斜度应不大于2°,钢架任何部位偏离铅垂面不能大于5cm。

③为增强钢架整体稳定性,应将钢架与纵向连接筋、锚杆和锁脚锚杆焊接牢固。

④钢架连接接头应连接牢固，拱脚部位易发生塑性剪切破坏，因此接头除采用螺栓连接外，四周还要焊接，确保其刚度和强度。

⑤钢架和初喷层间有较大空隙时，设置U形或楔形垫块顶紧围岩；施工中应注意超挖，钢架与围岩间距一般不应大于5cm。

(6)施工重点

①浅埋和含水量较大地段应设置超前小导管。根据开挖情况减少环向设置间距，直到消除拱部开挖掉快现象为止。地质情况较好地段开挖无掉块现象时可不设置。

②开挖时严格控制超欠挖。机械开挖时应预留30cm由人工开挖，减少对围岩的扰动，并保证岩面圆顺，及时初喷4cm厚混凝土以封闭暴露围岩，增强岩体的整体性，为初期支护的后续工作争取安全空间。

③严格控制钢架加工质量，减少安装拼装时间，保证安装质量。钢架间应连接牢固，必要时可加焊钢筋。

④设置锁脚锚管是保证初期支护安全的重要措施。拱脚和墙脚初期支护受到较大竖向与侧向压力，锁脚锚管可保证工字钢受到侧向力时不向洞内移位，同时起到抑制拱架整体下沉作用，保证初期支护结构在施工过程中受力稳定。

⑤在拱墙脚下垫设槽钢或混凝土垫块，以增大地基承载力，减少初期支护闭合前的整体下沉；或者扩大拱墙脚(图10-36)增大承压面积，既有利于施工过程中竖向压力的传递，也有利于横向受力的稳定，对控制隧道净空位移具有重要的作用。

图10-36　初期支护扩大拱墙脚示意图

⑥加密初期支护钢架的纵向连接钢筋，提高钢架间整体受力能力，增强其整体性和稳定性。

⑦喷锚时钢架背面应与围岩喷实密贴，不密贴时可采用同级混凝土垫块填塞或注浆，保证初期支护钢架背面无空洞，使钢架与围岩形成联合支护体共同受力。

⑧仰拱及时施作是确保初期支护安全的根本措施。仰拱及填充混凝土要及时浇筑，与掌子面间的距离不得大于规定的安全距离，一般控制在35m以内。尽早封闭成环，有利于形成完整的初期受力体系。及时跟进二次衬砌施工，有利于尽早形成完整的隧道受力结构。

⑨适当预留开挖变形量。施工前期预留变形量15cm，在施工工艺及措施优化基础上，通过监控量测及时进行调整。

⑩预防塌方。开挖过程中应遵循短开挖、强支护原则，随时观察土质情况，发现土质疏松，节理发育，应调整循环进尺，加密管棚数量，及时进行初期支护，缩短开挖与支护间隔时间。

10.4　小净距黄土隧道防排水技术措施

10.4.1　防水原则

《地下工程防水技术规范》(GB 50108—2008)规定，地下工程防水设计和施工，必须做好工程水文地质勘察工作，遵循“防、排、截、堵”相结合，因地制宜、综合治理的原则。《铁路隧道设计规范》(TB 10003—2005)规定，隧道防排水应采取“防、防、排、截、堵”相结合，因地制宜、综合治理的原则。《公路隧道设计规范》(JTG D70—2004)规定，隧道防排水应视水文地质条件因地制宜地采取“以排为主，防、排、截、堵相结合”的综合治理原则。

小净距黄土隧道与其他隧道一样，要求工程完成后，做到不漏水、不渗水。因此，结构防水层是一项关键技术，非常重要，其防水的效果已成为工程质量的重要考核指标和技术经济效益的重要体现。根据我国防水材料、施工技术和管理水平现状，为保证隧道不漏不渗，在制定防水方案时，通常遵循“多道防水原则”，一般设三道防水线：第一道防水线——初期支护为喷射防水混凝土，并在初期支护后进行填充注浆；第二道防水线——初期支护与二次模筑衬砌之间设置封闭的防水隔离层；第三道防水线——二次模筑防水混凝土衬砌，并对变形缝和施工缝等做专门防水处理。

“防、排、截、堵”的正确运用对小净距黄土隧道非常重要，应根据围岩的岩性和结构特征合理运用。如果采用以排为主的措施，必然引起大量细颗粒土的流失，增大围岩的空隙度和变形性。为满足设计对小净距黄土隧道防排水设计的要求，施工中应按照“以防为主，防、排、截、引相结合，因地制宜，综合治理”的原则，达到隧道不渗不漏、无湿渍且经济合理，不留后患的防水目的。施工中要做好以下几点：

①必须做好超前地质预报查明地下水的分布，及早采取对策做好防排水工作；定期进行地质素描，如果土体节理发育有变化要及时更换施工方法。

②浅埋段地面陷穴施工前先进行处理，防止地表水下渗，并严格按有关工序施工。

③施工中密切注意洞内地下水的发育情况，洞内渗漏水要排引归槽处理，排水沟槽采用下铺复合土工膜上设砂浆抹面进行处理。

④施工用水严格管理，防止到处渗漏恶化基底。

⑤做好洞顶防排水后方可进洞。

⑥防水层应严格按设计及规范要求进行施作。

10.4.2　防水材料选择与施工

在初期支护和二次衬砌之间设置防水层进行防水，称为防水材料防水。防水板一般为柔性的，在小净距黄土隧道的复合式衬砌结构中应用较多，原因是初期支护的受力和二次衬砌的受力不能协调，通过防水板传力且剪力为零，不但能防水，而且还能防止二次衬砌开裂。常见的防水板的性能指标见表 10-4；无纺布的性能指标见表 10-5。

防水板是复合衬砌结构防水中一道重要的防线，也是我国隧道结构防水的一大进步。防水板选择的基本条件：

①在二次衬砌灌注前，防水板能承受机械作用而不损伤。

②材料具有耐久性。

③防水板间接缝严密可靠。

④施工治水方便。

各种防水板的主要性能指标 表10-4

项目名称		单位	材料名称				
			PVC	EVA	ECB	LDPE	HDPE
密度		g/cm^3	1.4±0.5	>0.925	0.94±0.5	>0.915	>0.94
硬度		巴氏		75.6	32.4	32	85
拉伸强度	纵向	MPa	5~12	19.5	19	13.8	18.9
	横向	MPa		21.6	17.3	14.2	18
断裂延伸率	纵向	%	150~250	650	710	520	895
	横向	%		690	725	570	900
直角撕裂强度	纵向	N/mm	20~40	79	77	70	118
	横向	N/mm		71	74	55	117
耐酸碱性			稳定	稳定	稳定	稳定	稳定
适用温度		℃	-45~80	-70~110	-75~120	-60~60	-60~80
厚度×幅宽		mm	1.8×2 100	1.0×2 100	1.0×1 580	1.0×2 100	1.0×4 000
材料利用率			低	中	中	中	高

无纺布的性能指标 表10-5

项目	单位	丙纶无纺布	涤纶无纺布
单位面积质量	g/cm^2	350±5	350±5
纵向拉伸强度	N/5cm	900	700
横向拉伸强度	N/5cm	950	840
纵向伸长率	%	110	100
横向伸长率	%	120	105
顶破强度	kN	1.11	0.95
渗透系数	cm/s	5.5×10^{-2}	4.2×10^{-2}

多年来,防水板从选材到无钉铺设、机械双焊缝等施工工艺都有了长足进步,防水板在诸多隧道工程上都起到了防水、抗裂的作用。但就目前施工而言,防水板的铺设也不尽如人意,主要存在以下两个问题:

①不采用无钉铺设工艺,仍用"铁钉"将塑料板钉在铺设基面上,而对穿透的钉孔不做任何处理。

②对铺设好的防水板保护不够,防水板被扎破、烧破,在二次衬砌前也很少对破损处进行修补。而实际上,防水板与二衬混凝土之间不会粘贴,总留有透水间隙,只要防水板漏水,就会一漏百漏,而且治理时寻找水源也非常困难。因此,在铺设防水板时要仔细、认真做好以下几个方面的工作:

①铺设前在洞外认真检查防水板的质量,检查防水板有无断裂、变形、穿孔等缺陷,保证材料符合设计质量要求。

②做好初期支护断面检查，凿除侵限部分，将初期支护表面突出的灌浆管、钢筋网、锚杆头等凸出部分，应先切断后用砂浆抹平，补喷混凝土使其表面平整圆顺（图 10-37 ~ 图 10-39）。

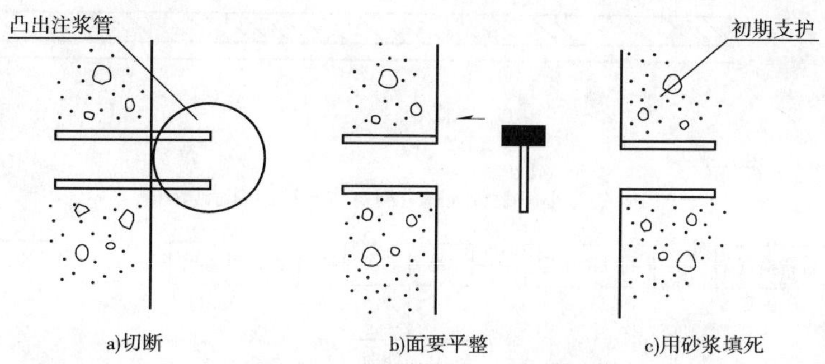

图 10-37 凸出的注浆管处理示意图

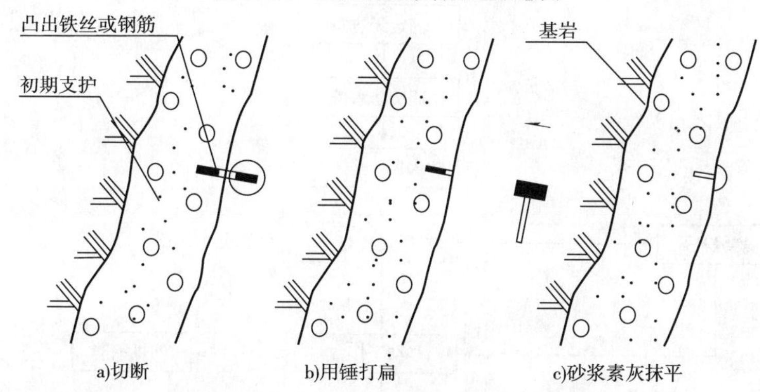

图 10-38 凸出的铁丝或钢筋处理示意图

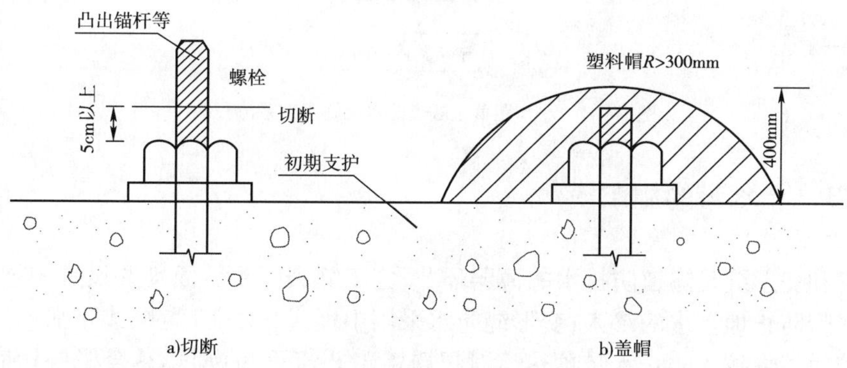

图 10-39 凸出的锚杆处理示意图

③绑扎或焊接钢筋时，应采取必要的措施避免对卷材造成破坏。

④混凝土振捣时，振捣棒不得接触防水板，以防防水板受损。

⑤防水板搭接缝与施工缝错开距离不少于 50cm。

⑥分段铺设的卷材边缘部位预留至少 60cm 的搭接余量，并且对预留部分边缘部位进行有效的保护。

⑦附属洞室的防水板必须与边墙的防水板焊接。

小净距黄土隧道防水层组合及工艺流程见图 10-40 和图 10-41。

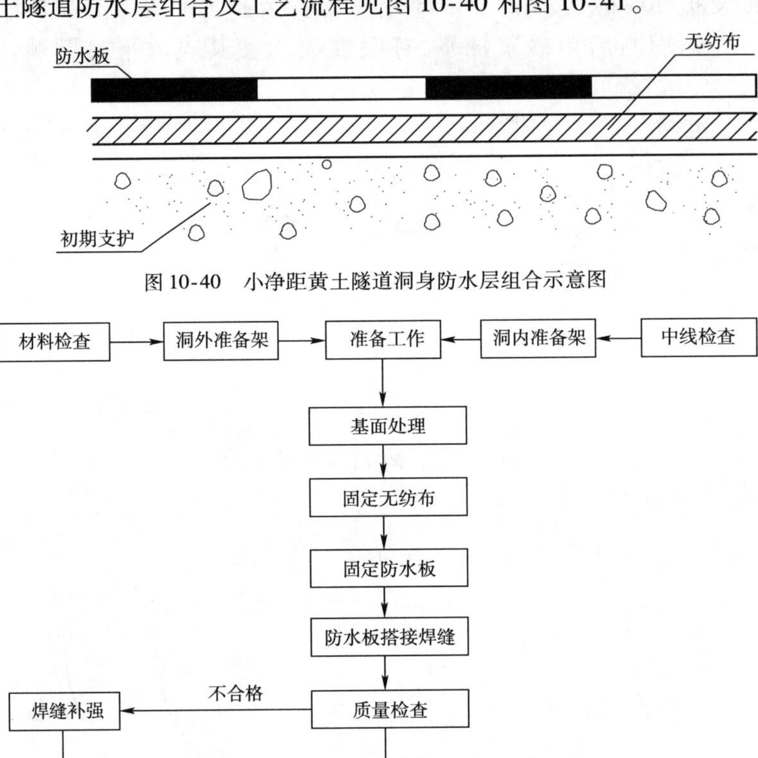

图 10-40　小净距黄土隧道洞身防水层组合示意图

图 10-41　小净距黄土隧道防水层施工工艺流程图

10.4.3　止水带的施工

施工缝和变形缝是隧道防排水的薄弱环节,施工缝表面涂界面剂并设置中埋式止水带,背贴式止水带防止地下水的渗入;变形缝防水采用中埋式止水带、背贴式止水带。

①热熔对接焊技术。止水带预热熔对焊施工工艺流程为:预热热合机→切齐止水带接头→用钢丝刷打毛接头→将止水带准确放入热合机→拧紧丝杆并加热→取出并冷却止水带→清理热合机。

②环向止水带安装技术。止水带对称安装,伸入模内和外露部分宽度必须相等,沿环向每 0.5m 设置一根 ϕ 12mm 的钢筋卡夹住,将内侧卡紧止水带的一半,外侧卡紧止水带的另一半并折起,紧贴挡头板。模筑混凝土凝固拆除挡头板时,将钢筋卡拉直,固定好止水带,保证止水带在整个施工过程中位置的正确。

③沿仰拱纵向将制成的 U 形钢筋卡(ϕ 8mm),焊接在已绑扎好的二次衬砌钢筋上,间

隔 50cm，将止水带安装到已焊接好的 U 形钢筋卡上。

施工中，U 形钢筋卡按设计高程要求进行布置，中心保持一条直线。浇筑混凝土时，注意在止水带附近振捣密实，但不得碰止水带，防止止水带移位，止水带一半外露、一半埋于混凝土中。

橡胶止水带横断面及安装示意如图 10-42 所示。

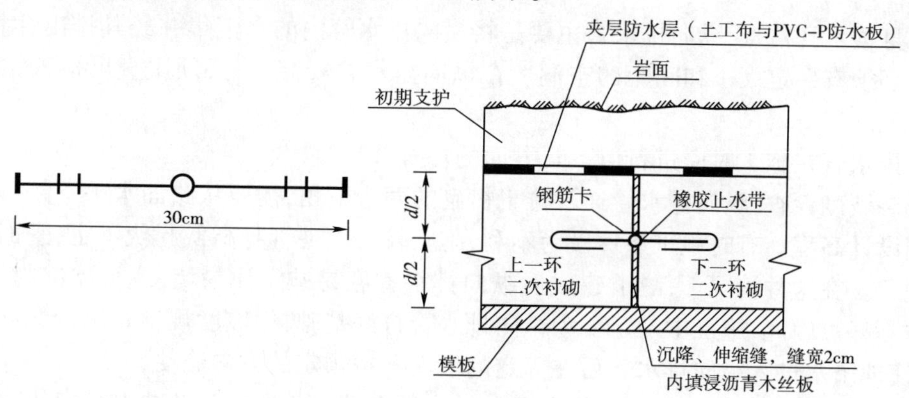

图 10-42 橡胶止水带横断面及安装示意图

10.4.4 排水管沟防排水

黄土隧道排水系统包括 Ω 形排水管、纵向排水管、横向排水管、环向排水管和路基路面排水沟管。

(1) Ω 形排水管

Ω 形排水管的安装通常有两种方法：砂浆喷埋法和射钉固定法。后者较可靠，但安装工艺复杂，工效低，费用较高。

砂浆喷埋法的具体操作步骤如下：

①将 Ω 形排水管下端固定在待装位置。

②调整砂浆的喷射压力与含水率等，在 Ω 形排水管两侧试喷射。

③分层将砂浆在 Ω 形排水管两侧堆积，再由下向上逐段埋设 Ω 形排水管。

④用普通喷射混凝土将 Ω 形排水管周围填平。

射钉固定法具体操作步骤如下：

①用带小塑料片的射钉将 Ω 形排水管固定在待装位置，射钉在 Ω 形排水管两侧交错布置。

②用灰浆给 Ω 形排水管封边，并在塑料膜上抹一层薄灰浆，以增加与喷射砂浆的黏结力。

③用低风压喷砂浆，封闭 Ω 形排水管。

④用普通喷射混凝土整平 Ω 形排水管周围。

(2) 纵向排水管

纵向排水管应按一定的排水坡度安装，中间不得有凹陷、扭曲等，以防泥沙在这些位置淤积，堵塞排水管。在安装前，用素混凝土整平安装基面。

纵向排水管施工前应进行以下检查。

①排水管材质及规格检查：塑性制品若保存不当极易发生老化，可目测管材的色泽和变形情况；轻轻敲击观察管体是否变脆；用卡尺或钢尺量测管径与管壁，检查其是否与设计要求相符。

②管身透水孔检查：纵向排水管主要是将横向排水管内的水汇集并经其排出，因此纵向排水管上必须有一定大小和间距的空洞。在纵向排水管安装前，必须用直尺检查钻孔的孔径和孔间距。

纵向排水管在施工时应进行以下几方面的检查。

①安装坡度检查：纵向排水管通常位于衬砌的两个下角，需要从路面水平下挖一定深度才能达到设计高程。有时施工条件极为不利，施工较易出现管身高低起伏不定，平面上忽内忽外的现象。在这种情况下，隧道建成后纵向排水管容易被淤泥封堵，或被冰冻封堵，造成纵向排水不畅。因此，施工中一定要为纵向排水管打好基础，用坡度规检查测定纵向排水管的坡度，使地下水进入纵向排水管后在一定的坡度下按预定的方向流动。

②包裹安装检查：首先用土工布将纵向排水管包裹，使泥沙不得进入纵向排水管。其次，用防水卷材半裹纵向排水管，使从横向排水管流出的水尽可能多地流入纵向排水管，而不让地下水在排水管外任意流淌。因此，施工时要认真检查纵向排水管的包裹安装情况，杜绝粗放施工，为隧道后期排水创造有利条件。

③与上下排水管的连接检查：纵向排水管在整个隧道排水系统中是一个中间环节，起着承上启下的作用。施工中注意检查上部Ω形排水管与纵向排水管的连接，一般采用环向排水管出口与纵向管简单搭接的方式，避免两管之间被喷射混凝土隔断。其次，还应注意检查纵向排水管与横向排水管的连接(一般采用三通管连接)。三通管留设位置应准确，接头应牢靠，防止松动脱落。

图10-43为纵向排水管布置大样图。

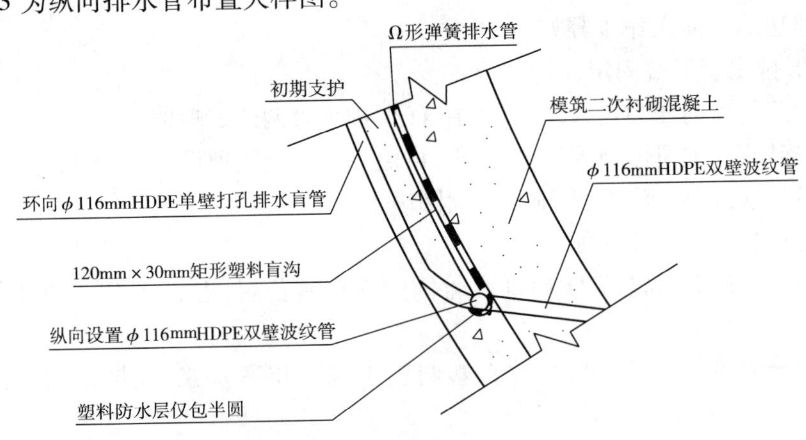

图10-43　纵向排水管布置大样图

(3)横向排水管

横向排水管的施工与纵向排水管施工工艺相同，但应注意对横向排水管的检查，保证接头的牢靠和密实，确保横向排水管与纵向排水管之间水路畅通，严防接头处断裂；其次是在横向排水管上部应有一定厚度的缓冲层,以免路面荷载直接对横向排水管施压,造成横向排水管破裂或变形,影响正常的排水能力。

横向排水管与纵向排水管之间的连接见图10-44。

(4)环向排水管

黄土隧道工程中通常使用的环向排水管一般为弹簧排水管,直径5~8cm。施工中应做到以下几点:

①按要求布设环向弹簧管,保证基本间距;局部涌水量大时,还应适当加大其密度。

②安装时,弹簧排水管应尽量紧贴渗水岩壁。

③弹簧排水管布置时沿环向应尽量圆顺,尤其在拱顶部位不得起伏不平。

④弹簧排水管安装时,应先用ϕ4mm的钢丝等固定,再用喷射混凝土封闭;检查弹簧排水管与下部纵向排水盲管的连接,确保弹簧排水管下部排水畅通(图10-45)。

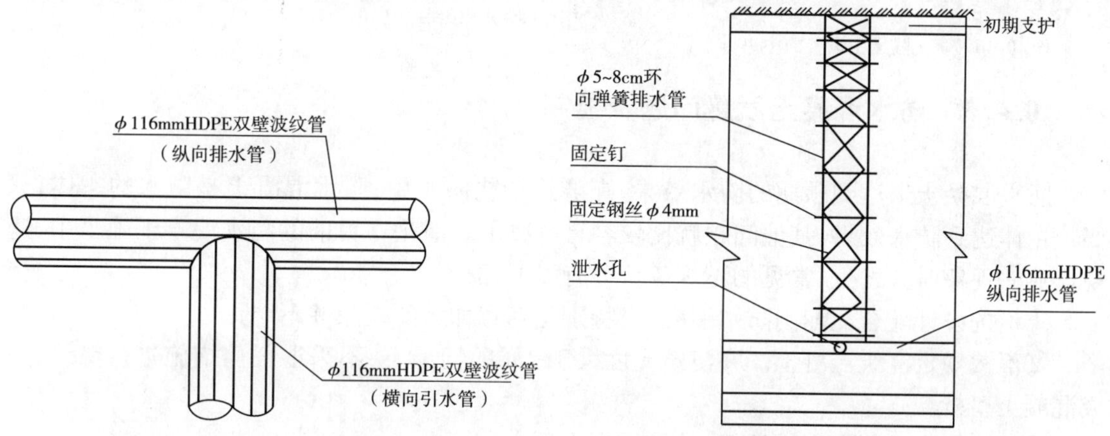

图10-44 横向排水管与纵向排水管之间的连接

图10-45 环向排水管与纵向排水管之间的连接

(5)路基路面排水沟管

路基路面排水沟管根据隧道的不同要求,一般采用明沟排水、暗沟排水、盲沟排水和渗排水等多种方式。

①明沟排水

明沟排水是一种最简单、最有效的排水方式之一。明沟的断面尺寸由排水量的大小决定,根据需要可以做成永久性的、半永久性的或者临时性的。

②暗沟排水

在仰拱下设置暗沟。被覆层外面的水通过预先设置的垂直盲沟或泄水槽汇集起来,经泄水管而流入暗沟,再由暗沟把水排走。

③盲沟排水

盲沟排水一般适用于地基为弱透水性的土层、地下水量不大、排水面积小、常年地下水位低于隧道仰拱高程或丰水期内地下水位稍高于隧道仰拱高程的情况。

④渗排水

渗排水法是一种在隧道底面铺一层石子做渗水层,在渗水层内敷设管壁布满小孔的渗水管,将地下水抽走的方法。

路基路面排水沟管一般采用预制管段在现场拼接的方法施工。因此，在施工时首先要重视管段的预制，确保管段的尺寸、材料质量和施工质量。施工时，首先开挖基槽，整平基础，然后再铺设管段，最后回填压实。应特别注意检查基础的坡度，不仅总体坡度应符合要求，而且局部的几个管段间也应符合要求，尽量避免高低起伏。管段铺设时，首先要保证将具有透水孔的一面朝上。管段逐个放稳后，再用水泥砂浆将段间接缝密封填实；待砂浆凝固后，应逐段通水试验，发现漏水应立即处理。之后用土工布覆盖管段透水孔，在横向排水管出口处注意与中央排水管的连接方式(图10-46)。回填时应注意保护管段的稳定及其上部的透水性能。

图10-46　黄土隧道中设置的中央排水管

10.4.5　防水混凝土质量问题及控制

防水混凝土未达到预期的防水效果，在隧道结构防水中，防水混凝土是防水的主体，只要让主体达到防水效果，其他问题就比较容易解决了。但是在目前的防水混凝土施工中，违规作业的现象时有发生，常见的不规范行为有以下几种。

①不按设计配合比配制防水混凝土，特别是随意加水的现象并不罕见。

②不按规定浇筑混凝土。在浇筑高度大于2m的情况下，不采取任何措施进行浇筑，造成混凝土离析。

③未按规定进行混凝土振捣，致使混凝土不密实。

④拆模时间过早。

⑤未按规定的时间养护。

由于以上情况存在，造成混凝土衬砌不密实，表面蜂窝麻面现象严重，衬砌开裂，给地下水的渗漏开辟通道。为了确保防水混凝土的质量，施工中要按照下列要求进行控制和检测。

(1)防水混凝土质量控制

①钢筋保护层。用与防水混凝土相同的混凝土块或砂浆块垫牢。

②配料。严格控制各种材料用量，不得任意增减。对各种外加剂应稀释成较小浓度的溶液后，再加入搅拌机内。

③搅拌。防水混凝土必须用搅拌机搅拌，时间不少于2min。

④检测。必须随时检测水灰比和坍落度。引气剂防水混凝土还需要抽查混凝土拌和物的含气量，使其控制在3%～6%范围内。

⑤浇筑。清除模板内杂物。浇筑前木模板用清水湿润，钢模板要保持其表面清洁无浮浆。浇筑高度不超过2m，浇筑要分层，每层厚度不大于250mm。

(2)防水混凝土质量检验

防水混凝土质量，应在施工中，按下列规定进行检查：

①防水混凝土的原材料，必须进行检查，如有变化时，应及时调整混凝土的配合比。

②每班检查原材料称量不应少于2次。

③在拌制和浇筑地点测定混凝土坍落度，每班不少于2次。

④连续浇筑混凝土量为500m^{3}时，应留两组抗渗试块，每增加250～500m^{3}应增留两组。试块在浇筑地点制作，其中一组应在标准情况下养护，另一组应与现场相同情况下养护，养护期不少于28d。

防水混凝土的设计抗渗等级见表10-6。

防水混凝土的设计抗渗等级　　表10-6

埋深(m)	设计抗渗等级	埋深(m)	设计抗渗等级
<10	P6	20～30	P10
10～20	P8	30～40	P12

10.5　小净距黄土隧道初期支护施工

10.5.1　钢拱架质量控制

钢拱架加工制作：在加工场地内现场绘制1∶1大样，严格放样尺寸。钢拱架制作由现场技术人员负责交底，要求采购工字钢必须符合设计型号，符合设计强度。钢架弯曲采用冷弯机弯制，各分节连接板采用16mm厚钢板，连接板与型钢焊成一体，要求双面焊，焊缝饱满，保证焊接质量。拱架单元之间采用高强度螺栓连接（图10-47），连接过程中禁止直接将两连接钢板焊接，必要时可采用短钢筋加焊（图10-48）。

图10-47　高强度螺栓连接的拱架单元

图10-48　加焊短钢筋连接拱架单元

试拼时要求钢架允许误差见表10-7。

（1）钢拱架架立应控制的内容有：a. 钢拱架的高程；b. 钢拱架的横向尺寸；c. 钢拱架的垂直度；d. 钢拱架的连接螺栓；e. 钢拱架各单元连接处松散物及虚渣处理；f. 钢拱架的间距。

各洞口安装钢拱架必须做到高程和宽度符合尺寸标准，上中下导钢拱架连接弧度圆顺，架立后要反复核对。

试拼钢架允许误差表　　表 10-7

项　　目	限差(cm)
周边轮廓	±3
螺栓孔中心间距公差	±0.5
平面翘曲度	±2
纵向间距	±4

(2)钢拱架应与围岩紧密相贴，如不能紧贴时，应按规范要求，用高强度等级混凝土预制块填塞顶实，其点数单侧不得小于 8 个接触点，以确保其整体受力；钢架之间的纵向连接筋应设于拱架内缘；连接筋环向间距及长度，严格按设计要求施工，便于与下一榀钢架连接，同时要求钢拱架的纵向安装间距误差不超过 ±4cm。

10.5.2　锚杆质量控制

(1)锁脚锚杆

锁脚锚杆在小净距黄土隧道的施工中非常关键，必须按设计长度、数量随钢拱架的施作及时跟进。锁脚锚杆要在端头加工成 L 形弯钩焊接在钢拱架上，确实起到锁脚作用，防止钢拱架下沉过大。

(2)系统锚杆

①为了确保系统锚杆沿法线方向布设，系统锚杆的工作台可放在上导坑核心土的后面，系统锚杆一定要使用垫板，垫板焊接在钢拱架的腹部，以便加强钢拱架的稳定性，提高其刚度；②系统锚杆可以在数量不变的情况下，增大环向间距，减小纵向间距；锚杆必须与钢拱架焊接。

锚杆施工质量标准见表 10-8。

锚杆施工质量标准表　　表 10-8

编　　号	检 查 项 目	允 许 偏 差	检查方法和频率
1	锚杆数量(根)	不少于设计	现场逐根清点
2	锚杆抗拔力(kN)	拔力平均值≥设计值 最小拔力≥90%设计值	按锚杆数 1% 且不少于 3 根作拔力试验
3	孔位(mm)	±50	尺量
4	钻孔深度(mm)	±50	尺量
5	钻孔直径(mm)	满足设计要求	尺量
6	锚杆长度(mm)	满足设计要求	按锚杆数的 3% 或不少于 3 根

10.5.3　钢筋网质量控制

钢筋网片必须严格按设计要求先在洞外定型加工（图10-49），且每片加工面积不宜小于$1m^2$，然后在洞内安装，且相互之间的搭接长度不应小于15cm（图10-50）。钢筋网应随受喷面的起伏而铺设，在施作前根据需要初喷4～6cm厚的混凝土以形成钢筋保护层。

钢筋网支护质量标准见表10-9。

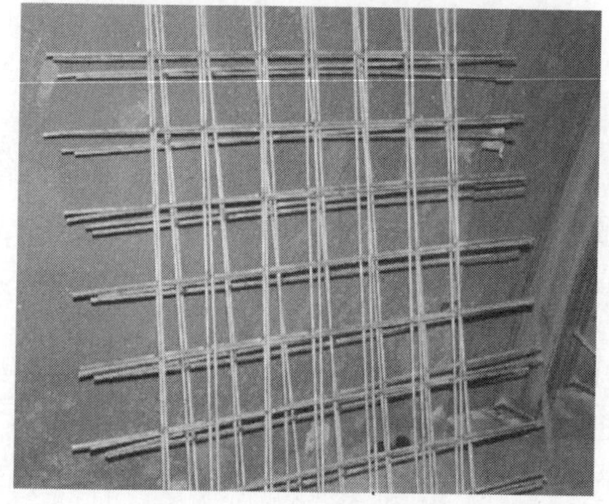

图10-49　待安装的钢筋网片

图10-50　钢筋网片之间的搭接

钢筋网支护质量控制标准

表10-9

编　号	检查项目	允许偏差（mm）	检查方法和频率
1	网格尺寸	±10	尺量
2	钢筋保护层厚度	满足设计要求	凿孔检查，每10m检查5点
3	与受锚岩面的间隙	≤30	尺量，每10m检查10点
4	网的长、宽	±10	尺量

10.5.4　仰拱质量控制

施工前于隧道边墙每隔5m施放测量控制点，作为仰拱开挖和混凝土施工控制点。为不影响机械车辆通行，仰拱、仰拱填充利用栈桥平台进行混凝土施工（图10-51）。混凝土在洞外采用拌和站集中拌和，混凝土搅拌运输车运至洞内进行浇筑。

图10-51　小净距黄土隧道仰拱填充整体浇筑成型

①小净距黄土隧道仰拱与掌子面的距离一般不得超过30m，同时仰拱一次开挖长度不宜超过6m。

②施工前必须清除隧底虚渣、淤泥和杂物。

③仰拱混凝土应整体浇筑一次成型。填充混凝土应在仰拱混凝土终凝后浇筑。

④仰拱、仰拱填充前须将上循环混凝土仰拱接头凿毛处理,并按设计要求设置止水带。

⑤仰拱基础应在浇筑段外设置集水井,严禁地基被水浸泡,同时立即喷射 8 ~ 10cm 厚的 C25 混凝土,对基底进行封闭;对钢筋混凝土仰拱来说,喷射厚度应控制在 8cm 以内,以保证仰拱上部钢筋保护层在 2 ~ 3cm。

10.5.5 初期支护施工注意事项

①锚喷支护必须紧跟开挖工作面,应先喷后锚。喷射作业应安排专人随时观察围岩变化情况。

②喷射机、水箱、风包、注浆机应经密封性能和耐压试验,合格后方可使用。

③施工中,应定期检查电源线路和设备的电器部件,确保用电安全;应经常检查输料管和管路接头有无磨薄、击穿或松脱现象,发现问题应及时解决。

④喷射作业中发生堵管时,应将输料管顺直,紧按喷头。疏通管路的工作风压不得超过 0.4MPa。

⑤喷射作业中,非操作人员不得进入正进行施工的作业区,喷头前方严禁站人。

⑥喷射混凝土的操作人员必须佩戴安全防护用品。

⑦处理机械故障时,必须使设备断电、停风。向施工设备送电、送风前,应通知有关人员。

10.6 小净距黄土隧道二次衬砌施工

10.6.1 二次衬砌施作时机

目前,小净距黄土隧道的施工主要遵循新奥法的理念。新奥法的核心思想就是把围岩作为承载结构的一部分,充分发挥围岩的自承能力。因此,小净距黄土隧道开挖完成后一般采用锚喷支护,其是一种柔性支护,能够允许围岩发生一定量的变形,有利于围岩自承能力的发挥。小净距黄土隧道二次衬砌为钢筋混凝土结构,其是一种刚性支护。

《公路隧道设计规范》(JTG D70—2004)指出,对于自承能力较强的Ⅰ、Ⅱ、Ⅲ级围岩,二次衬砌作为安全储备来考虑;对于自承能力较弱的Ⅳ、Ⅴ级围岩,二次衬砌作为承载结构来考虑,其承载荷载的比例如表 10-10 所示。

结构分担荷载比例表　　表 10-10

围岩级别	荷载分担比例		围岩级别	荷载分担比例	
	围岩 + 初期支护	二次衬砌		围岩 + 初期支护	二次衬砌
Ⅳ	60% ~ 80%	40% ~ 20%	Ⅴ	20% ~ 40%	80% ~ 60%

按照此种理念设计的隧道,在运营后不久便发生了开裂现象。不但影响隧道的美观性,而且伴随有渗漏水现象的发生,严重影响了隧道的使用寿命。在隧道的结构计算中,都会考

虑结构在所分担荷载作用下的强度、变形及稳定性问题，无论结构承担的荷载大小如何，都不应出现开裂和影响使用的问题。因此，对于小净距黄土隧道来说，二次模筑混凝土施作时机的选择就非常重要。

在围岩变形的初期，二次衬砌支护越早，刚度越大，对围岩变形的约束越强；运营后的小净距黄土隧道围岩在流变荷载作用下变形有继续发展的趋势，过早支护的二次衬砌就制约了围岩的变形，这样会使应力不断地向二次衬砌转移，使原本该由初期支护承担的力很大一部分转移到了二次衬砌上，使其由安全储备转为主要承载结构，其发生开裂的现象就逐渐增多。

在小净距黄土隧道的施工中，由于围岩的自承能力很小，开挖后的围岩很快就进入松弛状态，围岩的稳定变形阶段很短。把二次衬砌作为承载结构来考虑不是最好的选择，最好的支护就是靠加强初期支护来维持围岩的稳定，二次衬砌仅仅作为安全储备。所以，对小净距黄土隧道施工来说，应采用“初期支护强，二次衬砌不承载”的设计理念。

另外，在小净距黄土隧道二次衬砌施工中，模板台车图(10-52)的刚度要大，避免模筑混凝土完全凝固前出现开裂的现象，造成二次衬砌产生永久的裂缝。

对于深埋和浅埋小净距黄土隧道来说，其二次衬砌的施作时机一般应按如下标准进行控制。

(1)深埋小净距黄土隧道

深埋小净距黄土隧道二次衬砌施工，一般情况下应在围岩和初期支护变形基本稳定后进行。变形基本稳定应符合下列要求之一：

①隧道周边变形速率明显下降并趋于缓和。

②水平收敛速率小于0.2mm/d，拱顶下沉速率小于0.15mm/d。

③施作二次衬砌前的累计位移值已达到极限位移值的80%以上。

④初期支护表面的裂隙不再继续发展。

(2)浅埋小净距黄土隧道

浅埋小净距黄土隧道初期支护及围岩变形不能稳定或稳定时间较长(15～30d)，应加强初期支护，及早施作二次衬砌，且二次衬砌应予以加强。

10.6.2　二次衬砌质量控制

对小净距黄土隧道来说，二次衬砌一般为钢筋混凝土结构，其施作流程为：二次衬砌钢筋制作→二次衬砌钢筋安装→模板台车就位→混凝土生产和运输→混凝土浇筑→养护→拆模。施工中的有关要求如下。

①为确保二次衬砌的密实度和外观质量，应在模板台车上加设附着式振动器，并按设计要求在拱顶布设纵向注浆花管(图10-53)，紧贴初期支护混凝土面，孔位向上，在二次衬砌混凝土外留注浆孔并进行注浆，以保证二次衬砌拱顶部位的密实性。同时应加强对衬砌台车的支撑，为防止模板台车整体上浮，可采用地锚，或在已完工的二次衬砌上预留钢筋和锚固模板。

②二次衬砌钢筋安装时，一定要严格按照施工图纸的要求进行，不得将环向钢筋和纵向

钢筋的位置放反。图 10-54 中,内层纵向钢筋和环向钢筋的位置放反,内层纵向钢筋应该在内层环向钢筋的外侧。环纵向钢筋的正确位置如图 10-55 所示。

③为避免二次衬砌施工中的收缩裂缝,除严格控制混凝土坍落度外,还须对其拌和时间、振捣时间严格要求。为防止混凝土离析,混凝土垂直落距不得大于 1.2m。拆模时要求混凝土强度必须达到设计强度的 70%。

图 10-52　小净距黄土隧道施工用衬砌模板台车

图 10-53　小净距黄土隧道二次衬砌拱顶纵向注浆管

图 10-54　错误放置的纵向钢筋

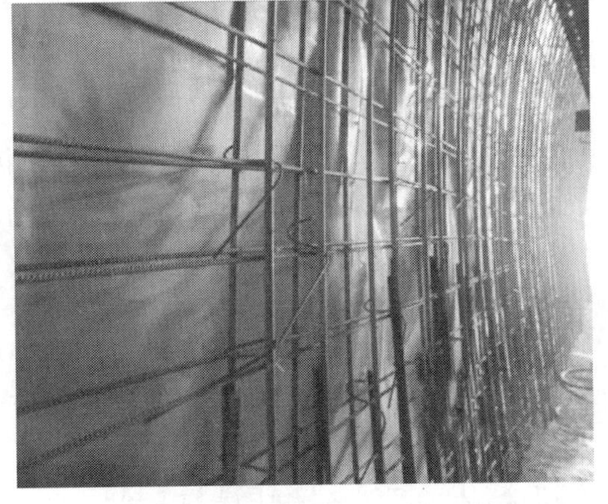

图 10-55　正确放置的纵向钢筋

④施工后衬砌表面缺陷部位要立即修整,重点是施工接缝部位。修整时禁止大面积抹浆粉刷,做到混凝土表面光滑平整,颜色一致。

10.6.3　二次衬砌质量检验

①混凝土结构外形尺寸允许偏差和检验方法应符合表 10-11 的规定。检验数量:施工单位每一浇筑段检查一个断面。

②混凝土结构表面应密实、平整、均匀,不得有露筋、蜂窝、孔洞、疏松、麻面和缺棱掉角等质量缺陷。检验数量:施工单位全部检查。检查方法:观察。

二次衬砌结构外形尺寸允许偏差和检验方法 表10-11

序 号	项 目	允许偏差(mm)	检验方法
1	边墙平面位置	±10	尺量
2	拱部高程	+30,0	水准测量
3	水准测量	15	2m靠尺检查或自动断面仪测量

在小净距黄土隧道的二次衬砌混凝土浇筑中,通常采用泵送混凝土。泵送混凝土质量通病及防治措施如表10-12所示。

泵送混凝土质量通病及防治措施 表10-12

质量通病	原因分析	防治措施
蜂窝麻面	1. 模板漏浆; 2. 布料不均; 3. 高落差下料; 4. 气泡; 5. 局部积水和混凝土浆堆积	1. 模板拼缝应严密; 2. 挡头板在浇筑混凝土前应浇水湿透,钢模拼缝处贴胶带纸密封; 3. 加强组织,充分利用窗口,均匀布料
胀模	泵送混凝土坍落度大,速度快;模板刚度不够,支撑不牢,突出鼓肚,甚至变形爆开	1. 应进行分层、分部浇筑; 2. 进行侧压力计算,确保安全
预留空洞塌陷变形	1. 泵送混凝土坍落度大; 2. 掺粉煤灰等混凝土早期强度低; 3. 模板刚度不够,变形	1. 合理控制拆模时间; 2. 根据试验结果拆模
裂缝	1. 泵送混凝土坍落度大,水泥、水用量大,容易产生收缩裂缝,特别在环向接头部位; 2. 混凝土温度裂缝	1. 控制混凝土入模温度和水分蒸发速度,应加强养护,洒水; 2. 混凝土内部与外界温差控制在20℃以内
混凝土接触不良	1. 模板漏浆; 2. 管道堵塞时间太长,造成混凝土冷接头; 3. 未插连接筋; 4. 跑模错台	结合处模板加强支撑,确保牢固
混凝土质量波动	1. 现场配合比控制不好; 2. 表面未清理干净; 3. 泵送开始或结束时,压力砂浆积存在混凝土中影响强度	1. 加强混凝土各环节管理; 2. 坍落度波动小于2cm; 3. 禁止随意加水; 4. 清除残存物

10.6.4 二次衬砌施工注意事项

根据二次衬砌施工的工艺和作业环境,其安全施工注意事项重点有以下几点。

(1)高空作业安全

二次衬砌施工时,高空作业包括处理出露的钢筋、锚杆头,铺设防水板,绑扎钢筋,关挡头板和浇筑拱部混凝土。

①衬砌台车或挂板台架上的工作平台、跳板、脚手架，工作台的底板必须铺设严密，木板的端头必须搭在支架上。

②台车或台架上严禁堆放木棍、铁锤、锚杆，堆放物品必须牢固平放或放入工具箱内。

③上下作业层运输物料、传递工具时严禁随意抛掷。

④钢筋施工、混凝土施工要穿戴好个人防护用品。

(2)用电安全

①衬砌施工地段必须保证有足够的照明。

②施工现场的配电箱或开关箱至少设置两级漏电保护器；所用的用电设备必须在设备负荷线的首端安装漏电保护器。

③各种电缆通过台车时，不得放入水中浸泡或有漏电的现象。

④移动台车时要防止压断电线或电缆。

(3)行车安全

①装载机行驶时避免突然转向逆行。

②台车下的净空必须满足各种行走机械运输车辆顺利通行；工程运输车辆通过模板台车时必须减速鸣笛示警。

③上下班的工作人员必须靠边行走，严禁与车辆抢道，不准扒车、追车或强行搭车。

④混凝土运输车在隧道内倒车时，必须先鸣笛后倒车；洞内行车在隧道施工作业地段不得超过10km/h。

附　录

α=20%时先行洞上台阶开挖土体周围施加的各节点力(单位:N)　　附表1

节点号	计算施加 F_x	自重场下 F_x	计算施加 F_y	自重场下 F_y
18	-7.1272×10^4	8.9090×10^4	-1.1080×10^5	1.3850×10^5
24	6.4808×10^4	-8.1010×10^4	-1.0904×10^5	1.3630×10^5
25	-1.3224×10^5	1.6530×10^5	3.8856×10^4	-4.8570×10^4
26	-1.2000×10^5	1.5000×10^5	7.7528×10^4	-9.6910×10^4
27	-1.0576×10^5	1.3220×10^5	1.1024×10^5	-1.3780×10^5
28	-9.0320×10^4	1.1290×10^5	1.3704×10^5	-1.7130×10^5
29	-7.4008×10^4	9.2510×10^4	1.5824×10^5	-1.9780×10^5
30	-5.7304×10^4	7.1630×10^4	1.7448×10^5	-2.1810×10^5
31	-4.0520×10^4	5.0650×10^4	1.8664×10^5	-2.3330×10^5
32	-2.3848×10^4	2.9810×10^4	1.9560×10^5	-2.4450×10^5
33	-7.4680×10^3	9.3350×10^3	2.0200×10^5	-2.5250×10^5
34	8.6320×10^3	-1.0790×10^4	2.0616×10^5	-2.5770×10^5
35	2.4568×10^4	-3.0710×10^4	2.0808×10^5	-2.6010×10^5
36	4.0352×10^4	-5.0440×10^4	2.0712×10^5	-2.5890×10^5
37	5.5800×10^4	-6.9750×10^4	2.0256×10^5	-2.5320×10^5
38	7.0744×10^4	-8.8430×10^4	1.9344×10^5	-2.4180×10^5
39	8.5280×10^4	-1.0660×10^5	1.7896×10^5	-2.2370×10^5
40	9.9520×10^4	-1.2440×10^5	1.5880×10^5	-1.9850×10^5
41	1.1280×10^5	-1.4100×10^5	1.3192×10^5	-1.6490×10^5
42	1.2424×10^5	-1.5530×10^5	9.8000×10^4	-1.2250×10^5
43	1.3352×10^5	-1.6690×10^5	5.7360×10^4	-7.1700×10^4
97	-4.7216×10^3	5.9020×10^3	-2.3968×10^5	2.9960×10^5
98	-5.0376×10^3	6.2970×10^3	-2.4032×10^5	3.0040×10^5
99	-5.3488×10^3	6.6860×10^3	-2.4104×10^5	3.0130×10^5
100	-5.6152×10^3	7.0190×10^3	-2.4176×10^5	3.0220×10^5
101	-5.8560×10^3	7.3200×10^3	-2.4256×10^5	3.0320×10^5
102	-6.0992×10^3	7.6240×10^3	-2.4344×10^5	3.0430×10^5
103	-6.3384×10^3	7.9230×10^3	-2.4432×10^5	3.0540×10^5
104	-6.5864×10^3	8.2330×10^3	-2.4520×10^5	3.0650×10^5
105	-6.8144×10^3	8.5180×10^3	-2.4616×10^5	3.0770×10^5
106	-7.0248×10^3	8.7810×10^3	-2.4712×10^5	3.0890×10^5
107	-7.2072×10^3	9.0090×10^3	-2.4800×10^5	3.1000×10^5
108	-7.4608×10^3	9.3260×10^3	-2.4888×10^5	3.1110×10^5
109	-7.7056×10^3	9.6320×10^3	-2.4984×10^5	3.1230×10^5
110	-7.8432×10^3	9.8040×10^3	-2.5088×10^5	3.1360×10^5
111	-8.0480×10^3	1.0060×10^4	-2.5216×10^5	3.1520×10^5

α=20%时先行洞下台阶开挖土体周围施加的各节点力(单位:N) 附表2

节点号	计算施加 F_x	先行洞上台阶支护后 F_x	计算施加 F_y	先行洞上台阶支护后 F_y
1	2.8080×10^{4}	-3.5100×10^{4}	-1.1952×10^{5}	1.4940×10^{5}
2	-9.1200×10^{3}	1.1400×10^{4}	-2.5712×10^{5}	3.2140×10^{5}
3	-2.6272×10^{4}	3.2840×10^{4}	-2.5136×10^{5}	3.1420×10^{5}
4	-2.4368×10^{3}	3.0460×10^{3}	-2.4920×10^{5}	3.1150×10^{5}
5	8.0400×10^{3}	-1.0050×10^{4}	-2.6840×10^{5}	3.3550×10^{5}
6	5.5848×10^{3}	-6.9810×10^{3}	-2.6832×10^{5}	3.3540×10^{5}
7	3.1336×10^{3}	-3.9170×10^{3}	-2.6912×10^{5}	3.3640×10^{5}
8	3.3160×10^{2}	-4.1450×10^{2}	-2.6976×10^{5}	3.3720×10^{5}
9	-2.7856×10^{3}	3.4820×10^{3}	-2.7008×10^{5}	3.3760×10^{5}
10	-6.0296×10^{3}	7.5370×10^{3}	-2.6984×10^{5}	3.3730×10^{5}
11	-9.2800×10^{3}	1.1600×10^{4}	-2.6880×10^{5}	3.3600×10^{5}
12	-1.2480×10^{4}	1.5600×10^{4}	-2.6712×10^{5}	3.3390×10^{5}
13	-1.5392×10^{4}	1.9240×10^{4}	-2.6496×10^{5}	3.3120×10^{5}
14	-1.7560×10^{4}	2.1950×10^{4}	-2.6320×10^{5}	3.2900×10^{5}
15	-2.0064×10^{4}	2.5080×10^{4}	-2.6216×10^{5}	3.2770×10^{5}
16	-3.3232×10^{4}	4.1540×10^{4}	-1.1776×10^{5}	1.4720×10^{5}
17	1.5712×10^{4}	-1.9640×10^{4}	-2.4112×10^{5}	3.0140×10^{5}
18	-7.7536×10^{4}	9.6920×10^{4}	-1.6328×10^{5}	2.0410×10^{5}
19	-8.0560×10^{4}	1.0070×10^{5}	1.1704×10^{4}	-1.4630×10^{4}
20	-7.8264×10^{4}	9.7830×10^{4}	1.3048×10^{4}	-1.6310×10^{4}
21	-7.6336×10^{4}	9.5420×10^{4}	1.4440×10^{4}	-1.8050×10^{4}
22	-7.4920×10^{4}	9.3650×10^{4}	1.6640×10^{4}	-2.0800×10^{4}
23	-8.2320×10^{4}	1.0290×10^{5}	1.7768×10^{4}	-2.2210×10^{4}
24	7.5328×10^{4}	-9.4160×10^{4}	-1.4928×10^{5}	1.8660×10^{5}
44	8.4960×10^{4}	-1.0620×10^{5}	2.8488×10^{4}	-3.5610×10^{4}
45	7.6192×10^{4}	-9.5240×10^{4}	2.4936×10^{4}	-3.1170×10^{4}
46	7.6936×10^{4}	-9.6170×10^{4}	2.2952×10^{4}	-2.8690×10^{4}
47	7.8472×10^{4}	-9.8090×10^{4}	2.1320×10^{4}	-2.6650×10^{4}
48	8.0480×10^{4}	-1.0060×10^{5}	1.9816×10^{4}	-2.4770×10^{4}

$\alpha=20\%$时后行洞上台阶开挖土体周围施加的各节点力(单位:N)　　附表3

节　点　号	计算施加 F_x	先行洞下台阶支护后 F_x	计算施加 F_y	先行洞下台阶支护后 F_y
66	-7.6648×10^4	9.5810×10^4	-1.3000×10^5	1.6250×10^5
72	7.3184×10^4	-9.1480×10^4	-1.2896×10^5	1.6120×10^5
73	-1.4736×10^5	1.8420×10^5	5.3888×10^4	-6.7360×10^4
74	-1.3384×10^5	1.6730×10^5	1.0128×10^5	-1.2660×10^5
75	-1.1784×10^5	1.4730×10^5	1.4232×10^5	-1.7790×10^5
76	-1.0080×10^5	1.2600×10^5	1.7680×10^5	-2.2100×10^5
77	-8.3360×10^4	1.0420×10^5	2.0480×10^5	-2.5600×10^5
78	-6.6016×10^4	8.2520×10^4	2.2640×10^5	-2.8300×10^5
79	-4.8928×10^4	6.1160×10^4	2.4224×10^5	-3.0280×10^5
80	-3.2088×10^4	4.0110×10^4	2.5304×10^5	-3.1630×10^5
81	-1.5392×10^4	1.9240×10^4	2.5928×10^5	-3.2410×10^5
82	1.1424×10^3	-1.4280×10^3	2.6128×10^5	-3.2660×10^5
83	1.7600×10^4	-2.2000×10^4	2.5904×10^5	-3.2380×10^5
84	3.4088×10^4	-4.2610×10^4	2.5264×10^5	-3.1580×10^5
85	5.0688×10^4	-6.3360×10^4	2.4168×10^5	-3.0210×10^5
86	6.7312×10^4	-8.4140×10^4	2.2560×10^5	-2.8200×10^5
87	8.3760×10^4	-1.0470×10^5	2.0392×10^5	-2.5490×10^5
88	9.9840×10^4	-1.2480×10^5	1.7608×10^5	-2.2010×10^5
89	1.1504×10^5	-1.4380×10^5	1.4160×10^5	-1.7700×10^5
90	1.2872×10^5	-1.6090×10^5	1.0056×10^5	-1.2570×10^5
91	1.4016×10^5	-1.7520×10^5	5.2840×10^4	-6.6050×10^4
263	6.9648×10^2	-8.7060×10^2	-2.8816×10^5	3.6020×10^5
264	6.5976×10^2	-8.2470×10^2	-2.8768×10^5	3.5960×10^5
265	7.2664×10^2	-9.0830×10^2	-2.8744×10^5	3.5930×10^5
266	6.9592×10^2	-8.6990×10^2	-2.8704×10^5	3.5880×10^5
267	6.7496×10^2	-8.4370×10^2	-2.8680×10^5	3.5850×10^5
268	6.8168×10^2	-8.5210×10^2	-2.8664×10^5	3.5830×10^5
269	7.0680×10^2	-8.8350×10^2	-2.8640×10^5	3.5800×10^5
270	7.1296×10^2	-8.9120×10^2	-2.8624×10^5	3.5780×10^5
271	7.1816×10^2	-8.9770×10^2	-2.8608×10^5	3.5760×10^5
272	7.2160×10^2	-9.0200×10^2	-2.8584×10^5	3.5730×10^5
273	6.9064×10^2	-8.6330×10^2	-2.8568×10^5	3.5710×10^5
274	6.9296×10^2	-8.6620×10^2	-2.8544×10^5	3.5680×10^5
275	7.6080×10^2	-9.5100×10^2	-2.8528×10^5	3.5660×10^5
276	7.7744×10^2	-9.7180×10^2	-2.8520×10^5	3.5650×10^5
277	7.8432×10^2	-9.8040×10^2	-2.8512×10^5	3.5640×10^5

α=20%时后行洞下台阶开挖土体周围施加的各节点力(单位:N) 附表4

节点号	计算施加 F_x	后行洞上台阶支护后 F_x	计算施加 F_y	后行洞上台阶支护后 F_y
49	3.1248×10^4	-3.9060×10^4	-1.3400×10^5	1.6750×10^5
50	-2.2608×10^3	2.8260×10^3	-2.8392×10^5	3.5490×10^5
51	-1.9704×10^4	2.4630×10^4	-2.7552×10^5	3.4440×10^5
52	-4.6944×10^3	5.8680×10^3	-2.7264×10^5	3.4080×10^5
53	1.5128×10^4	-1.8910×10^4	-2.9800×10^5	3.7250×10^5
54	1.2288×10^4	-1.5360×10^4	-2.9872×10^5	3.7340×10^5
55	9.5920×10^3	-1.1990×10^4	-2.9984×10^5	3.7480×10^5
56	6.3872×10^3	-7.9840×10^3	-3.0104×10^5	3.7630×10^5
57	2.7528×10^3	-3.4410×10^3	-3.0168×10^5	3.7710×10^5
58	-1.1944×10^3	1.4930×10^3	-3.0160×10^5	3.7700×10^5
59	-5.2904×10^3	6.6130×10^3	-3.0064×10^5	3.7580×10^5
60	-9.4000×10^3	1.1750×10^4	-2.9880×10^5	3.7350×10^5
61	-1.3376×10^4	1.6720×10^4	-2.9632×10^5	3.7040×10^5
62	-1.7128×10^4	2.1410×10^4	-2.9360×10^5	3.6700×10^5
63	-2.1104×10^4	2.6380×10^4	-2.9096×10^5	3.6370×10^5
64	-3.4856×10^4	4.3570×10^4	-1.2760×10^5	1.5950×10^5
65	1.3000×10^4	-1.6250×10^4	-2.5976×10^5	3.2470×10^5
66	-6.9624×10^4	8.7030×10^4	-1.5200×10^5	1.9000×10^5
67	-8.0640×10^4	1.0080×10^5	9.2640×10^3	-1.1580×10^4
68	-7.7920×10^4	9.7400×10^4	9.9040×10^3	-1.2380×10^4
69	-7.5160×10^4	9.3950×10^4	1.0680×10^4	-1.3350×10^4
70	-7.2088×10^4	9.0110×10^4	1.1824×10^4	-1.4780×10^4
71	-7.4104×10^4	9.2630×10^4	1.2328×10^4	-1.5410×10^4
72	8.2480×10^4	-1.0310×10^5	-2.0496×10^5	2.5620×10^5
92	8.6960×10^4	-1.0870×10^5	2.2568×10^4	-2.8210×10^4
93	7.7288×10^4	-9.6610×10^4	2.0168×10^4	-2.5210×10^4
94	7.7912×10^4	-9.7390×10^4	1.7576×10^4	-2.1970×10^4
95	7.9048×10^4	-9.8810×10^4	1.5912×10^4	-1.9890×10^4
96	8.0560×10^4	-1.0070×10^5	1.4504×10^4	-1.8130×10^4

α=40%时先行洞上台阶开挖土体周围施加的各节点力(单位:N)　　附表5

节点号	计算施加 F_x	自重场下 F_x	计算施加 F_y	自重场下 F_y
18	-5.3454×10^{4}	8.9090×10^{4}	-8.3100×10^{4}	1.3850×10^{5}
24	4.8606×10^{4}	-8.1010×10^{4}	-8.1780×10^{4}	1.3630×10^{5}
25	-9.9180×10^{4}	1.6530×10^{5}	2.9142×10^{4}	-4.8570×10^{4}
26	-9.0000×10^{4}	1.5000×10^{5}	5.8146×10^{4}	-9.6910×10^{4}
27	-7.9320×10^{4}	1.3220×10^{5}	8.2680×10^{4}	-1.3780×10^{5}
28	-6.7740×10^{4}	1.1290×10^{5}	1.0278×10^{5}	-1.7130×10^{5}
29	-5.5506×10^{4}	9.2510×10^{4}	1.1868×10^{5}	-1.9780×10^{5}
30	-4.2978×10^{4}	7.1630×10^{4}	1.3086×10^{5}	-2.1810×10^{5}
31	-3.0390×10^{4}	5.0650×10^{4}	1.3998×10^{5}	-2.3330×10^{5}
32	-1.7886×10^{4}	2.9810×10^{4}	1.4670×10^{5}	-2.4450×10^{5}
33	-5.6010×10^{3}	9.3350×10^{3}	1.5150×10^{5}	-2.5250×10^{5}
34	6.4740×10^{3}	-1.0790×10^{4}	1.5462×10^{5}	-2.5770×10^{5}
35	1.8426×10^{4}	-3.0710×10^{4}	1.5606×10^{5}	-2.6010×10^{5}
36	3.0264×10^{4}	-5.0440×10^{4}	1.5534×10^{5}	-2.5890×10^{5}
37	4.1850×10^{4}	-6.9750×10^{4}	1.5192×10^{5}	-2.5320×10^{5}
38	5.3058×10^{4}	-8.8430×10^{4}	1.4508×10^{5}	-2.4180×10^{5}
39	6.3960×10^{4}	-1.0660×10^{5}	1.3422×10^{5}	-2.2370×10^{5}
40	7.4640×10^{4}	-1.2440×10^{5}	1.1910×10^{5}	-1.9850×10^{5}
41	8.4600×10^{4}	-1.4100×10^{5}	9.8940×10^{4}	-1.6490×10^{5}
42	9.3180×10^{4}	-1.5530×10^{5}	7.3500×10^{4}	-1.2250×10^{5}
43	1.0014×10^{5}	-1.6690×10^{5}	4.3020×10^{4}	-7.1700×10^{4}
97	-3.5412×10^{3}	5.9020×10^{3}	-1.7976×10^{5}	2.9960×10^{5}
98	-3.7782×10^{3}	6.2970×10^{3}	-1.8024×10^{5}	3.0040×10^{5}
99	-4.0116×10^{3}	6.6860×10^{3}	-1.8078×10^{5}	3.0130×10^{5}
100	-4.2114×10^{3}	7.0190×10^{3}	-1.8132×10^{5}	3.0220×10^{5}
101	-4.3920×10^{3}	7.3200×10^{3}	-1.8192×10^{5}	3.0320×10^{5}
102	-4.5744×10^{3}	7.6240×10^{3}	-1.8258×10^{5}	3.0430×10^{5}
103	-4.7538×10^{3}	7.9230×10^{3}	-1.8324×10^{5}	3.0540×10^{5}
104	-4.9398×10^{3}	8.2330×10^{3}	-1.8390×10^{5}	3.0650×10^{5}
105	-5.1108×10^{3}	8.5180×10^{3}	-1.8462×10^{5}	3.0770×10^{5}
106	-5.2686×10^{3}	8.7810×10^{3}	-1.8534×10^{5}	3.0890×10^{5}
107	-5.4054×10^{3}	9.0090×10^{3}	-1.8600×10^{5}	3.1000×10^{5}
108	-5.5956×10^{3}	9.3260×10^{3}	-1.8666×10^{5}	3.1110×10^{5}
109	-5.7792×10^{3}	9.6320×10^{3}	-1.8738×10^{5}	3.1230×10^{5}
110	-5.8824×10^{3}	9.8040×10^{3}	-1.8816×10^{5}	3.1360×10^{5}
111	-6.0360×10^{3}	1.0060×10^{4}	-1.8912×10^{5}	3.1520×10^{5}

$\alpha=40\%$时先行洞下台阶开挖土体周围施加的各节点力(单位:N) 附表6

节点号	计算施加 F_x	先行洞上台阶支护后 F_x	计算施加 F_y	先行洞上台阶支护后 F_y
1	1.0752×10^{4}	-1.7920×10^{4}	-9.7740×10^{4}	1.6290×10^{5}
2	-2.6100×10^{4}	4.3500×10^{4}	-1.9272×10^{5}	3.2120×10^{5}
3	-3.2844×10^{4}	5.4740×10^{4}	-2.0310×10^{5}	3.3850×10^{5}
4	1.7958×10^{4}	-2.9930×10^{4}	-1.8702×10^{5}	3.1170×10^{5}
5	-1.3674×10^{4}	2.2790×10^{4}	-1.8582×10^{5}	3.0970×10^{5}
6	-1.1394×10^{4}	1.8990×10^{4}	-1.7766×10^{5}	2.9610×10^{5}
7	-8.8560×10^{3}	1.4760×10^{4}	-1.7340×10^{5}	2.8900×10^{5}
8	-6.8460×10^{3}	1.1410×10^{4}	-1.7112×10^{5}	2.8520×10^{5}
9	-5.3550×10^{3}	8.9250×10^{3}	-1.6992×10^{5}	2.8320×10^{5}
10	-4.1370×10^{3}	6.8950×10^{3}	-1.6926×10^{5}	2.8210×10^{5}
11	-2.9106×10^{3}	4.8510×10^{3}	-1.6896×10^{5}	2.8160×10^{5}
12	-1.5474×10^{3}	2.5790×10^{3}	-1.6908×10^{5}	2.8180×10^{5}
13	2.8620×10^{2}	-4.7700×10^{2}	-1.6998×10^{5}	2.8330×10^{5}
14	3.5244×10^{3}	-5.8740×10^{3}	-1.7376×10^{5}	2.8960×10^{5}
15	5.5170×10^{3}	-9.1950×10^{3}	-1.8126×10^{5}	3.0210×10^{5}
16	-1.3926×10^{4}	2.3210×10^{4}	-9.6120×10^{4}	1.6020×10^{5}
17	2.5218×10^{4}	-4.2030×10^{4}	-1.9524×10^{5}	3.2540×10^{5}
18	-1.6644×10^{5}	2.7740×10^{5}	-3.0846×10^{5}	5.1410×10^{5}
19	-4.7802×10^{4}	7.9670×10^{4}	1.3320×10^{4}	-2.2200×10^{4}
20	-4.4274×10^{4}	7.3790×10^{4}	1.4040×10^{4}	-2.3400×10^{4}
21	-3.9918×10^{4}	6.6530×10^{4}	1.4598×10^{4}	-2.4330×10^{4}
22	-3.2046×10^{4}	5.3410×10^{4}	1.4856×10^{4}	-2.4760×10^{4}
23	-4.3950×10^{4}	7.3250×10^{4}	9.8820×10^{3}	-1.6470×10^{4}
24	1.6728×10^{5}	-2.7880×10^{5}	-2.9856×10^{5}	4.9760×10^{5}
44	4.4220×10^{4}	-7.3700×10^{4}	1.9296×10^{4}	-3.2160×10^{4}
45	3.4626×10^{4}	-5.7710×10^{4}	1.8714×10^{4}	-3.1190×10^{4}
46	4.1316×10^{4}	-6.8860×10^{4}	2.0400×10^{4}	-3.4000×10^{4}
47	4.5168×10^{4}	-7.5280×10^{4}	2.0022×10^{4}	-3.3370×10^{4}
48	4.8516×10^{4}	-8.0860×10^{4}	1.9110×10^{4}	-3.1850×10^{4}

$\alpha=40\%$时后行洞上台阶开挖土体周围施加的各节点力(单位:N)　　附表 7

节 点 号	计算施加 F_x	先行洞下台阶支护后 F_x	计算施加 F_y	先行洞下台阶支护后 F_y
66	-5.4144×10^4	9.0240×10^4	-9.5340×10^4	1.5890×10^5
72	5.1636×10^4	-8.6060×10^4	-9.4920×10^4	1.5820×10^5
73	-1.0032×10^5	1.6720×10^5	3.4434×10^4	-5.7390×10^4
74	-9.0900×10^4	1.5150×10^5	6.8940×10^4	-1.1490×10^5
75	-8.0040×10^4	1.3340×10^5	9.8940×10^4	-1.6490×10^5
76	-6.8460×10^4	1.1410×10^5	1.2432×10^5	-2.0720×10^5
77	-5.6550×10^4	9.4250×10^4	1.4526×10^5	-2.4210×10^5
78	-4.4634×10^4	7.4390×10^4	1.6176×10^5	-2.6960×10^5
79	-3.2808×10^4	5.4680×10^4	1.7430×10^5	-2.9050×10^5
80	-2.1084×10^4	3.5140×10^4	1.8324×10^5	-3.0540×10^5
81	-9.3720×10^3	1.5620×10^4	1.8888×10^5	-3.1480×10^5
82	2.2818×10^3	-3.8030×10^3	1.9128×10^5	-3.1880×10^5
83	1.3938×10^4	-2.3230×10^4	1.9050×10^5	-3.1750×10^5
84	2.5656×10^4	-4.2760×10^4	1.8648×10^5	-3.1080×10^5
85	3.7470×10^4	-6.2450×10^4	1.7892×10^5	-2.9820×10^5
86	4.9302×10^4	-8.2170×10^4	1.6758×10^5	-2.7930×10^5
87	6.1020×10^4	-1.0170×10^5	1.5192×10^5	-2.5320×10^5
88	7.2360×10^4	-1.2060×10^5	1.3158×10^5	-2.1930×10^5
89	8.3040×10^4	-1.3840×10^5	1.0632×10^5	-1.7720×10^5
90	9.2640×10^4	-1.5440×10^5	7.6080×10^4	-1.2680×10^5
91	1.0056×10^5	-1.6760×10^5	4.0854×10^4	-6.8090×10^4
263	-3.2076×10^3	5.3460×10^3	-2.0700×10^5	3.4500×10^5
264	-3.0564×10^3	5.0940×10^3	-2.0748×10^5	3.4580×10^5
265	-2.8608×10^3	4.7680×10^3	-2.0796×10^5	3.4660×10^5
266	-2.7318×10^3	4.5530×10^3	-2.0838×10^5	3.4730×10^5
267	-2.5812×10^3	4.3020×10^3	-2.0886×10^5	3.4810×10^5
268	-2.4216×10^3	4.0360×10^3	-2.0928×10^5	3.4880×10^5
269	-2.2470×10^3	3.7450×10^3	-2.0964×10^5	3.4940×10^5
270	-2.0862×10^3	3.4770×10^3	-2.1000×10^5	3.5000×10^5
271	-1.9302×10^3	3.2170×10^3	-2.1030×10^5	3.5050×10^5
272	-1.7748×10^3	2.9580×10^3	-2.1054×10^5	3.5090×10^5
273	-1.6494×10^3	2.7490×10^3	-2.1078×10^5	3.5130×10^5
274	-1.5030×10^3	2.5050×10^3	-2.1096×10^5	3.5160×10^5
275	-1.3194×10^3	2.1990×10^3	-2.1114×10^5	3.5190×10^5
276	-1.1742×10^3	1.9570×10^3	-2.1138×10^5	3.5230×10^5
277	-1.0536×10^3	1.7560×10^3	-2.1162×10^5	3.5270×10^5

α=40%时后行洞下台阶开挖土体周围施加的各节点力(单位:N) 附表8

节点号	计算施加 F_x	后行洞上台阶支护后 F_x	计算施加 F_y	后行洞上台阶支护后 F_y
49	1.1910×10^{4}	-1.9850×10^{4}	-9.3660×10^{4}	1.5610×10^{5}
50	-2.1300×10^{4}	3.5500×10^{4}	-1.9422×10^{5}	3.2370×10^{5}
51	-3.2736×10^{4}	5.4560×10^{4}	-2.0052×10^{5}	3.3420×10^{5}
52	1.5852×10^{4}	-2.6420×10^{4}	-1.8630×10^{5}	3.1050×10^{5}
53	-7.1220×10^{3}	1.1870×10^{4}	-1.9356×10^{5}	3.2260×10^{5}
54	-5.7366×10^{3}	9.5610×10^{3}	-1.8960×10^{5}	3.1600×10^{5}
55	-3.9546×10^{3}	6.5910×10^{3}	-1.8732×10^{5}	3.1220×10^{5}
56	-2.7528×10^{3}	4.5880×10^{3}	-1.8636×10^{5}	3.1060×10^{5}
57	-2.0022×10^{3}	3.3370×10^{3}	-1.8588×10^{5}	3.0980×10^{5}
58	-1.5636×10^{3}	2.6060×10^{3}	-1.8540×10^{5}	3.0900×10^{5}
59	-1.2048×10^{3}	2.0080×10^{3}	-1.8492×10^{5}	3.0820×10^{5}
60	-7.1220×10^{2}	1.1870×10^{3}	-1.8444×10^{5}	3.0740×10^{5}
61	8.0400×10^{1}	-1.3400×10^{2}	-1.8438×10^{5}	3.0730×10^{5}
62	1.2684×10^{3}	-2.1140×10^{3}	-1.8546×10^{5}	3.0910×10^{5}
63	2.0094×10^{3}	-3.3490×10^{3}	-1.8822×10^{5}	3.1370×10^{5}
64	-1.5126×10^{4}	2.5210×10^{4}	-8.9340×10^{4}	1.4890×10^{5}
65	2.7834×10^{4}	-4.6390×10^{4}	-1.8972×10^{5}	3.1620×10^{5}
66	-6.0840×10^{4}	1.0140×10^{5}	-1.3446×10^{5}	2.2410×10^{5}
67	-5.5872×10^{4}	9.3120×10^{4}	2.0688×10^{4}	-3.4480×10^{4}
68	-5.3904×10^{4}	8.9840×10^{4}	2.2482×10^{4}	-3.7470×10^{4}
69	-5.2452×10^{4}	8.7420×10^{4}	2.4564×10^{4}	-4.0940×10^{4}
70	-5.1390×10^{4}	8.5650×10^{4}	2.7648×10^{4}	-4.6080×10^{4}
71	-6.3600×10^{4}	1.0600×10^{5}	2.9724×10^{4}	-4.9540×10^{4}
72	6.6600×10^{4}	-1.1100×10^{5}	-1.7934×10^{5}	2.9890×10^{5}
92	6.8280×10^{4}	-1.1380×10^{5}	3.6912×10^{4}	-6.1520×10^{4}
93	5.2614×10^{4}	-8.7690×10^{4}	3.3222×10^{4}	-5.5370×10^{4}
94	5.2476×10^{4}	-8.7460×10^{4}	2.9226×10^{4}	-4.8710×10^{4}
95	5.3190×10^{4}	-8.8650×10^{4}	2.6658×10^{4}	-4.4430×10^{4}
96	5.4480×10^{4}	-9.0800×10^{4}	2.4474×10^{4}	-4.0790×10^{4}

$\alpha=50\%$时先行洞上台阶开挖土体周围施加的各节点力(单位:N)　附表 9

节点号	计算施加 F_x	自重场下 F_x	计算施加 F_y	自重场下 F_y
18	-4.4545×10^4	8.9090×10^4	-6.9250×10^4	1.3850×10^5
24	4.0505×10^4	-8.1010×10^4	-6.8150×10^4	1.3630×10^5
25	-8.2650×10^4	1.6530×10^5	2.4285×10^4	-4.8570×10^4
26	-7.5000×10^4	1.5000×10^5	4.8455×10^4	-9.6910×10^4
27	-6.6100×10^4	1.3220×10^5	6.8900×10^4	-1.3780×10^5
28	-5.6450×10^4	1.1290×10^5	8.5650×10^4	-1.7130×10^5
29	-4.6255×10^4	9.2510×10^4	9.8900×10^4	-1.9780×10^5
30	-3.5815×10^4	7.1630×10^4	1.0905×10^5	-2.1810×10^5
31	-2.5325×10^4	5.0650×10^4	1.1665×10^5	-2.3330×10^5
32	-1.4905×10^4	2.9810×10^4	1.2225×10^5	-2.4450×10^5
33	-4.6675×10^3	9.3350×10^3	1.2625×10^5	-2.5250×10^5
34	5.3950×10^3	-1.0790×10^4	1.2885×10^5	-2.5770×10^5
35	1.5355×10^4	-3.0710×10^4	1.3005×10^5	-2.6010×10^5
36	2.5220×10^4	-5.0440×10^4	1.2945×10^5	-2.5890×10^5
37	3.4875×10^4	-6.9750×10^4	1.2660×10^5	-2.5320×10^5
38	4.4215×10^4	-8.8430×10^4	1.2090×10^5	-2.4180×10^5
39	5.3300×10^4	-1.0660×10^5	1.1185×10^5	-2.2370×10^5
40	6.2200×10^4	-1.2440×10^5	9.9250×10^4	-1.9850×10^5
41	7.0500×10^4	-1.4100×10^5	8.2450×10^4	-1.6490×10^5
42	7.7650×10^4	-1.5530×10^5	6.1250×10^4	-1.2250×10^5
43	8.3450×10^4	-1.6690×10^5	3.5850×10^4	-7.1700×10^4
97	-2.9510×10^3	5.9020×10^3	-1.4980×10^5	2.9960×10^5
98	-3.1485×10^3	6.2970×10^3	-1.5020×10^5	3.0040×10^5
99	-3.3430×10^3	6.6860×10^3	-1.5065×10^5	3.0130×10^5
100	-3.5095×10^3	7.0190×10^3	-1.5110×10^5	3.0220×10^5
101	-3.6600×10^3	7.3200×10^3	-1.5160×10^5	3.0320×10^5
102	-3.8120×10^3	7.6240×10^3	-1.5215×10^5	3.0430×10^5
103	-3.9615×10^3	7.9230×10^3	-1.5270×10^5	3.0540×10^5
104	-4.1165×10^3	8.2330×10^3	-1.5325×10^5	3.0650×10^5
105	-4.2590×10^3	8.5180×10^3	-1.5385×10^5	3.0770×10^5
106	-4.3905×10^3	8.7810×10^3	-1.5445×10^5	3.0890×10^5
107	-4.5045×10^3	9.0090×10^3	-1.5500×10^5	3.1000×10^5
108	-4.6630×10^3	9.3260×10^3	-1.5555×10^5	3.1110×10^5
109	-4.8160×10^3	9.6320×10^3	-1.5615×10^5	3.1230×10^5
110	-4.9020×10^3	9.8040×10^3	-1.5680×10^5	3.1360×10^5
111	-5.0300×10^3	1.0060×10^4	-1.5760×10^5	3.1520×10^5

$\alpha=50\%$时先行洞下台阶开挖土体周围施加的各节点力(单位:N) 附表 10

节 点 号	计算施加 F_x	先行洞上台阶支护后 F_x	计算施加 F_y	先行洞上台阶支护后 F_y
1	6.8350×10^{3}	-1.3670×10^{4}	-6.7450×10^{4}	1.3490×10^{5}
2	-2.4350×10^{4}	4.8700×10^{4}	-1.4130×10^{5}	2.8260×10^{5}
3	-3.3875×10^{4}	6.7750×10^{4}	-1.5020×10^{5}	3.0040×10^{5}
4	1.7170×10^{4}	-3.4340×10^{4}	-1.3570×10^{5}	2.7140×10^{5}
5	-1.2235×10^{4}	2.4470×10^{4}	-1.3705×10^{5}	2.7410×10^{5}
6	-1.0145×10^{4}	2.0290×10^{4}	-1.3250×10^{5}	2.6500×10^{5}
7	-7.9700×10^{3}	1.5940×10^{4}	-1.3010×10^{5}	2.6020×10^{5}
8	-6.1600×10^{3}	1.2320×10^{4}	-1.2880×10^{5}	2.5760×10^{5}
9	-4.6885×10^{3}	9.3770×10^{3}	-1.2805×10^{5}	2.5610×10^{5}
10	-3.4015×10^{3}	6.8030×10^{3}	-1.2755×10^{5}	2.5510×10^{5}
11	-2.1035×10^{3}	4.2070×10^{3}	-1.2720×10^{5}	2.5440×10^{5}
12	-7.6600×10^{2}	1.5320×10^{3}	-1.2705×10^{5}	2.5410×10^{5}
13	8.8200×10^{2}	-1.7640×10^{3}	-1.2725×10^{5}	2.5450×10^{5}
14	3.3960×10^{3}	-6.7920×10^{3}	-1.2905×10^{5}	2.5810×10^{5}
15	5.2700×10^{3}	-1.0540×10^{4}	-1.3290×10^{5}	2.6580×10^{5}
16	-9.5450×10^{3}	1.9090×10^{4}	-6.5450×10^{4}	1.3090×10^{5}
17	2.7220×10^{4}	-5.4440×10^{4}	-1.4235×10^{5}	2.8470×10^{5}
18	-4.9135×10^{4}	9.8270×10^{4}	-1.1645×10^{5}	2.3290×10^{5}
19	-4.4825×10^{4}	8.9650×10^{4}	2.0705×10^{4}	-4.1410×10^{4}
20	-4.3300×10^{4}	8.6600×10^{4}	2.2790×10^{4}	-4.5580×10^{4}
21	-4.2375×10^{4}	8.4750×10^{4}	2.4940×10^{4}	-4.9880×10^{4}
22	-4.2525×10^{4}	8.5050×10^{4}	2.8375×10^{4}	-5.6750×10^{4}
23	-5.5250×10^{4}	1.1050×10^{5}	3.0545×10^{4}	-6.1090×10^{4}
24	5.2250×10^{4}	-1.0450×10^{5}	-1.0755×10^{5}	2.1510×10^{5}
44	6.0450×10^{4}	-1.2090×10^{5}	3.9095×10^{4}	-7.8190×10^{4}
45	4.5360×10^{4}	-9.0720×10^{4}	3.3675×10^{4}	-6.7350×10^{4}
46	4.4260×10^{4}	-8.8520×10^{4}	3.0470×10^{4}	-6.0940×10^{4}
47	4.4585×10^{4}	-8.9170×10^{4}	2.8070×10^{4}	-5.6140×10^{4}
48	4.5770×10^{4}	-9.1540×10^{4}	2.5800×10^{4}	-5.1600×10^{4}

$\alpha=50\%$时后行洞上台阶开挖土体周围施加的各节点力(单位:N)　附表 11

节　点　号	计算施加 F_x	先行洞下台阶支护后 F_x	计算施加 F_y	先行洞下台阶支护后 F_y
66	-4.7295×10^4	9.4590×10^4	-8.1250×10^4	1.6250×10^5
72	4.4030×10^4	-8.8060×10^4	-7.9650×10^4	1.5930×10^5
73	-9.0050×10^4	1.8010×10^5	3.1690×10^4	-6.3380×10^4
74	-8.2000×10^4	1.6400×10^5	6.1050×10^4	-1.2210×10^5
75	-7.2250×10^4	1.4450×10^5	8.6450×10^4	-1.7290×10^5
76	-6.1550×10^4	1.2310×10^5	1.0785×10^5	-2.1570×10^5
77	-5.0550×10^4	1.0110×10^5	1.2530×10^5	-2.5060×10^5
78	-3.9535×10^4	7.9070×10^4	1.3880×10^5	-2.7760×10^5
79	-2.8710×10^4	5.7420×10^4	1.4880×10^5	-2.9760×10^5
80	-1.8125×10^4	3.6250×10^4	1.5575×10^5	-3.1150×10^5
81	-7.7450×10^3	1.5490×10^4	1.5980×10^5	-3.1960×10^5
82	2.4035×10^3	-4.8070×10^3	1.6130×10^5	-3.2260×10^5
83	1.2395×10^4	-2.4790×10^4	1.6015×10^5	-3.2030×10^5
84	2.2320×10^4	-4.4640×10^4	1.5640×10^5	-3.1280×10^5
85	3.2235×10^4	-6.4470×10^4	1.4975×10^5	-2.9950×10^5
86	4.2100×10^4	-8.4200×10^4	1.4000×10^5	-2.8000×10^5
87	5.1800×10^4	-1.0360×10^5	1.2665×10^5	-2.5330×10^5
88	6.1250×10^4	-1.2250×10^5	1.0950×10^5	-2.1900×10^5
89	7.0200×10^4	-1.4040×10^5	8.8200×10^4	-1.7640×10^5
90	7.8200×10^4	-1.5640×10^5	6.2750×10^4	-1.2550×10^5
91	8.4850×10^4	-1.6970×10^5	3.3160×10^4	-6.6320×10^4
263	-7.9050×10^2	1.5810×10^3	-1.7820×10^5	3.5640×10^5
264	-7.0650×10^2	1.4130×10^3	-1.7780×10^5	3.5560×10^5
265	-5.5850×10^2	1.1170×10^3	-1.7755×10^5	3.5510×10^5
266	-4.9210×10^2	9.8420×10^2	-1.7730×10^5	3.5460×10^5
267	-4.2750×10^2	8.5500×10^2	-1.7710×10^5	3.5420×10^5
268	-3.5305×10^2	7.0610×10^2	-1.7700×10^5	3.5400×10^5
269	-2.7560×10^2	5.5120×10^2	-1.7685×10^5	3.5370×10^5
270	-2.1490×10^2	4.2980×10^2	-1.7680×10^5	3.5360×10^5
271	-1.6035×10^2	3.2070×10^2	-1.7670×10^5	3.5340×10^5
272	-1.1145×10^2	2.2290×10^2	-1.7660×10^5	3.5320×10^5
273	-8.7650×10^1	1.7530×10^2	-1.7655×10^5	3.5310×10^5
274	-4.6185×10^1	9.2370×10^1	-1.7645×10^5	3.5290×10^5
275	3.2865×10^1	-6.5730×10^1	-1.7640×10^5	3.5280×10^5
276	7.9850×10^1	-1.5970×10^2	-1.7645×10^5	3.5290×10^5
277	1.1690×10^2	-2.3380×10^2	-1.7645×10^5	3.5290×10^5

$\alpha=50\%$时后行洞下台阶开挖土体周围施加的各节点力(单位:N) 附表12

节点号	计算施加 F_x	后行洞上台阶支护后 F_x	计算施加 F_y	后行洞上台阶支护后 F_y
49	4.0730×10^{3}	-8.1460×10^{3}	-9.1450×10^{4}	1.8290×10^{5}
50	-2.9240×10^{4}	5.8480×10^{4}	-1.7205×10^{5}	3.4410×10^{5}
51	-3.2720×10^{4}	6.5440×10^{4}	-1.8760×10^{5}	3.7520×10^{5}
52	2.9420×10^{4}	-5.8840×10^{4}	-1.7085×10^{5}	3.4170×10^{5}
53	-1.8080×10^{4}	3.6160×10^{4}	-1.6050×10^{5}	3.2100×10^{5}
54	-1.4080×10^{4}	2.8160×10^{4}	-1.5065×10^{5}	3.0130×10^{5}
55	-9.2900×10^{3}	1.8580×10^{4}	-1.4495×10^{5}	2.8990×10^{5}
56	-5.3150×10^{3}	1.0630×10^{4}	-1.4220×10^{5}	2.8440×10^{5}
57	-1.9615×10^{3}	3.9230×10^{3}	-1.4090×10^{5}	2.8180×10^{5}
58	9.7500×10^{2}	-1.9500×10^{3}	-1.4050×10^{5}	2.8100×10^{5}
59	3.8625×10^{3}	-7.7250×10^{3}	-1.4070×10^{5}	2.8140×10^{5}
60	7.0450×10^{3}	-1.4090×10^{4}	-1.4180×10^{5}	2.8360×10^{5}
61	1.0750×10^{4}	-2.1500×10^{4}	-1.4440×10^{5}	2.8880×10^{5}
62	1.5135×10^{4}	-3.0270×10^{4}	-1.4995×10^{5}	2.9990×10^{5}
63	1.8585×10^{4}	-3.7170×10^{4}	-1.5980×10^{5}	3.1960×10^{5}
64	-5.1500×10^{3}	1.0300×10^{4}	-8.9750×10^{4}	1.7950×10^{5}
65	3.3430×10^{4}	-6.6860×10^{4}	-1.8555×10^{5}	3.7110×10^{5}
66	-1.7055×10^{5}	3.4110×10^{5}	-3.1220×10^{5}	6.2440×10^{5}
67	-3.7725×10^{4}	7.5450×10^{4}	1.8850×10^{4}	-3.7700×10^{4}
68	-3.4575×10^{4}	6.9150×10^{4}	1.9300×10^{4}	-3.8600×10^{4}
69	-3.0445×10^{4}	6.0890×10^{4}	2.0080×10^{4}	-4.0160×10^{4}
70	-2.1500×10^{4}	4.3000×10^{4}	1.9455×10^{4}	-3.8910×10^{4}
71	-3.6455×10^{4}	7.2910×10^{4}	9.2400×10^{3}	-1.8480×10^{4}
72	1.7810×10^{5}	-3.5620×10^{5}	-3.5210×10^{5}	7.0420×10^{5}
92	3.6905×10^{4}	-7.3810×10^{4}	2.2375×10^{4}	-4.4750×10^{4}
93	1.9735×10^{4}	-3.9470×10^{4}	2.2555×10^{4}	-4.5110×10^{4}
94	2.7460×10^{4}	-5.4920×10^{4}	2.0540×10^{4}	-4.1080×10^{4}
95	3.1400×10^{4}	-6.2800×10^{4}	1.9265×10^{4}	-3.8530×10^{4}
96	3.4465×10^{4}	-6.8930×10^{4}	1.8325×10^{4}	-3.6650×10^{4}

α=60%时先行洞上台阶开挖土体周围施加的各节点力(单位:N)　　附表13

节 点 号	计算施加 F_x	自重场下 F_x	计算施加 F_y	自重场下 F_y
18	-3.5636×10^4	8.9090×10^4	-5.5400×10^4	1.3850×10^5
24	3.2404×10^4	-8.1010×10^4	-5.4520×10^4	1.3630×10^5
25	-6.6120×10^4	1.6530×10^5	1.9428×10^4	-4.8570×10^4
26	-6.0000×10^4	1.5000×10^5	3.8764×10^4	-9.6910×10^4
27	-5.2880×10^4	1.3220×10^5	5.5120×10^4	-1.3780×10^5
28	-4.5160×10^4	1.1290×10^5	6.8520×10^4	-1.7130×10^5
29	-3.7004×10^4	9.2510×10^4	7.9120×10^4	-1.9780×10^5
30	-2.8652×10^4	7.1630×10^4	8.7240×10^4	-2.1810×10^5
31	-2.0260×10^4	5.0650×10^4	9.3320×10^4	-2.3330×10^5
32	-1.1924×10^4	2.9810×10^4	9.7800×10^4	-2.4450×10^5
33	-3.7340×10^3	9.3350×10^3	1.0100×10^5	-2.5250×10^5
34	4.3160×10^3	-1.0790×10^4	1.0308×10^5	-2.5770×10^5
35	1.2284×10^4	-3.0710×10^4	1.0404×10^5	-2.6010×10^5
36	2.0176×10^4	-5.0440×10^4	1.0356×10^5	-2.5890×10^5
37	2.7900×10^4	-6.9750×10^4	1.0128×10^5	-2.5320×10^5
38	3.5372×10^4	-8.8430×10^4	9.6720×10^4	-2.4180×10^5
39	4.2640×10^4	-1.0660×10^5	8.9480×10^4	-2.2370×10^5
40	4.9760×10^4	-1.2440×10^5	7.9400×10^4	-1.9850×10^5
41	5.6400×10^4	-1.4100×10^5	6.5960×10^4	-1.6490×10^5
42	6.2120×10^4	-1.5530×10^5	4.9000×10^4	-1.2250×10^5
43	6.6760×10^4	-1.6690×10^5	2.8680×10^4	-7.1700×10^4
97	-2.3608×10^3	5.9020×10^3	-1.1984×10^5	2.9960×10^5
98	-2.5188×10^3	6.2970×10^3	-1.2016×10^5	3.0040×10^5
99	-2.6744×10^3	6.6860×10^3	-1.2052×10^5	3.0130×10^5
100	-2.8076×10^3	7.0190×10^3	-1.2088×10^5	3.0220×10^5
101	-2.9280×10^3	7.3200×10^3	-1.2128×10^5	3.0320×10^5
102	-3.0496×10^3	7.6240×10^3	-1.2172×10^5	3.0430×10^5
103	-3.1692×10^3	7.9230×10^3	-1.2216×10^5	3.0540×10^5
104	-3.2932×10^3	8.2330×10^3	-1.2260×10^5	3.0650×10^5
105	-3.4072×10^3	8.5180×10^3	-1.2308×10^5	3.0770×10^5
106	-3.5124×10^3	8.7810×10^3	-1.2356×10^5	3.0890×10^5
107	-3.6036×10^3	9.0090×10^3	-1.2400×10^5	3.1000×10^5
108	-3.7304×10^3	9.3260×10^3	-1.2444×10^5	3.1110×10^5
109	-3.8528×10^3	9.6320×10^3	-1.2492×10^5	3.1230×10^5
110	-3.9216×10^3	9.8040×10^3	-1.2544×10^5	3.1360×10^5
111	-4.0240×10^3	1.0060×10^4	-1.2608×10^5	3.1520×10^5

α=60%时先行洞下台阶开挖土体周围施加的各节点力(单位:N) 附表 14

节点号	计算施加 F_x	先行洞上台阶支护后 F_x	计算施加 F_y	先行洞上台阶支护后 F_y
1	9.7520×10^{2}	-2.4380×10^{3}	-6.4080×10^{4}	1.6020×10^{5}
2	-2.8352×10^{4}	7.0880×10^{4}	-1.2120×10^{5}	3.0300×10^{5}
3	-3.1292×10^{4}	7.8230×10^{4}	-1.3580×10^{5}	3.3950×10^{5}
4	2.3004×10^{4}	-5.7510×10^{4}	-1.1704×10^{5}	2.9260×10^{5}
5	-1.9536×10^{4}	4.8840×10^{4}	-1.0936×10^{5}	2.7340×10^{5}
6	-1.5812×10^{4}	3.9530×10^{4}	-1.0064×10^{5}	2.5160×10^{5}
7	-1.1852×10^{4}	2.9630×10^{4}	-9.5800×10^{4}	2.3950×10^{5}
8	-8.3600×10^{3}	2.0900×10^{4}	-9.3080×10^{4}	2.3270×10^{5}
9	-5.3240×10^{3}	1.3310×10^{4}	-9.1640×10^{4}	2.2910×10^{5}
10	-2.5424×10^{3}	6.3560×10^{3}	-9.1000×10^{4}	2.2750×10^{5}
11	2.4780×10^{2}	-6.1950×10^{2}	-9.1000×10^{4}	2.2750×10^{5}
12	3.1496×10^{3}	-7.8740×10^{3}	-9.1680×10^{4}	2.2920×10^{5}
13	6.4520×10^{3}	-1.6130×10^{4}	-9.3360×10^{4}	2.3340×10^{5}
14	1.1016×10^{4}	-2.7540×10^{4}	-9.7920×10^{4}	2.4480×10^{5}
15	1.4428×10^{4}	-3.6070×10^{4}	-1.0612×10^{5}	2.6530×10^{5}
16	-2.7212×10^{3}	6.8030×10^{3}	-6.2440×10^{4}	1.5610×10^{5}
17	2.6264×10^{4}	-6.5660×10^{4}	-1.2984×10^{5}	3.2460×10^{5}
18	-1.3056×10^{5}	3.2640×10^{5}	-2.4708×10^{5}	6.1770×10^{5}
19	-2.7260×10^{4}	6.8150×10^{4}	1.5148×10^{4}	-3.7870×10^{4}
20	-2.4452×10^{4}	6.1130×10^{4}	1.6160×10^{4}	-4.0400×10^{4}
21	-2.0932×10^{4}	5.2330×10^{4}	1.7048×10^{4}	-4.2620×10^{4}
22	-1.5060×10^{4}	3.7650×10^{4}	1.8040×10^{4}	-4.5100×10^{4}
23	-2.9176×10^{4}	7.2940×10^{4}	1.2400×10^{4}	-3.1000×10^{4}
24	1.3360×10^{5}	-3.3400×10^{5}	-2.4144×10^{5}	6.0360×10^{5}
44	3.0064×10^{4}	-7.5160×10^{4}	2.1200×10^{4}	-5.3000×10^{4}
45	1.7796×10^{4}	-4.4490×10^{4}	1.9836×10^{4}	-4.9590×10^{4}
46	2.2816×10^{4}	-5.7040×10^{4}	2.0716×10^{4}	-5.1790×10^{4}
47	2.5736×10^{4}	-6.4340×10^{4}	2.0040×10^{4}	-5.0100×10^{4}
48	2.8324×10^{4}	-7.0810×10^{4}	1.8896×10^{4}	-4.7240×10^{4}

$\alpha=60\%$时后行洞上台阶开挖土体周围施加的各节点力(单位:N) 附表 15

节 点 号	计算施加 F_x	先行洞下台阶支护后 F_x	计算施加 F_y	先行洞下台阶支护后 F_y
66	-3.6488×10^4	9.1220×10^4	-6.3360×10^4	1.5840×10^5
72	3.4004×10^4	-8.5010×10^4	-6.2840×10^4	1.5710×10^5
73	-6.6840×10^4	1.6710×10^5	2.1548×10^4	-5.3870×10^4
74	-6.0440×10^4	1.5110×10^5	4.4280×10^4	-1.1070×10^5
75	-5.3000×10^4	1.3250×10^5	6.4120×10^4	-1.6030×10^5
76	-4.5120×10^4	1.1280×10^5	8.1000×10^4	-2.0250×10^5
77	-3.7044×10^4	9.2610×10^4	9.5000×10^4	-2.3750×10^5
78	-2.8984×10^4	7.2460×10^4	1.0612×10^5	-2.6530×10^5
79	-2.1028×10^4	5.2570×10^4	1.1464×10^5	-2.8660×10^5
80	-1.3188×10^4	3.2970×10^4	1.2076×10^5	-3.0190×10^5
81	-5.3960×10^3	1.3490×10^4	1.2468×10^5	-3.1170×10^5
82	2.3252×10^3	-5.8130×10^3	1.2648×10^5	-3.1620×10^5
83	1.0020×10^4	-2.5050×10^4	1.2616×10^5	-3.1540×10^5
84	1.7728×10^4	-4.4320×10^4	1.2360×10^5	-3.0900×10^5
85	2.5484×10^4	-6.3710×10^4	1.1872×10^5	-2.9680×10^5
86	3.3224×10^4	-8.3060×10^4	1.1128×10^5	-2.7820×10^5
87	4.0840×10^4	-1.0210×10^5	1.0092×10^5	-2.5230×10^5
88	4.8240×10^4	-1.2060×10^5	8.7480×10^4	-2.1870×10^5
89	5.5200×10^4	-1.3800×10^5	7.0720×10^4	-1.7680×10^5
90	6.1400×10^4	-1.5350×10^5	5.0680×10^4	-1.2670×10^5
91	6.6480×10^4	-1.6620×10^5	2.7304×10^4	-6.8260×10^4
263	-2.9020×10^3	7.2550×10^3	-1.3640×10^5	3.4100×10^5
264	-2.7388×10^3	6.8470×10^3	-1.3676×10^5	3.4190×10^5
265	-2.5416×10^3	6.3540×10^3	-1.3716×10^5	3.4290×10^5
266	-2.4024×10^3	6.0060×10^3	-1.3748×10^5	3.4370×10^5
267	-2.2484×10^3	5.6210×10^3	-1.3784×10^5	3.4460×10^5
268	-2.0936×10^3	5.2340×10^3	-1.3820×10^5	3.4550×10^5
269	-1.9328×10^3	4.8320×10^3	-1.3848×10^5	3.4620×10^5
270	-1.7844×10^3	4.4610×10^3	-1.3876×10^5	3.4690×10^5
271	-1.6424×10^3	4.1060×10^3	-1.3904×10^5	3.4760×10^5
272	-1.5040×10^3	3.7600×10^3	-1.3928×10^5	3.4820×10^5
273	-1.3876×10^3	3.4690×10^3	-1.3948×10^5	3.4870×10^5
274	-1.2592×10^3	3.1480×10^3	-1.3964×10^5	3.4910×10^5
275	-1.1088×10^3	2.7720×10^3	-1.3984×10^5	3.4960×10^5
276	-9.8480×10^2	2.4620×10^3	-1.4004×10^5	3.5010×10^5
277	-8.8000×10^2	2.2000×10^3	-1.4028×10^5	3.5070×10^5

$\alpha=60\%$时后行洞下台阶开挖土体周围施加的各节点力(单位:N)　　附表 16

节　点　号	计算施加 F_x	后行洞上台阶支护后 F_x	计算施加 F_y	后行洞上台阶支护后 F_y
49	-1.0628×10^3	2.6570×10^3	-7.1040×10^4	1.7760×10^5
50	-3.0392×10^4	7.5980×10^4	-1.3124×10^5	3.2810×10^5
51	-3.2556×10^4	8.1390×10^4	-1.4824×10^5	3.7060×10^5
52	2.6480×10^4	-6.6200×10^4	-1.2596×10^5	3.1490×10^5
53	-2.1276×10^4	5.3190×10^4	-1.1816×10^5	2.9540×10^5
54	-1.7052×10^4	4.2630×10^4	-1.0884×10^5	2.7210×10^5
55	-1.2160×10^4	3.0400×10^4	-1.0320×10^5	2.5800×10^5
56	-8.0000×10^3	2.0000×10^4	-1.0032×10^5	2.5080×10^5
57	-4.3720×10^3	1.0930×10^4	-9.8800×10^4	2.4700×10^5
58	-1.1108×10^3	2.7770×10^3	-9.8160×10^4	2.4540×10^5
59	2.0960×10^3	-5.2400×10^3	-9.8200×10^4	2.4550×10^5
60	5.5480×10^3	-1.3870×10^4	-9.9080×10^4	2.4770×10^5
61	9.4160×10^3	-2.3540×10^4	-1.0136×10^5	2.5340×10^5
62	1.3912×10^4	-3.4780×10^4	-1.0620×10^5	2.6550×10^5
63	1.7652×10^4	-4.4130×10^4	-1.1476×10^5	2.8690×10^5
64	-1.0004×10^3	2.5010×10^3	-6.7800×10^4	1.6950×10^5
65	2.9132×10^4	-7.2830×10^4	-1.4072×10^5	3.5180×10^5
66	-1.4192×10^5	3.5480×10^5	-2.6416×10^5	6.6040×10^5
67	-2.5760×10^4	6.4400×10^4	1.7008×10^4	-4.2520×10^4
68	-2.2384×10^4	5.5960×10^4	1.7916×10^4	-4.4790×10^4
69	-1.7816×10^4	4.4540×10^4	1.9124×10^4	-4.7810×10^4
70	-1.2276×10^4	3.0690×10^4	2.1692×10^4	-5.4230×10^4
71	-2.8116×10^4	7.0290×10^4	3.9332×10^3	-9.8330×10^3
72	1.5128×10^5	-3.7820×10^5	-3.0508×10^5	7.6270×10^5
92	3.2132×10^4	-8.0330×10^4	1.9924×10^4	-4.9810×10^4
93	1.5700×10^4	-3.9250×10^4	2.6124×10^4	-6.5310×10^4
94	1.8016×10^4	-4.5040×10^4	2.2460×10^4	-5.6150×10^4
95	2.1892×10^4	-5.4730×10^4	2.0720×10^4	-5.1800×10^4
96	2.4840×10^4	-6.2100×10^4	1.9452×10^4	-4.8630×10^4

α=80%时先行洞上台阶开挖土体周围施加的各节点力(单位:N) 附表 17

节 点 号	计算施加 F_x	自重场下 F_x	计算施加 F_y	自重场下 F_y
18	-1.7818×10^4	8.9090×10^4	-2.7700×10^4	1.3850×10^5
24	1.6202×10^4	-8.1010×10^4	-2.7260×10^4	1.3630×10^5
25	-3.3060×10^4	1.6530×10^5	9.7140×10^3	-4.8570×10^4
26	-3.0000×10^4	1.5000×10^5	1.9382×10^4	-9.6910×10^4
27	-2.6440×10^4	1.3220×10^5	2.7560×10^4	-1.3780×10^5
28	-2.2580×10^4	1.1290×10^5	3.4260×10^4	-1.7130×10^5
29	-1.8502×10^4	9.2510×10^4	3.9560×10^4	-1.9780×10^5
30	-1.4326×10^4	7.1630×10^4	4.3620×10^4	-2.1810×10^5
31	-1.0130×10^4	5.0650×10^4	4.6660×10^4	-2.3330×10^5
32	-5.9620×10^3	2.9810×10^4	4.8900×10^4	-2.4450×10^5
33	-1.8670×10^3	9.3350×10^3	5.0500×10^4	-2.5250×10^5
34	2.1580×10^3	-1.0790×10^4	5.1540×10^4	-2.5770×10^5
35	6.1420×10^3	-3.0710×10^4	5.2020×10^4	-2.6010×10^5
36	1.0088×10^4	-5.0440×10^4	5.1780×10^4	-2.5890×10^5
37	1.3950×10^4	-6.9750×10^4	5.0640×10^4	-2.5320×10^5
38	1.7686×10^4	-8.8430×10^4	4.8360×10^4	-2.4180×10^5
39	2.1320×10^4	-1.0660×10^5	4.4740×10^4	-2.2370×10^5
40	2.4880×10^4	-1.2440×10^5	3.9700×10^4	-1.9850×10^5
41	2.8200×10^4	-1.4100×10^5	3.2980×10^4	-1.6490×10^5
42	3.1060×10^4	-1.5530×10^5	2.4500×10^4	-1.2250×10^5
43	3.3380×10^4	-1.6690×10^5	1.4340×10^4	-7.1700×10^4
97	-1.1804×10^3	5.9020×10^3	-5.9920×10^4	2.9960×10^5
98	-1.2594×10^3	6.2970×10^3	-6.0080×10^4	3.0040×10^5
99	-1.3372×10^3	6.6860×10^3	-6.0260×10^4	3.0130×10^5
100	-1.4038×10^3	7.0190×10^3	-6.0440×10^4	3.0220×10^5
101	-1.4640×10^3	7.3200×10^3	-6.0640×10^4	3.0320×10^5
102	-1.5248×10^3	7.6240×10^3	-6.0860×10^4	3.0430×10^5
103	-1.5846×10^3	7.9230×10^3	-6.1080×10^4	3.0540×10^5
104	-1.6466×10^3	8.2330×10^3	-6.1300×10^4	3.0650×10^5
105	-1.7036×10^3	8.5180×10^3	-6.1540×10^4	3.0770×10^5
106	-1.7562×10^3	8.7810×10^3	-6.1780×10^4	3.0890×10^5
107	-1.8018×10^3	9.0090×10^3	-6.2000×10^4	3.1000×10^5
108	-1.8652×10^3	9.3260×10^3	-6.2220×10^4	3.1110×10^5
109	-1.9264×10^3	9.6320×10^3	-6.2460×10^4	3.1230×10^5
110	-1.9608×10^3	9.8040×10^3	-6.2720×10^4	3.1360×10^5
111	-2.0120×10^3	1.0060×10^4	-6.3040×10^4	3.1520×10^5

α=80%时先行洞下台阶开挖土体周围施加的各节点力(单位:N) 附表 18

节 点 号	计算施加 F_x	先行洞上台阶支护后 F_x	计算施加 F_y	先行洞上台阶支护后 F_y
1	-3.4100×10^{3}	1.7050×10^{4}	-3.0680×10^{4}	1.5340×10^{5}
2	-1.9764×10^{4}	9.8820×10^{4}	-5.4660×10^{4}	2.7330×10^{5}
3	-2.1420×10^{4}	1.0710×10^{5}	-6.6720×10^{4}	3.3360×10^{5}
4	1.7010×10^{4}	-8.5050×10^{4}	-5.2320×10^{4}	2.6160×10^{5}
5	-1.4508×10^{4}	7.2540×10^{4}	-4.5500×10^{4}	2.2750×10^{5}
6	-1.1528×10^{4}	5.7640×10^{4}	-4.0220×10^{4}	2.0110×10^{5}
7	-8.5560×10^{3}	4.2780×10^{4}	-3.7180×10^{4}	1.8590×10^{5}
8	-5.8820×10^{3}	2.9410×10^{4}	-3.5380×10^{4}	1.7690×10^{5}
9	-3.4740×10^{3}	1.7370×10^{4}	-3.4440×10^{4}	1.7220×10^{5}
10	-1.2150×10^{3}	6.0750×10^{3}	-3.4040×10^{4}	1.7020×10^{5}
11	1.0536×10^{3}	-5.2680×10^{3}	-3.4060×10^{4}	1.7030×10^{5}
12	3.3880×10^{3}	-1.6940×10^{4}	-3.4620×10^{4}	1.7310×10^{5}
13	5.9420×10^{3}	-2.9710×10^{4}	-3.5800×10^{4}	1.7900×10^{5}
14	9.2620×10^{3}	-4.6310×10^{4}	-3.8680×10^{4}	1.9340×10^{5}
15	1.2108×10^{4}	-6.0540×10^{4}	-4.3800×10^{4}	2.1900×10^{5}
16	2.5980×10^{3}	-1.2990×10^{4}	-2.9480×10^{4}	1.4740×10^{5}
17	1.8896×10^{4}	-9.4480×10^{4}	-6.3160×10^{4}	3.1580×10^{5}
18	-6.5240×10^{4}	3.2620×10^{5}	-1.4496×10^{5}	7.2480×10^{5}
19	-1.1244×10^{4}	5.6220×10^{4}	1.2348×10^{4}	-6.1740×10^{4}
20	-9.0400×10^{3}	4.5200×10^{4}	1.3970×10^{4}	-6.9850×10^{4}
21	-8.0840×10^{3}	4.0420×10^{4}	1.5788×10^{4}	-7.8940×10^{4}
22	-1.3578×10^{4}	6.7890×10^{4}	1.1620×10^{4}	-5.8100×10^{4}
23	-1.9610×10^{4}	9.8050×10^{4}	9.2440×10^{3}	-4.6220×10^{4}
24	6.8700×10^{4}	-3.4350×10^{5}	-1.4032×10^{5}	7.0160×10^{5}
44	1.9936×10^{4}	-9.9680×10^{4}	1.2506×10^{4}	-6.2530×10^{4}
45	1.4016×10^{4}	-7.0080×10^{4}	1.2502×10^{4}	-6.2510×10^{4}
46	1.0848×10^{4}	-5.4240×10^{4}	1.5538×10^{4}	-7.7690×10^{4}
47	9.7900×10^{3}	-4.8950×10^{4}	1.5618×10^{4}	-7.8090×10^{4}
48	1.1818×10^{4}	-5.9090×10^{4}	1.4118×10^{4}	-7.0590×10^{4}

α=80%时后行洞上台阶开挖土体周围施加的各节点力(单位:N) 附表19

节点号	计算施加 F_x	先行洞下台阶支护后 F_x	计算施加 F_y	先行洞下台阶支护后 F_y
66	-1.8430×10^4	9.2150×10^4	-3.1620×10^4	1.5810×10^5
72	1.6856×10^4	-8.4280×10^4	-3.1240×10^4	1.5620×10^5
73	-3.3480×10^4	1.6740×10^5	1.0228×10^4	-5.1140×10^4
74	-3.0200×10^4	1.5100×10^5	2.1500×10^4	-1.0750×10^5
75	-2.6420×10^4	1.3210×10^5	3.1360×10^4	-1.5680×10^5
76	-2.2380×10^4	1.1190×10^5	3.9780×10^4	-1.9890×10^5
77	-1.8288×10^4	9.1440×10^4	4.6800×10^4	-2.3400×10^5
78	-1.4206×10^4	7.1030×10^4	5.2400×10^4	-2.6200×10^5
79	-1.0196×10^4	5.0980×10^4	5.6720×10^4	-2.8360×10^5
80	-6.2580×10^3	3.1290×10^4	5.9860×10^4	-2.9930×10^5
81	-2.3640×10^3	1.1820×10^4	6.1880×10^4	-3.0940×10^5
82	1.4804×10^3	-7.4020×10^3	6.2840×10^4	-3.1420×10^5
83	5.3020×10^3	-2.6510×10^4	6.2740×10^4	-3.1370×10^5
84	9.1200×10^3	-4.5600×10^4	6.1540×10^4	-3.0770×10^5
85	1.2952×10^4	-6.4760×10^4	5.9140×10^4	-2.9570×10^5
86	1.6770×10^4	-8.3850×10^4	5.5460×10^4	-2.7730×10^5
87	2.0520×10^4	-1.0260×10^5	5.0340×10^4	-2.5170×10^5
88	2.4140×10^4	-1.2070×10^5	4.3660×10^4	-2.1830×10^5
89	2.7560×10^4	-1.3780×10^5	3.5300×10^4	-1.7650×10^5
90	3.0580×10^4	-1.5290×10^5	2.5320×10^4	-1.2660×10^5
91	3.3060×10^4	-1.6530×10^5	1.3674×10^4	-6.8370×10^4
263	-1.7446×10^3	8.7230×10^3	-6.7600×10^4	3.3800×10^5
264	-1.6384×10^3	8.1920×10^3	-6.7780×10^4	3.3890×10^5
265	-1.5136×10^3	7.5680×10^3	-6.8020×10^4	3.4010×10^5
266	-1.4228×10^3	7.1140×10^3	-6.8200×10^4	3.4100×10^5
267	-1.3248×10^3	6.6240×10^3	-6.8380×10^4	3.4190×10^5
268	-1.2284×10^3	6.1420×10^3	-6.8580×10^4	3.4290×10^5
269	-1.1308×10^3	5.6540×10^3	-6.8760×10^4	3.4380×10^5
270	-1.0406×10^3	5.2030×10^3	-6.8920×10^4	3.4460×10^5
271	-9.5500×10^2	4.7750×10^3	-6.9080×10^4	3.4540×10^5
272	-8.7200×10^2	4.3600×10^3	-6.9220×10^4	3.4610×10^5
273	-8.0120×10^2	4.0060×10^3	-6.9340×10^4	3.4670×10^5
274	-7.2560×10^2	3.6280×10^3	-6.9440×10^4	3.4720×10^5
275	-6.3920×10^2	3.1960×10^3	-6.9560×10^4	3.4780×10^5
276	-5.6700×10^2	2.8350×10^3	-6.9700×10^4	3.4850×10^5
277	-5.0520×10^2	2.5260×10^3	-6.9820×10^4	3.4910×10^5

α=80%时后行洞下台阶开挖土体周围施加的各节点力(单位:N)　　附表 20

节 点 号	计算施加 F_x	后行洞上台阶支护后 F_x	计算施加 F_y	后行洞上台阶支护后 F_y
49	-2.9720×10^{3}	1.4860×10^{4}	-2.7080×10^{4}	1.3540×10^{5}
50	-1.8978×10^{4}	9.4890×10^{4}	-5.3120×10^{4}	2.6560×10^{5}
51	-2.1940×10^{4}	1.0970×10^{5}	-6.3100×10^{4}	3.1550×10^{5}
52	1.7048×10^{4}	-8.5240×10^{4}	-5.0480×10^{4}	2.5240×10^{5}
53	-1.3384×10^{4}	6.6920×10^{4}	-4.5920×10^{4}	2.2960×10^{5}
54	-1.0704×10^{4}	5.3520×10^{4}	-4.1800×10^{4}	2.0900×10^{5}
55	-7.7240×10^{3}	3.8620×10^{4}	-3.9200×10^{4}	1.9600×10^{5}
56	-5.0840×10^{3}	2.5420×10^{4}	-3.7800×10^{4}	1.8900×10^{5}
57	-2.6940×10^{3}	1.3470×10^{4}	-3.7060×10^{4}	1.8530×10^{5}
58	-4.7420×10^{2}	2.3710×10^{3}	-3.6740×10^{4}	1.8370×10^{5}
59	1.7154×10^{3}	-8.5770×10^{3}	-3.6760×10^{4}	1.8380×10^{5}
60	4.0120×10^{3}	-2.0060×10^{4}	-3.7180×10^{4}	1.8590×10^{5}
61	6.5100×10^{3}	-3.2550×10^{4}	-3.8240×10^{4}	1.9120×10^{5}
62	9.2600×10^{3}	-4.6300×10^{4}	-4.0460×10^{4}	2.0230×10^{5}
63	1.1702×10^{4}	-5.8510×10^{4}	-4.4160×10^{4}	2.2080×10^{5}
64	1.9148×10^{3}	-9.5740×10^{3}	-2.5480×10^{4}	1.2740×10^{5}
65	2.0160×10^{4}	-1.0080×10^{5}	-5.9340×10^{4}	2.9670×10^{5}
66	-2.3500×10^{4}	1.1750×10^{5}	-5.6080×10^{4}	2.8040×10^{5}
67	-1.5136×10^{4}	7.5680×10^{4}	1.5218×10^{4}	-7.6090×10^{4}
68	-1.4384×10^{4}	7.1920×10^{4}	1.6572×10^{4}	-8.2860×10^{4}
69	-1.4048×10^{4}	7.0240×10^{4}	1.8116×10^{4}	-9.0580×10^{4}
70	-1.4112×10^{4}	7.0560×10^{4}	2.0360×10^{4}	-1.0180×10^{5}
71	-2.3400×10^{4}	1.1700×10^{5}	2.1960×10^{4}	-1.0980×10^{5}
72	2.5980×10^{4}	-1.2990×10^{5}	-7.6040×10^{4}	3.8020×10^{5}
92	2.5720×10^{4}	-1.2860×10^{5}	2.4740×10^{4}	-1.2370×10^{5}
93	1.5090×10^{4}	-7.5450×10^{4}	2.2380×10^{4}	-1.1190×10^{5}
94	1.4328×10^{4}	-7.1640×10^{4}	1.9776×10^{4}	-9.8880×10^{4}
95	1.4400×10^{4}	-7.2000×10^{4}	1.8038×10^{4}	-9.0190×10^{4}
96	1.4858×10^{4}	-7.4290×10^{4}	1.6564×10^{4}	-8.2820×10^{4}

参考文献

[1] 中华人民共和国行业标准. JTG D70—2004 公路隧道设计规范[S]. 北京:人民交通出版社,2004.

[2] 中华人民共和国行业标准. JTG F60—2009 公路隧道施工技术规范[S]. 北京:人民交通出版社,2009.

[3] 中华人民共和国行业标准. TB 10003—2005 铁路隧道设计规范[S]. 北京:中国铁道出版社,2005.

[4] 中华人民共和国国家标准. GB 50108—2008 地下工程防水技术规范[S]. 北京:中国计划出版社,2008.

[5] 朱汉华,尚岳全,等. 公路隧道设计与施工新法及其应用[M]. 北京:人民交通出版社,2010.

[6] 傅鹤林,赵朝阳,等. 隧道安全施工技术手册[M]. 北京:人民交通出版社,2010.

[7] 陈建勋. 软弱地层隧道初期支护技术—钢架喷网锁脚锚杆组合结构[M]. 北京:科学出版社,2011.

[8] 赵勇,李国良,等. 黄土隧道工程[M]. 北京:中国铁道出版社,2011.

[9] 王梦恕. 地下工程浅埋暗挖技术通论[M]. 合肥:安徽教育出版社,2004.

[10] 关宝树. 隧道工程施工要点集(2 版)[M]. 北京:人民交通出版社,2011.

[11] 关宝树,赵勇. 软弱围岩隧道施工技术[M]. 北京:人民交通出版社,2011.

[12] 王晓州. 大断面黄土隧道建设技术[M]. 北京:中国铁道出版社,2009.

[13] 康军,谢永利,等. 黄土公路隧道工程[M]. 北京:人民交通出版社,2011.

[14] 刘祖典. 黄土力学与工程[M]. 西安:陕西科技出版社,1996.

[15] 李晓红. 隧道新奥法及其量测技术[M]. 北京:科学出版社,2002.

[16] 夏永旭,王永东. 隧道结构力学计算[M]. 北京:人民交通出版社,2004.

[17] 李围. 隧道及地下工程 ANSYS 实例分析[M]. 北京:中国水利水电出版社,2008.

[18] 贺永年,刘志强. 隧道工程[M]. 徐州:中国矿业大学出版社,2002.

[19] 宿钟鸣. 红土地大跨度轻轨车站开挖过程力学分析及核心岩柱优化[D]. 重庆:重庆交通大学,2011.

[20] 龚建伍. 扁平大断面小净距公路隧道施工力学研究[D]. 上海:同济大学,2008.

[21] 龚建伍,夏才初,等. 浅埋小净距隧道围岩压力计算与监测分析[J]. 岩石力学与工程学报,2010,29(增 2):4139-4145.

[22] 刘学增,罗仁立. 大跨度公路隧道围岩竖向压力分布特征探讨[J]. 同济大学学报(自然科学版),2010,38(12):1741-1745.

[23] 王永岩. 地下工程围岩压力计算的反算法[J]. 工程力学,1991,8(1):132-143.

[24] 舒志乐,刘保县,等. 偏压小净距隧道围岩压力分析[J]. 地下空间与工程学报,2007,3

(3):430-433.

[25] 赵占厂,谢永利,等. 黄土公路隧道围岩压力测试分析[J]. 现代隧道技术,2003,40(2):58-61.

[26] 杨建民,喻渝,等. 大断面深浅埋黄土隧道围岩压力试验研究[J]. 铁道工程学报,2009,(2):76-79.

[27] 扈世民,张顶立,等. 大断面黄土隧道开挖引起的围岩力学响应[J]. 中国铁道科学,2011,32(5):50-55.

[28] 胡庆安,崔刚,等. 空间方向荷载法模拟隧道开挖[J]. 隧道建设,2006,26(4):3-5.

[29] 王强,李永森,等. 某地下通道施工动态监测与数值模拟分析[J]. 地下空间与工程学报,2011,7(1):139-143.

[30] 张辉,张子新,等. 偏压错台小净距隧道力学性态相似模型试验[J]. 同济大学学报(自然科学版),2009,37(2):169-175.

[31] 周智勇,陈建宏,等. 浅埋暗挖隧道管棚支护机理力学分析[J]. 科技导报,2009,27(5):47-51.

[32] 郭瑞,方勇,等. 隧道开挖过程中应力释放及位移释放的相关关系研究[J]. 铁道工程学报,2010,(9):46-49.

[33] 夏永旭,王文正,等. 围岩应力释放率对双连拱隧道施工影响研究[J]. 现代隧道技术,2005,42(3):1-4.

[34] 陈宗基. 应力释放对开挖工程稳定性的重要影响[J]. 岩石力学与工程学报,1992,11(1):1-10.

[35] 张传庆,冯夏庭,等. 应力释放法在隧洞开挖模拟中若干问题的研究[J]. 岩土力学,2008,29(5):1174-1180.

[36] 李俊鹏,段小强,等. 开挖过程中隧洞围岩应力释放规律的数值模拟[J]. 水利与建筑工程学报,2007,5(4):59-62.

[37] 朱彦鹏,柴江,等. 应用荷载释放系数法模拟黄土隧道施工[J]. 兰州理工大学学报,2011,37(5):108-111.

[38] 刘涛,沈明荣,等. 连拱隧道围岩压力的释放率分析[J]. 地下空间与工程学报,2007,3(1):50-54.

[39] 姚军,王国才,等. 地应力释放对隧道围岩稳定性影响的研究[J]. 浙江工业大学学报,2010,38(6):629-632,682.

[40] 刘豆豆,陈卫忠,等. 二道垭隧道开挖与支护的数值模拟分析[J]. 山东大学学报(工学版),2007,37(1):80-85.

[41] 朱进,蔡益郎,等. 关于小净距隧道间合理净距的探讨[J]. 铁道建筑,2009(9):55-57.

[42] 师伟. 黄土隧道最小净距的探讨[J]. 公路,2006(7):193-195.

[43] 张向东,林增华,等. 基于 *ANSYS* 确定小净距隧道合理净距的数值模拟[J]. 北方交通,2008(9):81-83.

[44] 姚勇,何川,等. 双线小净距隧道中岩墙力学特征及加固措施研究[J]. 岩土力学,2007,28(9):1883-1888.

[45] 胡金海,宋英龙,等. 特大跨度小净距隧道中间岩柱可靠度分析及其加固处理措施[J]. 探矿工程,2012,39(3):77-81.

[46] 钟世航. 浅埋超小净距并行隧道—招宝山隧道的设计与施工[J]. 岩石力学与工程学报,1999,18(增刊):836-840.

[47] 刘艳青,钟世航,等. 小净距并行隧道力学状态的试验研究[J]. 岩石力学与工程学报,2000,19(5):590-594.

[48] 靳晓光,刘伟,等. 小净距偏压公路隧道开挖顺序优化[J]. 公路交通科技,2005,22(8):61-64.

[49] 宋晓雷. 王家里黄土小净距隧道设计浅析[J]. 山西交通科技,2011(4):70-72.

[50] 邢厚俊,徐祯祥. 大管棚在超浅埋暗挖大跨度隧道工程中的应用[J]. 岩石力学与工程学报,1999,18(增刊):1059-1061.

[51] 武建伟,宋卫东. 浅埋暗挖管棚超前预支护的受力分析[J]. 岩土工程技术,2007,21(3):116-121.

[52] 寿英. 管棚超前支护技术在软弱地层暗挖通道中的应用[J]. 市政技术,2009,27(6):603-605.

[53] 朱国保. 软弱破碎围岩隧道中管棚超前预支护技术研究[D]. 成都:西南交通大学,2007.

[54] 文竞舟,王成,等. 锚杆轴力反算围岩塑性区及松动区范围研究[J]. 地下空间与工程学报,2008,4(6):1023-1026.

[55] QiangLi, Zhongming Su. Analysis of Difference in Axial Force of Anchor in Shallow-buried Loess Tunnel with Large Cross-Section[CA]. Applied mechanics and materials, vols. 204 ~ 208, 1343 ~ 1346.

[56] Zhongming Su, Xiaofeng Wang, et al. Type Selection of Arches in Primary Support of Loess Tunnel with Small Interval under Shallow Buried & Unsymmetrical Pressure[CA]. Applied mechanics and materials, vols. 170 ~ 173, 1656 ~ 1659.

[57] 谭忠盛,喻渝,等. 大断面黄土隧道中型钢与格栅适应性的对比试验[J]. 岩土工程学报,2009,31(4):628-633.

[58] 曲海锋,朱合华,等. 隧道初期支护的钢拱架与钢格栅选择研究[J]. 地下空间与工程学报,2007,3(2): 258-262.

[59] 谭忠盛,喻渝,等. 大断面浅埋黄土隧道锚杆作用效果的试验研究[J]. 岩土力学,2008,29(2):491-495.

[60] 谭忠盛,喻渝,等. 大断面深埋黄土隧道锚杆作用效果的试验研究[J]. 岩土力学,2008,27(8):1618-1625.

[61] 陈建勋,杨善胜,等. 软弱围岩隧道取消系统锚杆的现场试验研究[J]. 岩土力学,2011,32(1):15-20.

[62] 姜久纯. 黄土隧道施工监控量测及锚杆的支护效果研究[D]. 西安:长安大学,2007.

[63] 郑甲佳. 浅埋暗挖地铁黄土隧道系统锚杆作用机理研究[D]. 西安:长安大学,2009.

[64] 王明年,郭军,等. 高速铁路大断面深埋黄土隧道围岩压力计算方法[J]. 中国铁道科

学,2009,30(5):53-58.
[65] 周爱红,张鸿儒,等.可考虑任意围岩压力分布形式的隧道衬砌结构计算分析[J].东南大学学报(自然科学版),2005,35(增1):95-99.
[66] 郭小红,王梦恕.隧道支护结构中锚杆的功效分析[J].岩土力学,2007,28(10):2234-2239.
[67] 韩桂武,刘斌,等.浅埋黄土隧道衬砌结构受力分析[J].岩石力学与工程学报,2007,26(增1):3250-3256.
[68] 唐培连.大断面深埋黄土隧道锚杆支护作用研究[D].北京:北京交通大学,2008.
[69] 陈建勋,姜久纯,等.黄土隧道网喷支护结构中锚杆的作用[J].中国公路学报,2007,20(3):71-74.
[70] 陈建勋,姜久纯,等.黄土隧道洞口段支护结构的力学特性分析[J].中国公路学报,2008,21(5):75-80.
[71] 何立民.喷锚杆支护在黄土地层隧道中的作用[J].工程力学,2000(增刊):539-543.
[72] 祝云华.复杂地质条件下隧道塌方处治分析[J].水利与建筑工程学报,2012,10(1):138-141.
[73] 姚显春,李宁,陈蕴生.隧洞中全长粘结式锚杆的受力分析[J].岩石力学与工程学报,2005,24(13):2272-2276.
[74] 尤春安.全长粘结式锚杆的受力分析[J].岩石力学与工程学报,2000,19(3):339-341.
[75] 陈妙峰,唐德高,等.锚杆锚固机理试验研究[J].建筑技术开发,2003,30(4):21-23.
[76] 朱焕春,荣冠,等.张拉荷载下全长粘结锚杆工作机理试验研究[J].岩石力学与工程学报,2002,21(3):379-384.
[77] 余民久,熊峰.土层锚杆锚固段应力分布规律研究[J].四川水利,2006,27(6):19-21.
[78] 陈广峰,米海珍.黄土地层中锚杆受力性能试验分析[J].甘肃工业大学学报,2003,29(1):116-119.
[79] 许明,张永兴,等.砂浆锚杆的锚固及失效机理研究[J].重庆建筑大学学报,2001,23(6):10-15.
[80] 汪班桥,门玉明.土层锚杆模型试验研究[J].地球科学与环境学报,2009,31(2):195-199.
[81] 王成.隧道围岩介质中全粘结式锚杆的受力机理[J].重庆交通学院学报,1990,9(2):38-43.
[82] 张向东,张树光,等.锚杆支护配套技术设计与施工[M].北京:中国计划出版社,2003.
[83] 王建宇.地下工程喷锚支护原理和设计[M].北京:中国铁道出版社,1980.
[84] 李正安,柴江.黄土公路隧道预支护施工技术研究[J].甘肃科学学报,2011,23(4):45-49.
[85] 吴小娟.大断面黄土隧道施工重、难点分析及质量保证措施[J].甘肃科技,2009,25(13):151-153.
[86] 李可宁.大断面黄土隧道施工控制[J].铁道建筑,2011,(8):53-54.
[87] 郭军,王明年.大断面黄土隧道工程特性研究[J].公路交通技术,2009,(6):96-101.

[88] 魏保存,田志杰,等.黄土隧道浅埋段施工技术[J].石家庄铁道学院学报,2001,14(增刊):32-34.

[89] 朱泽兵,张东明.浅埋、富水、软弱黄土地段隧道施工技术[J].地下空间,2001,21(2):134-137.

[90] 李建桥,洪浩全.浅谈黄土隧道初期支护及质量控制[J].甘肃科技,2011,27(12):151-152.